Edith und Rolf Zundel:

Leitfiguren der neueren Psychotherapie
Leben und Werk

Mit 12 Fotos

Deutscher
Taschenbuch
Verlag

dtv

Ungekürzte Ausgabe
September 1991
Deutscher Taschenbuch Verlag GmbH & Co. KG, München

Titel der Originalausgabe: Leitfiguren der
Psychotherapie. Leben und Werk
ISBN 3-466-34174-4
Umschlaggestaltung: Boris Sokolow
Gesamtherstellung: Kösel, Kempten
Printed in Germany · ISBN 3-423-15093-9

Inhalt

Das Buch

Das Sprichwort sagt: Wenn einer eine Reise tut, dann kann er was erzählen. Edith und Rolf Zundel sind in doppeltem Sinn gereist. Sie haben sich zu dreizehn der bekanntesten Psychotherapeuten der westlichen Welt begeben; sie haben sich aber auch in deren Denkweise und Weltsicht eingearbeitet und die verschiedenen therapeutischen Verfahren selbst erprobt. Herausgekommen ist dabei ein kompetenter Überblick über die Geschichte der Psychotherapie nach Freud und Jung. Die Autoren führen uns zu: Otto F. Kernberg, der unübersehbar in der Tradition Freuds steht; Marie-Louise von Franz, einer Schülerin und Anhängerin C. G. Jungs; Carl Rogers, dem bekanntesten Vertreter der Humanistischen Psychologie; Horst Eberhard Richter, einem Psychoanalytiker, der sein Engagement ausdehnt auf familiäre, soziale und politische Brennpunkte; Mara Selvini-Palazzoli, der Begründerin der beiden heute bekanntesten familientherapeutischen Ansätze; Gerda Boyesen, deren Zauberformel »Körpererfahrung« heißt, sowie zu Karlfried Graf Dürckheim und Maria Hippius Gräfin Dürckheim, Hilarion Petzold, Ruth Cohn, Virginia Satir, Stanislav Grof und Ken Wilber. In ganz persönlichen, dennoch ausgewogen-informativen Porträts zeichnen die Autoren Leben und Werk dieser Persönlichkeiten mit subtiler Strichführung nach. Das Buch – trotz des schwierigen Themas unterhaltsam, ja spannend erzählt – ist ein unentbehrlicher Leitfaden für Laien und Fachleute.

Die Autoren

Edith Zundel, geboren 1928, studierte Psychologie und Soziologie. Sie ist Professorin an der Fachhochschule Köln für Psychologie und Sozialarbeit, außerdem ist sie die Koordinatorin des Arbeitsfeldes Sozialisierung Straffälliger.
Rolf Zundel, geboren 1928, studierte Germanistik. Er arbeitete über 20 Jahre als politischer Journalist und Chefredakteur im Bonner Büro der ›Zeit‹. Rolf Zundel starb im September 1989.

Einleitung

Eigentlich begann es damit, daß wir uns einen alten Traum erfüllen wollten: gemeinsam ein Buch zu schreiben. Das war nicht ganz einfach für ein Ehepaar, dessen Berufswege weit auseinander geführt hatten, sie eine Psychologin, er ein Journalist und beide in sicherem Abstand zu jenem Bereich, in dem der andere zu Hause war. Es wurde eine Art Paartherapie im Selbstversuch, ein spätes Abenteuer.
Was entstand, ist die Beschreibung einer Entdeckungsreise in die Welt der Psychotherapie. Wir haben nicht versucht, diese Welt nach unseren Erkenntnissen neu zu vermessen; es hätte unser Vermögen überfordert. Wir haben uns in diesem Buch auch nicht einer Schule angeschlossen, dazu erschienen uns die verschiedenen Ansätze zu interessant, zu wichtig. Statt dessen folgten wir zwölf Leitfiguren der Psychotherapie auf ihrem Weg, lasen das Wichtigste, was sie selber oder andere über sie geschrieben haben, sprachen ausführlich mit ihnen, versuchten, den Zusammenhang zwischen ihrer Biographie, ihrem Erkenntnisweg und ihrem Tun zu zeigen. Und wir haben mit den meisten von ihnen gearbeitet, in Einzel-, Paar- oder Gruppentherapie.
Das ist eine aufwendige Methode, denn sie bedeutet, sich ganz auf das Bezugssystem, die Arbeitsweise des Therapeuten einzulassen, nicht nur als intellektuelle Übung, sondern auch als persönliche Erfahrung. Und es gab Augenblicke, wo wir unser Unternehmen verwünscht haben. Manchmal hat es lange gedauert, bis wir Vorbehalte überwunden und Erfahrenes verdaut hatten und wieder frei genug waren, schreiben zu können. Dies und die Tatsache, daß wir beide hauptberuflich etwas anderes tun, erklärt, daß wir fünf Jahre an dem Buch gearbeitet haben,

und dies macht, so glauben wir, auch den Unterschied zu anderen Darstellungen aus. Im Grunde berichten wir von Begegnungen. Solche Begegnungen sind notwendigerweise persönlich eingefärbt, was allerdings nicht heißt, daß die Texte von subjektiver Beliebigkeit wären. Sie wurden von den Beschriebenen gelesen und akzeptiert. Soweit also über Fakten und Theorien geschrieben wird, sind sie verlässlich, ihre Interpretation wurde als zutreffend oder jedenfalls als möglich anerkannt. Wo wir uns nicht einigen konnten, haben wir auf eine Veröffentlichung verzichtet.

Der aufmerksame Leser wird bemerken, daß wir mit Kritik sparsam umgegangen sind. Ein Grund dafür war, daß wir Texte liefern wollten, in denen sich die Beschriebenen wiedererkennen, Texte, die nicht vor allem Schwächen und Denkfehler zeigen – davon gibt es ausreichend viele –, sondern die das Denken und Tun eines Therapeuten sozusagen idealtypisch darstellen. Anders hätten wir's auch nicht machen können: wer sich auf einen Therapeuten oder eine Therapeutin einläßt, muß davon überzeugt sein, daß er oder sie ihm etwas zu sagen hat. Und wir sind überzeugt, daß all diese sehr verschiedenen Leitfiguren einen wichtigen, wertvollen Ansatz geliefert haben.

Das kann allerdings nicht bedeuten, daß in der Psychotherapie ›alles geht‹. Wie jeder Therapeut seine Stärken hat, so hat er auch ein Auge für die Schwächen anderer, manchmal auch für seine eigenen. Jede dieser Leitfiguren hat ihren Stil, ihre Arbeitsweise in Auseinandersetzung mit anderen entwickelt. Ein Stück dieser Auseinandersetzung wird in den Texten spürbar. Außerdem mag der Umstand, daß wir nicht nur eine Leitfigur, sondern deren zwölf vorstellen, nützlich sein, um die Möglichkeiten und Grenzen der verschiedenen Ansätze zu erkennen.

Über die Auswahl läßt sich streiten; sie hat Lücken. Aber sie erscheint uns breit genug, um einige der wichtigsten Entwicklungslinien deutlich werden zu lassen. Die Liste beginnt – wie könnte es anders sein – mit Vertretern der mittlerweile schon klassischen Schulen, mit Otto F. Kernberg, der die fast unübersehbare Tradition Freuds und seiner Nachfolger geordnet hat, und Marie-Louise von Franz, der bedeutendsten lebenden Interpretin C.G. Jungs. Und sie endet, nicht zufällig, mit zwei Persönlichkeiten, die, wenn auch auf unterschiedliche Weise, das Gesamtpanorama der Psychotherapie in den Blick nehmen, Hilarion Petzold und Ken Wilber. Sie stehen für einen wichtigen modernen Trend, den Beginn einer systematischen vergleichenden Psychotherapie, die versucht, die verschiedenen Schulen in ein Gesamtbild einzufügen.

Da ist die Humanistische Psychologie mit ihrem in Deutschland bekanntesten Vertreter, Carl Rogers, der objektive Kriterien für die Qualität von Therapiegesprächen entdeckte und Therapie damit lehrbar machte; dem es weniger um spezifische Krankheitssymptome, sondern um den ganzen Menschen ging und darum, dessen Selbstheilungskräfte freizusetzen. Die Gestalttherapeuten gehören in diese Richtung und bis zu einem gewissen Grad auch Ruth Cohn, die Mutter der ›Themenzentrierten Interaktion‹, und Horst Eberhard Richter; beide kommen von der Psychoanalyse her, beiden wurde das Therapiezimmer zu klein. Ruth Cohn dehnte ihre Tätigkeit auf Gruppen und Institutionen aus, Richter auf Familien und soziale Brennpunkte bis hin zum intensiven politischen Engagement. Ganz sicher gehört zu den Humanisten auch Virginia Satir, eine der ›Erfinderinnen‹ der Familientherapie. Sie hat in der Gruppe um Gregory Bateson in Palo Alto die Ausbildung von Familientherapeuten aufgebaut. Von den Kommunikationstheoretikern in Palo Alto hat wiederum die Mailänderin Mara Selvini Palazzoli die Theorie für ihren konsequent systemischen Ansatz in der Familientherapie bezogen. Mit den körperlichen Symptomen psychischer Störungen hat sich die Psychotherapie früh beschäftigt, die Arbeit mit dem Körper als Weg zu Psychischem wurde spät entdeckt. Gerda Boyesen und Graf Dürckheim repräsentieren diese Entwicklung. Körpertherapie verbindet sich oft mit Spiritualität und transpersonaler Psychologie. Für die transpersonale Seite stehen sowohl die Jungianerin Marie-Louise von Franz, Dürckheim und Maria Hippius im deutschen Sprachraum als auch Grof und Wilber in den USA.

Diese Zuordnungen wollen nicht festlegen. Ein Stück Rogers steckt in jedem einfühlenden Therapeuten, um Kommunikation und Lernen geht es implizit in allen Therapien, fast keine ist denkbar ohne den Kontext der Klassiker, und Psychotherapie und religiöse Übung waren schon immer Verwandte, wenn auch oft feindliche. Wer Psychotherapie wirklich verstehen will, muß die Therapeuten in ihrer Arbeit kennenlernen. Wir hoffen, daß dieses Buch dabei hilft.

Wir sind der Fachhochschule Köln und deren Fachbereich Sozialarbeit zu Dank verpflichtet, sie haben für dieses Projekt ein Forschungssemester gewährt. Wir danken der ›Zeit‹, daß sie unsere Arbeit unterstützt hat; das Buch ist aus einer Serie von Artikeln entstanden, die in dieser Wochenzeitung veröffentlicht wurden. Haug von Kuenheim hat uns dabei viel geholfen. Vor allem danken wir unseren ›Leitfiguren der Psychotherapie‹ für ihre Bereitschaft, mit uns zu reden und zu arbeiten.

Otto F. Kernberg

Psychoanalyse – Sigmund Freud und seine Nachfolger

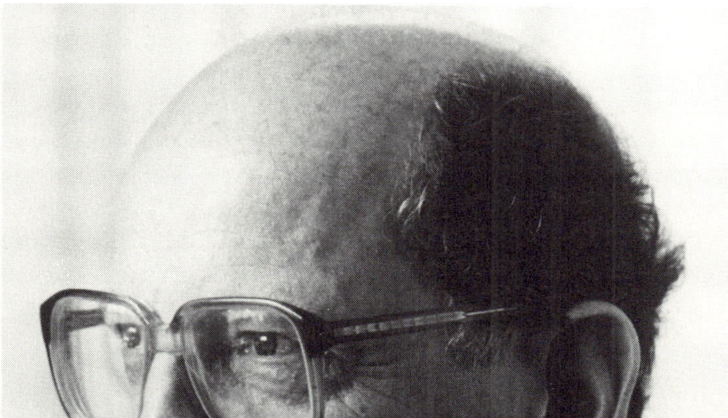

»Es hat doch beinahe den Anschein, als wäre das Analysieren der dritte jener ›unmöglichen‹ Berufe, bei denen man des ungenügenden Erfolges von vornherein sicher sein kann. Die beiden andern, weit länger bekannten, sind das Erziehen und das Regieren.« So skeptisch, so realistisch hat Sigmund Freud, Urvater aller psychoanalytischen und psychotherapeutischen Bemühungen, das Kind betrachtet, das er in die Welt setzte – und diese Welt. Immerhin hat sich das Kind inzwischen so kräftig entwickelt, daß jeder, der sich ernsthaft mit menschlichem Seelenleben und seinen Störungen beschäftigt, der Auseinandersetzung mit der Psychoanalyse nicht ausweichen kann.

Mit Kritik wurde dabei nie gespart. Das Entsetzen seiner Zeitgenossen über Freuds eingehende Beschäftigung mit Sexualität wird heute belächelt. Aber: »Die Psychoanalyse ist eine Therapie für Gesunde, die viel Zeit und Geld haben«, meinen Spötter und spielen damit auf die vielen Jahre mit täglichen Sitzungen an und auf die Tatsache, daß nur Menschen mit relativ leichten Leidensformen als analysierbar gelten. Die Konzentration auf das Krankhafte, den Defekt anstatt auf ganzheitliches Wachstum wird kritisiert und daß die Analyse zu einseitig auf intellektuelles Verstehen ausgerichtet sei, um tiefgehende Veränderungen bewirken zu können.

Schließlich fragt man, ob diese Methode heute, bei all der Konkurrenz neuerer Therapieangebote, die schnellere, oft auch intensivere Heilerfolge versprechen, überhaupt noch aktuell ist. Indes, ist Psychoanalyse heute überhaupt noch dasselbe wie zu Freuds Zeiten?

Eine Leitfigur der modernen Psychoanalyse ist Otto F. Kernberg. »Ich weiß gar nicht, wann der Mann schläft«, sagte Margret S. Mahler, eine der bedeutendsten Theoretikerinnen der Psychoanalyse, als wenige Monate vor ihrem Tod noch ein Gespräch mit ihr möglich war. »Er liest jedes Buch, hat jeden Film gesehen.«
Er ist Direktor am New York Hospital, White Plains, Professor der Psychiatrie an der medizinischen Fakultät der Cornell Universität, Lehranalytiker des Zentrums für psychoanalytische Ausbildung und Forschung an der Columbia Universität, Vizepräsident der Internationalen Psychoanalytischen Vereinigung, Mitherausgeber des Journal of the American Psychoanalytic Association, und was er sonst noch macht, was er an Mitgliedschaften und Ehrungen auf seinen Namen vereint, füllt Seiten.
Von Harvard bis Frankfurt, von Skandinavien bis Lateinamerika wird seine klare Systematik geschätzt. Sie macht ihn zum Wegweiser durch den Wust wenig oder unterschiedlich definierter Begriffe (es gibt ein eigenes Wörterbuch für die psychoanalytische Fachsprache, aber das beschränkt sich auf die Werke Freuds) und durch die Fülle verschiedener Denkströmungen, die seit der Zeit Freuds entstanden sind. Vor allem aber ist er bekannt durch seine Arbeiten über Borderline-Störungen – Störungen in einem Bereich, den Freud noch für untherapierbar hielt – und über normale und pathologische Beziehungen in der Partnerschaft, in Gruppen und Institutionen.
Von seinem Schreibstil her stellte ich mir O. F. Kernberg ein wenig zwanghaft, ein wenig dogmatisch vor, zurückhaltend und konventionell – eben wie einen ›richtigen Psychoanalytiker‹. Und noch auf meiner Fahrt nach White Plains hinaus überlege ich, was und wie man einen solchen Menschen fragen kann.
Das New York Hospital in White Plains liegt in einem Park. Kernberg empfängt mich dort an einem Samstag vormittag; auch seine Sekretärin hat Dienst, nach mir kommt ein Patient. Sein Büro ist nicht mit glatter Ledereleganz, sondern eher gemütlich, fast ein bißchen altmodisch eingerichtet. Der Schreibtisch ist betagt, das Bücherregal voll von Selbstgeschriebenem samt Übersetzungen. Keine Klimaanlage, durch die geöffneten Fen-

ster hört man Vögel zwitschern. Die Analytikercouch überzieht warmer Plüsch und über ihre ganze Breite hängt ein alter Stich von Wien – natürlich, der typische New Yorker Analytiker ist deutschsprachiger Emigrant. Auch Kernberg, knapp mittelgroß, ein beweglicher und liebenswürdiger Herr, stammt aus Wien.

Wegen der Fragen hätte ich mir keine Sorgen zu machen brauchen. Kernberg redet offensichtlich gern und flüssig. Seine Eltern emigrierten 1939 mit dem Elfjährigen nach Chile. Dort hat er seine Schulzeit, sein Medizinstudium und auch seine Ausbildung als Analytiker absolviert. 1959 kam er mit einem Stipendium in die USA und hat dort schnell Karriere gemacht. 1966 wurde er Dozent am Topeka Institute for Psychoanalysis, 1969 Direktor des Menninger Memorial Hospitals. Seit 1973 lebt er mit seiner Familie in New York. Für den Fall, daß ich mehr wissen möchte, drückt er mir einen Lebenslauf in die Hand, der, wie sich bei der Lektüre herausstellt, aus einer sehr genauen Aufzählung von Ämtern, Mitgliedschaften, Ehrungen und einer sehr langen Bibliographie seiner Veröffentlichungen besteht.

Später, als ich Persönlicheres zu fragen wage, ist Kernberg jedoch überraschend offen und präzis. Sein Vater war Zollbeamter in der Abteilung für Im- und Export, die Mutter Hausfrau und Laienpsychologin. Sehr wichtig war in der Familie der Onkel Manfred Sakel, der Entdecker der Insulinbehandlung der Schizophrenie. Er war ein Cousin der Mutter und ihr Ideal, für den jungen Otto das große Vorbild als Forscher.

Der Vater war österreichischer Patriot und stolzer Besitzer vieler Orden aus dem Ersten Weltkrieg, lustig, freundlich, extravertiert. Beim ›Anschluß‹ Österreichs an das ›Reich‹ meinte er: »Alles wird sich legen.« Die Mutter, mißtrauischer und ängstlicher, hatte von Anfang an das Gefühl: »Es wird nicht gutgehen.« Sie behielt recht.

Otto war Einzelkind, freundlich erzogen und ›wienerisch‹: man war auf gute Sitten und gutes Essen bedacht; Konflikten wich man aus. Als Jugendlicher rebellierte Otto dagegen und ging auf Distanz. Erst nach seiner eigenen Heirat wurde die Beziehung zu den Eltern wieder enger, in ihren letzten Lebensjahren sehr nah.

»Meine Eltern waren einfache Leute, für die die Auswanderung völlig unerwartet kam; sie waren innerlich überhaupt nicht darauf vorbereitet und taten sich entsprechend schwer. Die Nachrichten von den Verfolgungen von Freunden und Verwandten in Deutschland waren ein ständiger Alpdruck. Ein Bruder meines Vaters und seine Familie kamen im Konzentrationslager um. Meine Eltern sind nie nach Österreich zurückgekommen.«

Kernberg selbst, bei der Auswanderung noch Kind, erlebte den Zweiten Weltkrieg in Chile emotional natürlich auf der Seite der Alliierten. Aber Wien blieb für ihn das Paradies seiner Kindheit. Die Eltern sprachen untereinander deutsch; er selbst hat immer deutsch gelesen. Auch jetzt kann man antippen, wo man will: Böll, Grass, Lenz, Wolfgruber, Bachmann, Handtke, Frisch, Dürrenmatt, Muschg – über alle weiß er Gescheites zu sagen. Kernbergs erster Deutschlandbesuch und sein Wiedersehen mit Wien haben ihn sehr bewegt. Die Kultur, die Sprache bedeuten ihm viel. Über sein persönliches Verhältnis zum Nationalsozialismus schweigt er sich aus.

Die ersten Jahre in Chile waren auch für den jungen Kernberg schwer; voll Unbehagen und Angst erinnert er sich daran. Dann aber ist er in die lateinamerikanische Kultur hineingewachsen, und das war zugleich die Entdeckung neuer Sicherheit. Seine Frau ist Chilenin. Heute noch schreibt er Wissenschaftliches auf spanisch, der Sprache seiner Ausbildung. Und: »Chile ist wunderschön, die Leute sind unglaublich offen und freundlich; es war damals die stolzeste Demokratie in Südamerika. Nun ist das Pendel ganz umgeschwungen.« –

Mit sechzehn Jahren las Kernberg Freud. Diese Lektüre, aber noch mehr wohl das Beispiel des Onkels, der in den Vereinigten Staaten inzwischen eine eigene Klinik hatte, brachte ihn zum Medizinstudium. Begeistert erzählt er von seinem Lehrer, Ignacio Matte-Blanco, der die Sprache der Schizophrenen analysierte, über symbolische Logik und das Unbewußte schrieb und die psychoanalytische Bewegung in Chile gegründet.

Kernberg gehört zur Enkelgeneration der Psychoanalytiker. Und Freud hat bei seinem Tod 1939 Kindern und Enkeln ein ungeheures Erbe hinterlassen. Einige Stichworte zur Theorie Freuds:

- das *Unbewußte:* ein großer, dunkler See aus Trieben und Affekten, aus Früherfahrenem, Archaischem und vor allem aus Verdrängtem, das weder Raum noch Zeit noch Logik kennt und das, regiert vom Lustprinzip, in ungehemmter, primitiver Direktheit Entladung und Erfüllung sucht. Auf diesem See segelt das Bewußtsein wie ein kleines Boot;
- der *Traum* und seine Gesetzmäßigkeiten; neben der Fehlhandlung Königsweg zum Unbewußten;
- die *duale Trieblehre* mit Libido (Sexualität in einem sehr weiten Wortsinn) und Aggression (zunächst als Selbsterhaltungs-, später als Todes- oder Destruktionstrieb);
- die *Geschichte dieser Triebe,* vor allem der Libido in verschiedenen *Phasen* der kindlichen Entwicklung: (1) erstens der oralen – Hauptquelle der Befriedigung ist die Nahrungsaufnahme durch den Mund; (2) der analen – das Töpfchen schafft eine neue Weltordnung, Machtkämpfe werden ausgetragen: über ›Von-sich-geben oder Zurückhalten‹ entsteht die erste Eigenständigkeit des Kindes; (3) der ödipalen mit der Entdeckung des Geschlechtsunterschiedes, mit Kastrationsängsten und der ersten Dreiecksbeziehung: das Kind liebt den gegengeschlechtlichen Elternteil und muß lernen, sich damit abzufinden, daß Mutter oder Vater im sexuellen Sinne nicht zu ihm, sondern zueinander gehören; schließlich (4) die Latenzzeit und (5) die Pubertät und die eigentliche genitale Reifezeit;
- die *Struktur- oder Instanzenlehre,* wonach Psychisches sich in drei Bereiche unterteilen läßt: das Es – weitgehend identisch mit dem Unbewußten; das Überich – die in die eigene Seele integrierten Gebote oder Verbote der erziehenden Umwelt; und schließlich das Ich als höchst differenzierte Vermittlungsinstanz sowohl zwischen den Ansprüchen von Es und Überich als auch zwischen denen von Person und Umwelt;
- die *Neurose* als unverarbeiteter Konflikt zwischen diesen

Instanzen und als Steckenbleiben der Triebentwicklung (Fixierung) in bestimmten Phasen, mit den Hauptformen der Schizoidie, der Depression, der Zwanghaftigkeit und der Hysterie. Dabei gilt die Faustregel: je schwerer die Störung, desto früher sind ihre Ursachen entstanden;

- die *Abwehrmechanismen* als Versuche des Ich, die Angst zu bewältigen, die in diesen Kämpfen entsteht: man verdrängt, projiziert Unliebsames auf andere, bewältigt den Zorn auf den unangreifbaren Chef mit einem Fußtritt für den Hund, usw.;
- im therapeutischen Bereich die *Übertragung* als wesentlichstes Mittel der Therapie: (Fehl-)Verhaltensmuster werden in der Beziehung zum Analytiker lebendig und sind gelöst, wenn sie in dieser Beziehung gelöst werden können. Zur Lösung tragen die Deutungen des Analytikers bei, die die gegenwärtigen Beziehungsmuster mit denen der frühen Kindheit in Verbindung bringen.

Was das alles in der damaligen gesellschaftlichen und wissenschaftlichen Situation bedeutete, läßt sich heute kaum mehr nachvollziehen. C. G. Jung, damals gewiß kein Parteigänger Freuds mehr, schreibt am Ende seines Lebens über ihn: »Wie ein alttestamentlicher Prophet hat er es unternommen, falsche Götter zu stürzen, den Vorhang wegzuziehen von einem Haufen von Unehrlichkeit und Heucheleien und mitleidslos die Fäulnis der zeitgenössischen Seele dem Tageslicht preiszugeben. Er hat es nicht gescheut, die Unpopularität eines solchen Unterfangens einzustecken.« Wahrscheinlich hat außer Marx niemand das Denken unseres Jahrhunderts so beeinflußt wie Freud.
Es ist auch kaum jemand so sehr bekämpft worden wie er, nicht zuletzt aus rassischen Gründen. »Daß Sie es als Jude schwerer haben, wird, wie bei uns allen, die Wirkung haben, all Ihre Leistungsfähigkeit zum Vorschein zu bringen«, schrieb Freud an einen jungen Freund. In den ständigen Kämpfen wurde die Psychoanalyse auch zur ›Bewegung‹, schließlich zur ›Kirche‹, in ihren Auseinandersetzungen um die reine Lehre durchaus ver-

gleichbar den traditionellen Kirchen, deren Glauben sie als ›kollektive Zwangsneurose‹ bekämpfte.
Es ist ein intellektuelles Vergnügen, Kernberg zuzuhören, wie er die Wege der Psychoanalyse nach Freud skizziert. Sie sind trotz aller Dogmatik erstaunlich vielgestaltig. Hier die für Kernberg wichtigsten Strömungen:
Die Ursprungsländer Österreich und Deutschland waren nach der Zeit des Nationalsozialismus ›ausgeblutet‹. Freud war 1938, kurz vor seinem Tod, mit seiner Familie und Freunden nach England emigriert, und dort gab es zunächst die wichtigsten Entwicklungen.
Freuds Tochter Anna hatte sich schon in Wien als Kinderanalytikerin und Ichpsychologin einen Namen gemacht. Ichpsychologie – das heißt, Konzentration auf die Instanz ›Ich‹, die die Balance zwischen Es und Überich und die Auseinandersetzung mit der Außenwelt bewältigen muß. Das Interesse richtet sich nicht mehr auf das Verdrängte, sondern auf das Verdrängende und die Mechanismen der Abwehr.
Anna Freud und ihre Wiener Gruppe stießen in England jedoch nicht auf psychoanalytisches Niemandsland. Melanie Klein, als Enkelin eines Rabbis in Wien geboren und ebenfalls in der Beobachtung und Analyse von Kindern sehr erfahren, war schon dreizehn Jahre vorher nach England gekommen und hatte dort ihre eigene Theorie und Schule etabliert. Sie beschäftigte sich mit schweren Störungen und früher Aggressivität. Die wesentlichsten Phasen der psychischen Entwicklung verschoben sie und ihre Anhänger in das erste Lebensjahr, das spätere Verhalten wird dann konsequent als Folge dieser ganz frühen Prägung interpretiert.
Daß die heftigen Auseinandersetzungen zwischen der Gruppe um Anna Freud und den Anhängern Melanie Kleins nicht wie anderswo zu Spaltung und Bruch führten, mag einer Mittelgruppe mit M. und A. Balint, Fairbairn und Winnicott zu verdanken sein. M. Klein und die Balints waren ›Lehranalysekinder‹ des Budapester Freudschülers Ferenczy, der sich, sehr zu Freuds Mißfallen, schon zu dessen Lebzeiten mit frühen und schweren

Störungen beschäftigt und sie mit der frühen Mutter-Kind-Beziehung in Verbindung gebracht hatte. Konsequent und einfühlsam hatte er auch versucht, die entgangene Mutterliebe in der Analyse gewissermaßen nachzuholen. An der frühen Mutter-Kind-Beziehung, in der Fachsprache der ersten ›Objektbeziehung‹, haben Winnicott, Fairbairn und die Balints weitergearbeitet. Kernberg imponiert an den Engländern, daß sie trotz enormer Differenzen kreativ zusammenarbeiten konnten. Brücken zwischen verschiedenen Denkrichtungen zu bauen, sieht auch er als seine Aufgabe.

In den USA der vierziger, fünfziger und sechziger Jahre wurde Anna Freuds Ichpsychologie von Hartmann, Kris und Loewenstein weiterentwickelt und praktisch zur herrschenden Strömung. Die Arbeit mit der Abwehr, die ›Realitätsanpassung‹, wurde wichtiger als die Suche nach der unbewußten Bedeutung von Symptomen, Phantasien und Träumen. Kernberg findet, daß die amerikanische Psychoanalyse ihren Schwerpunkt hier deutlicher verschoben hat als die europäische. Aber, und das ist ihm wichtig, es ist nur eine Verschiebung, keine grundsätzliche Veränderung. Ichpsychologie und klassische Triebtheorie sind für ihn durchaus vereinbar und stellen *ein* Theoriegebäude und *eine* klinische Methode dar.

Die früheste ernsthafte Herausforderung aus eigenen Reihen kam von Kohut. Er beschrieb die narzißtische Pathologie als Störung des Selbstwertgefühls. Narziß, der in sich selbst Verliebte, ist hier Symbolfigur für eine Störung der Fähigkeit, tiefgehende Beziehungen zu anderen Menschen einzugehen. Alles Interesse konzentriert sich auf die eigene Person, deren Selbsterleben zwischen Gefühlen der Unterlegenheit und Minderwertigkeit und solchen der Größe und Allmacht schwankt. Kohut führt diese Störung auf psychische Verletzungen in der frühen Kindheit zurück, die nicht nur diesen Rückzug auf die eigene Person bewirken, sondern auch ein erhebliches Potential an Wut und Aggression hinterlassen. Diese Beschreibung der Störung hält Kernberg für korrekt, mit Kohuts Theorie ist er weniger einverstanden: »Er hat letzten Endes den ganzen Triebbegriff in Frage gestellt« – und der Triebbegriff ist unverändert Prüfstein der reinen Lehre – »indem er die Pathologie des Selbst zum Zentrum seiner Metapsychologie machte. Dabei bestand er darauf, daß sein Vorgehen klassisch psychoanalytisch sei.« Auch Kohuts Behandlungstechnik gefällt Kernberg nicht: »Er vernachlässigt die negative Übertragung, er hat einen unterstützenden, umerziehenden Ansatz«, und, das ist für Kernberg das Schlimmste, »Kohut sieht die Aggression nur als Reaktion auf frustrierende Erlebnisse und nicht, daß Grausamkeit und Sadismus auch Spaß machen können.« Vielleicht ist es Gegenbewegung zu seiner konfliktscheuen ›Wiener Erziehung‹, vielleicht Reaktion auf die Erfahrungen mit dem Nationalsozialismus, jedenfalls ist es Kernberg immer wichtig, daß Aggressives in seiner Ursprünglichkeit gesehen und bearbeitet wird.

Eine andere Herausforderung der alten Lehre, die Objektbeziehungstheorie, eng verknüpft mit der Theorie der Ichentwicklung, kommt von Erikson, Jacobson, Mahler und Kernberg selbst. Schmunzelnd bezieht Kernberg sich, wie alle Analytiker, auf den Stammvater Freud: »Ursprünglich war auch er ein Objektbeziehungstheoretiker.« Von Ferenczi über die Balints, Fairbairn und Winnicott war die Beschäftigung mit der frühen Mutter-Kind Beziehung dann in die USA gekommen. Dort beschäftigte sich als erster Erikson mit der Entwicklung der ›Ichidentität‹. Mehr als ihm fühlt sich Kernberg jedoch Edith Jacobson verpflichtet, einer Frau, die noch im Konzentrationslager an sich und ihren Mithäftlingen Identitätsprobleme studiert hat. »Ich glaube, sie ist die bedeutendste Theoretikerin der Psychoanalyse in den Vereinigten Staaten. Es gelingt ihr, die normale und die pathologische Entwicklung in einem Modell zusammenzubringen, das alles umfaßt: Affektdifferenzierung, Triebe und ihre Schicksale, Abwehrmechanismen, Objektbeziehungen und die dreifache Struktur des psychischen Apparates (Es, Ich, Überich).« Kernberg selbst hat dieses Erbe angetreten und den umfassenden Ansatz weiterentwickelt.

Edith Jacobson war mit Margaret Mahler befreundet, und diese Freundschaft förderte beider Arbeit sehr. Nach Mahlers Forschung an schwer gestörten und normalen Kindern und ihren Müttern beginnen wir unser Leben in einem Zustand, wo Ich und Es, Libido und Aggression, Selbst und Umwelt noch nicht unterschieden werden, der ›autistischen Phase‹, Vom zweiten Lebensmonat an benimmt sich dann das Kind, als ob es zusammen mit seiner Mutter ein allmächtiges System bildete, eine Zwei-Einheit mit gemeinsamen Grenzen, die ›symbiotische Phase‹. Erst vom fünften Monat ab löst sich der junge Mensch langsam körperlich von dieser Einheit und entdeckt begeistert seine wachsenden Fähigkeiten und eine immer größer werdende Welt. Vom fünfzehnten Monat ab entwickelt er erst wirklich getrennte Vorstellungen von sich und seiner Umwelt. Damit verliert er sein Paradies der All-Einheit und gewinnt eine eigene Identität – die psychische Geburt des Menschen verläuft beinahe wie die biblische Schöpfungsgeschichte.

Während dieser Prozeß der Ichentwicklung abläuft, entwickeln und verändern sich auch die Triebe. Zuerst ist es für das Kind unerträglich, in seiner guten, nährenden und schützenden Mutter gleichzeitig auch jemand zu sehen, der böse sein kann. Es hilft sich, indem es den guten Mutterteil von dem bösen trennt, die Mutter sozusagen in zwei »Teilobjekte« spaltet. Nun lernt es, daß Menschen, die Mutter und auch es selbst, manchmal gut und manchmal böse sein können und trotzdem immer dieselben Menschen bleiben. In der Fachsprache: das Kind lernt, Libidinöses und Aggressives zu integrieren, und es gewinnt damit Objektkonstanz und eigene Identität. Die nächste Entwicklungsstufe ist dann, wie beim klassischen Modell, die ödipale. Hier entwickelt der junge Mann seine Identität als männliches oder weibliches Wesen.

Die Entwicklung kann mißlingen, sei es, weil das Kind von vornherein eine zu dürftige Ausstattung mitbringt, sei es, weil es in eine zu dürftige und verletzende Umwelt hineingeboren wird. Wird das Kind in der autistischen oder symbiotischen Phase stark verletzt oder vernachlässigt, so führt das zur Psychose. Fehlentwicklungen während der Phase der Loslösung und Individuation führen zu Strukturpathologien, den Borderlinie- und narzißtischen Störungen. Späteres Mißlingen führt dann »nur noch« zu Neurosen. Ganz störungsfrei wächst wohl kein Kind auf. Je nachdem wie tief diese Wunden gingen, wie gut sie vernarbt sind und wie stark aktuelle Belastungen sie wieder öffnen, kann auch bei Menschen, die bis dahin relativ normal wirkten, eine Neurose, eine Borderlinestörung oder ein psychotischer Schub ausbrechen.

Diese Theorie der Ichentwicklung, das Kontinuum Psychose – Borderline (Strukturpathologie) – Neurose füllt nicht nur einige weiße Flecke auf Freuds Landkarte der Seele aus. Die psychischen Störungen, um derentwillen Menschen Behandlung suchen, haben sich seit Freud erheblich verändert, und diesen Veränderungen wird sie mehr gerecht. Hysterische Anfälle und Symptome, einst Hauptgegenstand psychoanalytischer Beobachtung und Behandlung, gibt es kaum noch, um so mehr aber diffuses Unbehagen, Arbeitsstörungen, Depressionen, Gefühle der Leere und Sinnlosigkeit und vor allem Kontaktstörungen und Partnerschaftsprobleme, in der Fachsprache die Strukturpathologien. In den leichten Formen sind das Allerweltsprobleme. In den schweren – das sind Mager- oder Eßsucht, Alkohol-, Drogen- oder Medikamentenabhängigkeit, Verwahrlosung und anderes mehr – hielt man sie lange für schwer oder überhaupt nicht behandelbar. Auch heute wird noch diskutiert, ob sie im strengen Sinne analysierbar sind, oder ob andere, mehr unterstützende und strukturierende Methoden angebrachter wären.

Um dieses Problem ging es Anfang der sechziger Jahre bei der Forschung in der Menninger Foundation. Kernberg fand zu seiner eigenen Überraschung: leichtere Störungen, »reife« Neurosen, bessern sich in jeder Behandlung, am meisten in der psychoanalytischen; schwere Strukturpathologien bessern sich weder allein mit Analyse noch allein mit unterstützender Behandlung, sondern mit einer Verbindung von beidem, nämlich Analyse in den Sitzungen und, wenn nötig, unterstützende und strukturierende Behandlung außerhalb durch einen Sozialarbeiter.

Kernberg beschreibt einen seiner Behandlungsfälle so:

Ein Geschäftsmann, Ende dreißig, mit der Diagnose »narzißtische Persönlichkeitsstruktur mit Borderlinezügen«, die Mutter, eine sadistische, überwältigende, manipulierende Frau, der Vater, sanft und warmherzig, hatte in verschiedenen Beziehungen zu Frauen versucht, sich seine Wünsche nach Sexuellem und Geborgenheit zu befriedigen, aber sobald die Frau Wünsche an ihn hatte, ergriff er die Flucht. Er hatte auch verschiedene, idealisierte Beziehungen zu Männer, die er als beschützend und warmherzig erlebte. Seit seiner Heirat entdeckte er nun große Ähnlichkeit zwischen seiner Frau und seiner Mutter, mit einem Unterschied allerdings: seine Frau konnte er völlig beherrschen. Er behandelte sie oft wie eine Sklavin und entließ sie mit Verachtung, wenn er bekommen hatte, was er wollte.
In der Therapie idealisierte er zuzeiten den Analytiker und sah in ihm eine warmherzige Vaterfigur, die ihm auch sexuell attraktiv erschien. Außerhalb der Analyse suchte er dann sexuelle Erlebnisse mit Prostituierten, von denen er sich mütterlich streicheln ließ.
Zu anderen Zeiten war er wütend und mißtrauisch dem Analytiker gegenüber, entwickelte fast paranoide Ängste und sah die kontrollierende und manipulierende Mutter in ihm. Dann attakkierte er auch wütend seine Frau und zog sich von allen anderen Beziehungen, teils deprimiert, teils hochmütig, zurück. Beide Verhaltensweisen hatten keine Verbindung zueinander. Es dauerte Jahre, bis der Patient die Widersprüche sehen lernte und merkte, daß er sich mit seiner sadistischen Mutter identifizierte und seine eigenen aggressiven und abwertenden Tendenzen auf den Analytiker projizierte, um sich selbst vor Schuldgefühlen zu schützen. Langsam lernte er dann, diese Schuldgefühle zu tolerieren und auch Ähnlichkeiten zwischen seiner Beziehung zum Analytiker und zu seiner Frau zu sehen. Er war betroffen und merkte zum ersten Mal, wieviel Geduld seine Frau mit ihm die ganze Zeit gehabt hatte. Die beiden Übertragungsdispositionen – Spiegel der innerpsychischen Situation – veränderten sich, und damit veränderte sich auch die Einstellung zu seiner Frau, seiner Arbeit und dem Leben allgemein.

So chaotisch sie ihm zuzeiten erscheinen, bei seinen Borderline-Patienten findet Kernberg doch früher oder später immer das in diesem Fall geschilderte Verhaltensmuster: eine Bewußtseinsspaltung à la Dr. Jekyll und Mr. Hyde, die sich in der Übertragung auf den Therapeuten zeigt. Der Erwachsene wehrt sich mit dieser Spaltung wie ein Kind gegen die Erkenntnis, daß die gute Mutter – und er selbst – auch böse sein können, eine Erkenntnis, die nicht zu verkraften ist, solange das Individuum noch nicht zu seiner eigenen Identität gefunden hat, oder wenn diese brüchig geworden ist. Die Abwehr durch Spaltung samt Idealisierung, Verleugnung und Projektion ist nach Kernberg typisch für Borderlinestörungen; Neurotiker neigen eher zur Verdrängung.

Daß Kernberg bei seinen Borderline-Patienten klassisch analytisch mit der Übertragung arbeitet, ist mutig. Das New Yorker Analytiker-Ehepaar G. und R. Blanck und auch die deutsche Borderline-Expertin Rohde-Dachser schlagen Modifizierungen der Technik vor. Die Arbeit mit der Übertragung ist schon bei leichteren, neurotischen Fällen eine heikle Sache. Stürme von Liebe und Haß, von Mißtrauen und Idealisierung, Phasen des inneren Widerstands und solche des Fortschritts mit Gleichmut und Verständnis zu verkraften, fällt zuzeiten auch Analytikern schwer, die selbst lange Lehrjahre auf der Couch zugebracht haben. Und bei Borderline-Patienten sind die emotionalen Wechselbäder und auch die Gegenübertragung des Analytikers besonders intensiv.

Die Heilungschancen für Borderline-Patienten – Kernberg bezieht dabei die narzißtisch Gestörten mit ein – sind gar nicht so schlecht. Nach seiner Erfahrung ist die Prognose günstig, wenn die Patienten überhaupt dauerhafte Beziehungen zu anderen Menschen haben, seien sie auch noch so chaotisch, und wenn sie über »normale Ehrlichkeit« verfügen.

Kernberg empfiehlt mir einen Besuch bei Michael Stone, einem ehemaligen Mitarbeiter und mittlerweile selbst Borderline-Fachmann. Stone ist Amerikaner, aber er liest »Die Zeit«. In seiner Wohnung steht ein Bechsteinflügel mit Schubertnoten und eine unglaubliche Sammlung von Erstausgaben, sogar ein Paracelsus ist darunter. Deutsches Bildungsbürgertum findet offenbar in New Yorker Analytikerkreisen statt. Stone untersucht zur Zeit ehemalige Patienten, die zwischen 1963 und 1976 längere Zeit stationär im Columbia Hospital behandelt wurden. Kernberg, Stone und andere Analytiker (insgesamt 180) haben sie dort therapiert. 200 dieser Patienten hatten Borderlinestörungen. Stones Ergebnis: Fast keiner dieser Patienten brauchte einen weiteren Krankenhausaufenthalt, rund die Hälfte war seit ihrer Entlassung in einem Arbeitsverhältnis, zum großen Teil in anspruchsvollen Berufen, als Geschäftsleute, Ärzte, Pastoren, Sozialarbeiter. Nicht wenige suchten im religiösen Bereich Halt. »Der feste Rahmen hilft ihnen über die eigene Strukturschwäche hinweg«, meint Stone; auch fand er in dieser Gruppe eine besondere Fähigkeit zu ekstatischem Erleben. Insgesamt hält er ein Drittel aller ehemaligen Borderline-Patienten für völlig wiederhergestellt.

Kernberg macht bei Borderlinefällen nicht halt. Beim Analytikerkongreß 1985 in Hamburg stellt er seine Arbeit mit einer Psychotikerin vor: ein sachlich-nüchterner Bericht, doch man spürt noch die Spannung und die Dramatik dieser therapeutischen Begegnung. Die junge Frau hatte sich vor ihrer Erkrankung recht gut im Leben zurechtgefunden, mit Männern hatte sie allerdings immer ihre Schwierigkeiten gehabt. Unruhig und innerlich immer leerer werdend, hatte sie verschiedentlich Hilfe gesucht. Nun erlebt sie Energieströme in ihrem Körper, deren Blockaden alle möglichen Beschwerden hervorrufen, auch eine paranormale Sensibilität – sie kann zum Beispiel Beruf, Alter und Geschlecht von Unbekannten erraten, die hinter ihr stehen –, und sie hat auch Halluzinationen.

Kernberg weist sie, zunächst mit ihrem Einverständnis, in die psychiatrische Klinik ein. Dort erlebt sich die Patientin völlig sadistischen Schwestern ausgeliefert. Kernberg überläßt aber konsequent Medikation, Pflege und Hilfeleistung dem Ärzte- und Schwesternteam der Station und konzentriert sich auf Analyse und Interpretation. Das entspricht seinem Konzept, Analyse

von Pflege und anderen Lebenshilfen konsequent zu trennen. Die »bösen Schwestern« findet er nach dem Bilde der kontrollierenden Mutter geformt, sich selbst zuzeiten nach dem des sexuell verführerischen Vaters. Nach sechs Wochen kommt die Patientin in ein Übergangsheim; später kann sie draußen wieder einem Beruf nachgehen. Während der ganzen Zeit begleitet Kernberg sie durch Höllen des Mißtrauens, des sexuellen und aggressiven Getriebenseins; der Gespaltenheit, Konfusion und Unfähigkeit, klare Grenzen zwischen sich und anderen zu ziehen, trägt Schicht um Schicht ab, bis hin zu einer »Eiswüste im Nebel«, zu verbindungslosen Gefühlsinseln, zu dem Bewußtsein, daß es für die Patientin kein zusammenhängend erlebendes Selbst gibt – und nicht einmal darüber kann sie sich noch ängstigen. Sie ist jetzt ein Jahr in Kernbergs Behandlung und begreift langsam, daß ihre Probleme nicht außerhalb, sondern in ihr liegen.
Mein Nachbar zur Linken, ein junger Analytiker, hört diesem Bericht recht unruhig zu: »Merkt der Mann denn nicht, daß die junge Frau sich ganz zu Recht wehrt, wenn er sie so frühzeitig einsperrt? Sie muß in dieser Situation ja vollends verrückt werden!« Mit Kernberg diskutieren will er aber nicht: »Ich bin ihm doch theoretisch gar nicht gewachsen!« Mein Nachbar zur Rechten, ein älterer Analytiker, ist tief beeindruckt: »Das ist wahre Analyse, so unerschrocken bis zum tiefsten Kern der Verzweiflung vorzustoßen!« Und ich frage mich, wie weit eigentlich das bestechend klare Bezugssystem die Wahrnehmung des Analytikers und damit das Geschehen in der Analyse determiniert. Findet er die Ostereier, die er vorher versteckt?
Kernberg hat sich nicht nur mit Einzeltherapie, sondern auch mit Gruppen und Institutionen, speziell psychiatrischen, beschäftigt. Er kennt die Gefängnisatmosphäre großer Hospitäler mit ihren versteinerten Hierarchien, die Isolierung und Dehumanisierung der Patienten durch autoritäre Kontrolle. Er kennt auch die antipsychiatrische Gegenbewegung »Freiheit heilt«, die die großen Kliniken entleerte, aber keineswegs immer angemessene Lebensbedingungen für die Expatienten schuf. Und er ist vertraut mit dem Bemühen kleiner, psychiatrischer Krankenhäuser und

Abteilungen, demokratisch das innere Wachstum und Selbstwertgefühl der Patienten zu fördern. Er hat auch therapeutische Gemeinschaften geleitet und supervisiert. Kernbergs Ideal ist ein breites Spektrum psychiatrischer Behandlungsmöglichkeiten: kurz- oder langfristige Krankenhausaufenthalte, Tageskliniken, viele ambulante Einrichtungen und Dienste.

In dem geschilderten Fall berichten Stationsarzt und -team über das Verhalten der Patientin, der Analytiker analysiert und bespricht es mit ihr. Seine eigenen Erfahrungen mit der Patientin teilt Kernberg dem Team nicht mit. Expertenfunktionen läßt er sich, bei allem Verständnis für Demokratisierungsprozesse, nicht nehmen. Leitung in Gruppen und Institutionen muß seiner Meinung nach funktional und aufgabengerecht sein, und dazu gehören für ihn Strukturen, in denen sich Expertenwissen durchsetzen kann. Allerdings zieht er auch hier Grenzen. Die Rigidität in den Organisationen der Psychoanalytiker und vor allem in ihrem Ausbildungswesen findet er schlimm.

Es ist schon eindrucksvoll, wie sich unter Kernbergs Zugriff die komplizierte Welt der Psychoanalyse ordnet. Auch in seinem privaten Leben hat er seine Ordnung gefunden. Seit mehr als dreißig Jahren ist er mit seiner chilenischen Frau verheiratet. »Zu Hause sprechen wir spanisch, nur wenn wir uns ärgern, englisch.« Und »es hat viel geholfen, daß meine Frau auch Analytikerin ist«, meint er, und sie ergänzt: »Andere Leute lassen sich scheiden, wir haben viele verschiedene Ehen miteinander geführt«. Die beiden haben drei Kinder; der Älteste ist angehender Facharzt, eine Tochter Psychologin, sie will Analytikerin werden, die Jüngste geht noch zur Schule.

Kernbergs Verständnis von menschlicher Partnerschaft ist wohl etwas mehr als eine intellektuelle Konstruktion. Es läßt sich ungefähr so beschreiben: Die Orgasmusfähigkeit ist für ihn, im Gegensatz zu anderen Analytikern, noch kein Garant für eine reife Beziehung. Orgasmusfähig können auch schwer narzißtisch Gestörte sein; und umgekehrt können relativ leichte Störungen zu sexueller Gehemmtheit führen. Der Mensch muß eine angemessene Identität entwickelt und in sich die Polarität von Liebe und

Haß einigermaßen integriert haben, um sein Gegenüber wirklich sehen und lieben zu können, so wie es ist. Wer dies nicht geschafft hat, hebt leicht den Partner in alle Himmel, nur um ihn nachher in um so tiefere Höllen zu stürzen. Der Mensch muß auch die ödipale Situation bewältigen, eine eigene Geschlechtsidentität erreichen, Vater und Mutter sozusagen hinter sich gelassen haben, um innerlich frei zu sein für eine erwachsene Beziehung. Und schließlich: »die reife Wahl des Menschen, den man liebt und mit dem man sein Leben verbringen möchte, schließt reife Ideale, Werturteile und Ziele ein, die, wenn sie der Befriedigung der Bedürfnisse nach Liebe und Intimität hinzugefügt werden, dem Leben einen umfassenden Sinn geben.« Die Hingabe an einen solchen Partner ist dann ganz natürlich, »weil sie die Hingabe an die Lebensweise ist, die die Beziehung zu dieser Person repräsentiert«. Hier ist Partnerschaft zwischen Mann und Frau wunderschön auf einen Begriff gebracht, fast zu schön.

Frauen – Anna Freud, Melanie Klein, Edith Jacobson, Margret Mahler, Jeanine Chasseguet-Smirgel und andere – haben nicht nur zur Praxis, sondern gerade auch zur Theoriebildung der Psychoanalyse Wesentliches beigetragen. Und das, obwohl sie in Freuds Theorie als defiziente Männer figurieren, deren »Penisneid« nicht kurierbar sei. Dazu meint Kernberg: »Männer und Frauen wurden in der Psychoanalyse eben immer gleich behandelt, niemand hat besonders darüber nachgedacht.« Margret Mahler allerdings knurrt auf meine Bemerkung, daß es nicht eben leicht für sie gewesen sein mag, als Frau und Emigrantin in New York zu werden, was sie geworden ist, »das ist das Understatement des Jahrhunderts«.

In den fünfziger und sechziger Jahren war die Psychoanalyse in den USA »die Religion«. Heute findet man in amerikanischen Buchhandlungen auf ein Buch über Freud und Freudianisches zehn über transpersonale Psychologie und C. G. Jung. Kernberg räumt ein, daß Wertsysteme, Religiöses die höchsten Bereiche des menschlichen Lebens sind, aber er zieht eine scharfe Grenze: »Die Psychoanalyse beschäftigt sich nicht damit, und ich mag das. Jeder hat die existentielle Aufgabe zu lösen: Wie verstehe ich mein Leben und was will ich daraus machen? Die Psychoanalyse als medizinische Wissenschaft beschränkt sich jedoch darauf, Menschen wieder zum Funktionieren, zum Wachsen zu bringen, und respektiert im übrigen ihre persönliche Autonomie.«

Man schätzt, daß heute weniger als 20 Prozent therapiebedürftiger Nordamerikaner sich an einen Analytiker wenden, die restlichen 80 Prozent suchen sich Therapeuten mit anderer Orientierung. In der Bundesrepublik ist man wesentlich analysewilliger, nicht zuletzt, weil die Kassen das bezahlen. Aber Kernberg hält die deutschen Analytiker auch für jung und dynamisch und findet, daß ihre theoretischen Beiträge immer besser werden. Fast stilisiert er die Bundesrepublik zur Hoffnung der Psychoanalyse.

Für Kernberg selbst jedenfalls bleibt die Psychoanalyse »die umfassendste Persönlichkeitstheorie, die es gibt. Das heißt nicht, daß sie für alle Probleme Antworten hätte. Aber ich habe es immer sehr aufregend gefunden, eine Theorie zu haben, die das Irrationale menschlichen Verhaltens erklärt.«

Über welche Eigenschaften muß ein Therapeut, ein Klinikchef verfügen, der im System der Psychoanalyse arbeitet? Kernberg beschreibt einmal die ideale Führungsfigur so: »Am wichtigsten ist hohe Intelligenz und damit die Fähigkeit zu strategischem und konzeptionellem Denken; zweitens muß ein guter Leiter ehrlich sein und nicht korrumpierbar; drittens muß er tiefgehende menschliche Beziehungen aufnehmen und aufrechterhalten können, denn das ist eine wesentliche Voraussetzung für die realistische Einschätzung anderer, viertens braucht er einen gesunden Narzißmus und Selbstsicherheit, und schließlich, fünftens, Vorsicht eher als naives Vertrauen.« Das sind wohl auch Kernbergs eigene Maximen, vermutlich Ideale der Psychoanalyse überhaupt. Was ihn aber eigentlich zur Leitfigur macht: er ist begeisert und überzeugt von seiner Sache und er überzeugt und begeistert andere – der Funke springt über.

Als ich Kernberg nach dem Preis frage, den seine hervorragende

Stellung kostet, winkt er ab; die Stellung, die Leistung sei nicht so ungewöhnlich. Aber dann meint er: »Ich habe immer viel und hart gearbeitet, eigentlich stehe ich immer unter Druck. Ich bin mir bewußt, wie begrenzt alles ist, was man machen kann.«

Ausgewählte Publikationen

Borderline-Störungen und pathologischer Narzißmus. (Engl. 1975) Frankfurt a. M.: Suhrkamp 1978. – Objektbeziehungen und Praxis der Psychoanalyse. (Engl. 1975) Stuttgart: Klett-Cotta 1981. – Internal World and External Reality. New York: Aronson 1980. – Psychotherapeutic Strategies. New Haven–London: Yale University Press. 1984.

Wichtige Neuansätze in der Psychoanalyse

Mahler, Margaret S.: Symbiose und Individuation. Bd. 1: Psychosen im frühen Kindesalter. Unter Mitarb. v. Furer, M. Stuttgart: Klett-Cotta ^{3}1983. – dies./Pine, Fred/Bergmann, Anni: Die psychische Geburt des Menschen. Frankfurt a. M.: Fischer Tb (6731) ^{2}1984.

Kohut, Heinz: Die Zukunft der Psychoanalyse. Frankfurt a. M.: Suhrkamp Tb 1975. – Narzißmus. (Engl. 1971) Frankfurt a. M.: Suhrkamp Tb 1976.

Marie-Louise von Franz

Die analytische Psychologie C. G. Jungs

Zwischen dem Zürich-See und einem waldreichen Tobel liegt Küsnacht, ein Musterort für soliden Schweizer Wohlstand mit gemütlichen Jugendstilvillen und alten Fachwerkhäusern. Nichts ist durch Kriege zerstört. »Ein bißchen verschlafen ist die Gegend«, sagt Marie-Louise von Franz, aber auch »die Ahnen sind hier noch lebendig. Ich bin jedesmal froh, wenn ich aus dem Ausland über die Schweizer Grenze zurückkomme.«

C. G. Jung hat mehr als fünfzig Jahre zusammen mit seiner Familie in Küsnacht gewohnt, am See. Hier behandelte er seine Patienten und schrieb sein umfangreiches Werk. Hier wurden seine fünf Kinder groß, hier starb er mit 86 Jahren.

Die Küsnachter haben sich ihrem berühmtesten Bürger gegenüber nicht lumpen lassen. Sie haben den Jungianern ein wunderschönes altes Haus als Ausbildungsstätte zur Verfügung gestellt. Auch dieses Institut liegt am See, in einem Rosengarten. Die Idylle hindert jedoch nicht große Weltoffenheit: es gibt einen englisch- und einen deutschsprachigen Ausbildungszweig, auch im Sekretariat spricht man beide Sprachen. Die Psychologie C. G. Jungs dürfte zur Zeit wohl das einzige psychologische System des deutschen Sprachraums sein, das exportiert wird, sonst lebt man hierzulande von Importen.

Das Küsnachter Institut ist die größte Ausbildungsstätte für die analytische Psychologie C. G. Jungs. 430 Studenten besuchen hier Seminare und Vorlesungen, absolvieren ihre 300 Stunden Lehranalyse und besprechen eigene Fälle. Es sind nicht nur Mediziner und Psychologen, auch Ethnologen, Theologen und sogar zwei Zahnärzte sind darunter. Das Stoffangebot ist breit.

Neurosenlehre und Entwicklungspsychologie muß man können; der Schwerpunkt liegt aber auf dem Verständnis der Symbolik von Träumen, Märchen und Mythen und auf der Arbeit damit. (Die Ausbildung an den deutschen C. G. Jung-Instituten in Stuttgart, Berlin und Bremen ist, aus Gründen der Kassenzulassung der Ausgebildeten, strenger. Es werden zum Beispiel 600 Stunden Lehranalyse gefordert.) Man ist sehr persönlich und freundlich im Küsnachter Institut. Interviewen ist hier keine Kunst. Beide Direktoren sind männlichen Geschlechts und haben, sicher nicht zufällig, Bücher über Mann-Frau Probleme geschrieben. Frauen haben bei den Jungianern immer eine große Rolle gespielt.

Die oberen Räume des Instituts mit ihren alten Vertäfelungen und Schnitzwerk stammen aus dem 16. Jahrhundert, das Kellergewölbe – es wird als Vorlesungsraum genutzt – aus dem 13. Das erinnert an einen Traum Jungs, in dem er einmal in einem Haus, das er als das seine erkannte, von Stockwerk zu Stockwerk über Rokoko, Mittelalter und Römerzeit bis in die Vorgeschichte hinunterstieg. So ist Jung wirklich hinuntergestiegen in die Tiefe der Psyche, seiner eigenen und der seiner Patienten, in die des einzelnen und die der Menschheit. Dabei war er keineswegs nur introvertierter Träumer. Vital und bekannt für sein dröhnendes Lachen, Feinschmecker und selbst exzellenter Koch, begeisterter Wassersportler und Bergsteiger, hielt er sich – anders als Freud – die Menschen nicht vom Leibe. Er ist in Zürich-Küsnacht auch fünfundzwanzig Jahre nach seinem Tode noch sehr lebendig.

Jungs Leben, Träume und Werk bilden eine Einheit. Aufgewachsen in der bedrückenden Muß-Christentum-Atmosphäre eines Pfarrhauses, in dem Glaube nicht mehr von inner her erfahren werden konnte, lebte er schon früh nicht nur in der realen, sondern auch in der Welt seiner Imaginationen und Träume. Er wurde dann am Burghölzli Psychiater, ein Beruf, in dem er naturwissenschaftliche und geistige Interessen verbinden konnte, befreundete sich mit Freud, dem »ersten bedeutenden Mann meines Lebens«, und verteidigte dessen Theorien, obwohl sie unpopulär waren, weil sie seinen Befunden entsprachen. Freud sah – und fürchtete bald – in Jung seinen Nachfolger.

Beide waren jedoch recht verschieden. Jung konnte sich nicht mit Freuds Reduktion alles Geistigen auf Verdrängungs- und Sublimationsformen biologischer Triebe anfreunden. Für ihn ist der Mensch Bürger zweier Welten, der biologisch-animalischen, die er mit dem Tier gemeinsam hat, und der geistig-spirituellen, der Welt der Philosophie und Religion, die spezifisch menschlich ist. Freuds dogmatisches »Versprechen Sie mir, nie die Sexualtheorie aufzugeben, das ist das Allerwesentlichste« irritierte ihn sehr. »Ich hatte bis dahin der Sexualität nie die Bedeutung einer schwankenden Angelegenheit zugemessen, der man die Treue wahren muß, weil sie sonst in Verlust geraten könnte.« Quasi religiöse Verehrung wollte er einer seiner Meinung nach zu Unrecht rein biologisch verstandenen Funktion nicht entgegenbringen. Aus der Freudschen Libido wurde für ihn ganz allgemein Lebenstrieb, »élan vital«. Die endgültige Trennung gab auf beiden Seiten viel böses Blut. Für Jung bedeutete diese Trennung auch eine Lösung von freundschaftlichen und beruflichen Kontakten, die ihm sehr wichtig waren. Und was hatte er dem allen wirklich entgegenzusetzen?
In den folgenden Jahren hat er wenig geschrieben. Es war eine Zeit der Träume und Visionen, eine Zeit des Hinuntersteigens in unbekannte Tiefen des Unbewußten. Kritiker glaubten, hier schizophrene Züge zu entdecken, Marie-Louise von Franz nennt dies seine ›Jenseitsreise‹. Er selbst meint: »Ich mußte mich tief bücken.« Es waren schwere Jahre. Geholfen hat ihm dabei die Alltagsrealität seiner Familie und seiner therapeutischen Arbeit, vor allem aber sein Bemühen, bewußt zu verstehen und zu bearbeiten, was ihm in dieser Unterwelt widerfuhr. »Die Jahre, in denen ich den inneren Bildern nachging, waren die wichtigste Zeit meines Lebens, in der sich alles Wesentliche entschied. Meine gesamte spätere Tätigkeit bestand darin, das auszuarbeiten, was in jenen Jahren aus dem Unbewußten aufgebrochen war und was mich zunächst überflutete.«
Grob definiert besteht die Psyche nun für Jung aus dem Bewußtsein, dessen Träger das Ich ist, aus dem persönlichen Unbewußten, dem Bereich der ›Schatten‹, des Vergessenen, Verdrängten

und Nichtgelebten und, das ist seine wichtigste Entdeckung, aus dem überpersönlichen, kollektiven Unbewußten, das der Psyche des einzelnen ebenso zugrunde liegt wie derjenigen der ganzen Menschheit. Dieses kollektive Unbewußte ist der Ort der ›Archetypen‹, Erlebensdispositionen, die in den Bildsymbolen von Träumen, Märchen und Mythen erkennbar werden. Früher nannte man sie Dämonen oder Götter. Sobald der Mensch – oder die Menschheit – aus der Ureinheit des Unbewußten heraustritt, Bewußtsein entwickelt und unterscheiden lernt, entstehen Polaritäten, zwischen Bewußtem und Unbewußtem, Person und Schatten, Männlichem und Weiblichem, Individuum und Gesellschaft, auch zwischen Gutem und Bösem. Ihre Überwindung, die Integration des Gegensätzlichen, ist Lebensaufgabe und natürlich auch Aufgabe des therapeutischen Prozesses.
Jedoch: »Meine Resultate schienen in der Luft zu hängen, indem sich nirgends eine Vergleichsmöglichkeit bot.« Jung hat solche Vergleichsmöglichkeiten in der realen Welt gesucht, in den ›primitiven‹ Kulturen Kenias und Ugandas, bei den Pueblos in Nordamerika, in Indien. Verwandtes Denken suchte er auch in der christlichen Gnosis und Mystik, in der Philosophie Schellings, in den Weisheitslehren des fernen Ostens und in Mythologien und Religionen aus aller Welt.
Last not least jedoch entdeckte Jung die Alchemie für sich, die verachtete und vergessene Vorläuferin der modernen Naturwissenschaft. Hier fand er »die historischen Grundlagen, die ich bis dahin vermißt hatte«. Den alten Alchemisten war die Materie, mit der sie zu tun hatten, noch sehr fremd. So projizierten sie vieles in ihr Tun hinein. Jung fand in ihrer Suche nach Gold oder dem Stein der Weisen eine direkte Parallele zu seiner inneren Suche nach dem ›Selbst‹, dem ›Individuationsweg‹; in ihrer Vermischung von Psychischem und Physischem eine Vorahnung der letztlichen Einheit von Materie und Geist, des Unus Mundus, den Wolfgang Pauli, Nobelpreisträger für Physik, und er in gemeinsamen Gesprächen immer wieder beschworen. Und schließlich sah er in der Alchemie eine esoterische Unterströmung, die sich »zum offiziellen Christentum verhält wie ein

Traum zum Bewußtsein«: dem Dogma setzten die Alchemisten – darin den Mystikern sehr nahe – die persönliche Erfahrung Gottes gegenüber, dem hellen Gott des neuen Testaments den dunklen ›Gott der Tiefe‹, Merkurius, ein in die Materie versunkener gottmenschlicher Schöpfergeist, der dort der Erlösung harrt. Es war eine Kompensation der Einseitigkeit des kollektiv bewußten Gottesbildes. Bei alldem hat Jung jedoch lebenslang der eigenen Erfahrung den Vorrang gegeben. Am eigenen inneren Erleben maß er, was er in der Außenwelt fand.

Ein dunkler Punkt ist Jungs Verhältnis zum Nationalsozialismus. Ernst Kretschmer hatte 1933 die Leitung der ›Deutschen allgemeinen ärztlichen Gesellschaft für Psychotherapie‹ niedergelegt. Jung übernahm die Präsidentschaft, machte die Gesellschaft zu einer internationalen – der deutsche Landesverband war der stärkste – und verlegte ihren Sitz nach Zürich. Aus den Jahren 1933/34 gibt es recht mißverständliche Äußerungen von ihm über Semitisches und die Andersartigkeit der arischen Rasse. Seine Kontroverse mit Freud und der Psychoanalyse, sein besonderes Verhältnis zu Mythologischem – für ihn lebte in der nationalsozialistischen Bewegung der germanische Sturmgott Wotan wieder auf – und sicher auch politische Naivität machten ihn offenbar anfällig für das, was damals in Deutschland geschah. Ein ›Nazi‹, da sind sich seine Freunde sicher, war er darum nicht.

Nicht alle Schriften Jungs sind einfach zu lesen. Oft umkreist er seinen Gegenstand viele Male, weitet ihn mit immer neuen Mythologien aus und formuliert seine Begriffe ebenso offen wie unscharf. Auch die mystische Komponente mag dazu beigetragen haben, daß Jung lange nur in begrenztem Kreis bekannt und geschätzt war, trotz so berühmter Patienten wie Hermann Hesse und Ehrendoktorhüten von Oxford und Harvard.

Zuerst hat wohl seine Autobiographie Jung einer breiteren Öffentlichkeit nahegebracht. Er hat sie Aniela Jaffé erzählt, der Analytikerin, Autorin und Privatsekretärin seiner letzten Lebensjahre. Sie ist eine unglaublich gute Zuhörerin. Als ich eigene Träume mit ihr bespreche, erzähle ich viel mehr, als ich

ursprünglich vorhatte. Und in ihrem Schreiben wird Jungianisches sehr lebendig und einleuchtend.
Heute hat sich der Zeitgeist geändert, und viele sind für den Pionier und Klassiker der Transpersonalen Psychologie offen. Marie-Louise von Franz meint: »Jung wird erst jetzt so richtig entdeckt.« Über die offiziellen Jung-Schulen ist sie allerdings nicht so recht glücklich: »Jeder trägt weiter, was er kapiert hat. Es gibt nur sehr wenige, die ihn ganz verstanden haben. Erich Neumann (Verfasser der ›Ursprungsgeschichte des Bewußtseins‹ und der ›Großen Mutter‹) ist so einer. Aber bis Jungs ›Psychologie und Alchemie‹ und sein ›Mysterium Conjunctionis‹ begriffen werden, wird es noch weitere fünfzig Jahre dauern.«
Marie-Louise von Franz hat mehr als ein Vierteljahrhundert mit Jung zusammengearbeitet. Zuerst ging sie – als junge Studentin der alten Sprachen – ihm bei seinen alchemistischen Studien zur Hand. Sie galt damit ihre Therapiestunden ab, die sie heimlich nehmen mußte; ihre Mutter hätte ihr das sonst verboten.
In ihrem Haus am Berghang in Küsnacht begrüßt mich als erster ein wohlgenährter Hund namens Laura, »von Petrarcas Laura« erfahre ich. Frau von Franz wirkt einfach, erst ihr Gesicht macht nachdenklich. Von ihrem Leben sagt sie »es war sehr ereignisarm, äußerlich« – die vielen Bücher, die sie geschrieben hat, ihre therapeutische und ihre Lehrtätigkeit, ihre Vortragsreisen in aller Herren Länder zählen offenbar nicht viel – und später: »innerlich war es eine intensive, dauernde Auseinandersetzung mit dem, was die Religionen Gott nennen, wir nennen es Selbst.«
Sie berichtet über ihr äußeres Leben mit großer Ehrlichkeit. Ehrlichkeit ist auch die Eigenschaft, die sie an Jung am meisten schätzte. Von ihrem Vater spricht sie mit Hochachtung. Er war österreichischer Generalstabsoffizier und nach dem Zusammenbruch der k. und k. Monarchie nach dem Ersten Weltkrieg selbst ein gebrochener Mann. Mit 45 Jahren schaffte er in der Schweiz einen neuen Anfang als Leiter einer Holzfabrik. »Er war ›arbeitswütig‹, beliebt bei seinen Untergebenen, pflichtbewußt, unbe-

dingt ehrlich, verläßlich, jähzornig, wenn man ihn reizte und melancholisch. Über tiefere Dinge hat er wohl nachgedacht, reden konnte man mit ihm nicht darüber, er war sehr scheu und verschlossen.« Die Mutter war Rheinländerin, Gesellschaftsdame. »Ich bin mit ihr nicht ausgekommen. Die Ehe meiner Eltern war eine Katastrophe, mein Vater ließ sich nur aus Korrektheit nicht scheiden. Zum Glück hat sie sich in unserer Kindheit nicht viel um meine Schwester und mich gekümmert.«
Die kleine Marie-Louise resignierte früh und zog sich, wann immer sie konnte, in den Garten zu Hund und Katze zurück. »Ich hatte alle Chancen, psychotisch zu werden. Aber ich habe mit 19 Jahren die Analyse bei Jung begonnen; vorher war ich nicht verrückt geworden, und dann war ich in guten Händen.«
Marie-Louise von Franz begann ihre Therapie mit einem großen Traum: Sie verbrennt ihre Bücher – ihre ausgeprägte Ratio – vor der Universität, steigt in die Tiefe, besteht Gefahren dort und findet auch den »Gott der Tiefe«, das »Wasser des Lebens« und einen Gefährten, mit dem zusammen sie am Meer die Geburt der Aphrodite erlebt. Dieser Traum symbolisiert gut den Individuationsweg, den Weg zum »Selbst« der Jungianer, der nicht nur Selbstverwirklichung im üblichen Sinne ist, sondern vor allem Suche nach der religiösen Dimension der Seele. In Heldenmythen und -märchen wird dies als die gefahrvolle Suche nach einer großen Kostbarkeit oder einer Prinzessin dargestellt, die von Drachen und anderen Ungeheuern bewacht wird.
Die bewußte Individuation ist eigentlich eine Aufgabe oder Therapie für die zweite Lebenshälfte; in der ersten geht es auch bei den Jungianern um Partnerschafts- und Berufsprobleme, ums Zurechtfinden in dieser Welt. Bei der neunzehnjährigen Marie-Louise von Franz war Jung so viel ›Frühvollendetes‹ etwas unheimlich. »Aber ich bin jetzt doch siebzig Jahre alt geworden«, schmunzelt sie und meint »heute suchen viele junge Menschen nach dieser Kostbarkeit«. Sie selbst hat ganz ordentlich fertig studiert und bis zu ihrem 35. Lebensjahr an einem Gymnasium Latein und Griechisch unterrichtet. Jung hielt eine normale Berufstätigkeit als Vorbereitung für einen Therapieberuf

für notwendig, um sich besser in die Patienten einfühlen zu können und sich nicht auf den ›Therapeutenthron‹ zu setzen.
Jung, der sich immer als Empiriker des Seelenlebens verstand, hat im Laufe seines Lebens rund 80000 Träume analysiert. Auch für Marie-Luise von Franz sind sie der Hauptweg zum Unbewußten. Das Unbewußte äußert sich in diesen Traumbotschaften ›naturhaft‹, ohne die Gesetze von Kausalität und Logik, von Zeit und Raum. Eine Verschlüsselung, wie die Freudianer annahmen, ist nicht darin. Trotzdem sind Träume von der ›Natur der Sache‹ her nicht immer leicht zu verstehen. Reichen die persönlichen Einfälle zur Erklärung nicht aus, ziehen die Jungianer verwandte Motive aus Märchen und Mythen heran. Frau von Franz hat einen unglaublichen Schatz davon in ihrem Gedächtnis und auch viel darüber geschrieben. ›Der Schatten und das Böse im Märchen‹ und ›Die Suche nach dem Selbst‹ sind solche Märcheninterpretationen. Sie liest noch heute täglich Mythologisches. Bleiben die Träume, die ›Stimme der Natur‹, ungehört und unverstanden, kann das zu psychischer oder physischer Krankheit führen. Leidenserfahrungen, Gefühle der Leere und Sinnlosigkeit, stehen denn auch oft am Beginn eines Individuationsweges. Von Franz nennt das »eine Art Berufung, die aber nur wenige so wahrnehmen«. –
Neben Nachtträumen nutzen die Jungianer auch aktive Imagination als Weg ins Unbewußte, eine Art Phantasiemeditation, in der man sich mit den Erscheinungsformen des Unbewußten wie mit realen Partnern auseinandersetzt. Als sie damit anfing, zog sich Marie-Louise von Franz eigens einmal in eine einsam gelegene Skihütte zurück. Der einzige menschliche Kontakt war der tägliche Einkauf im nächsten Dorf. Tagsüber lief sie Ski. Es kam nichts. Sie war so introvertiert, daß dieser geringfügige Kontakt mit der Außenwelt schon genügte, keine Einsamkeitsgefühle bei ihr aufkommen zu lassen. Sie gab das Skilaufen auf, besorgte sich Proviant für mehrere Tage und setzte sich, ohne etwas zu tun, in die Hütte. Nach Stunden der Langeweile bekam sie Angst vor einem Einbrecher. Damit kämpfte sie lange. Bis ihr schließlich aufging: das ist es ja, worauf ich gewartet habe. So begann

ihre aktive Imagination. Sie ließ den Einbrecher und noch viele andere Phantasiefiguren nach ihm kommen und setzte sich mit ihnen auseinander. Langweilig war das nicht mehr, und nachts schlief sie bombenfest, obwohl die Hüttentür nicht abzuschließen war.

Eine dritte spezifisch Jungianische Form der Tiefenerfahrung ist unbewußtes Gestalten, Arbeiten mit Ton, Malen, Tanz oder das Sandspiel, das Dora Kalff, ›Analysekind‹ von Jungs Frau Emma, entwickelt hat. Ich sitze bei ihr vor einem Sandkasten, umgeben von hunderten kleiner Spielzeugdinge, Steine, Häuser, Bäume, Menschen, Tiere. Ich baue Landschaften, steinige und grüne. Eine kleine Figur des indischen Gottes Shiva fasziniert mich und wird schwierig. Unzufrieden mit mir und der Welt fahre ich danach eine Beule in mein Auto. Zur letzten Stunde komme ich mit einem merkwürdig weichen, fast zärtlichen Gefühl, vergesse Shiva und setze in meine Landschaft eine Frau, einen Mann und ein Kind. Jetzt stimmt es. Ich bin zu den religiösen Symbolen meiner Kindheit zurückgekehrt. Dora Kalff, die mit Menschen aus sehr verschiedenen Kulturkreisen arbeitet, findet es wichtig, über die eigene religiöse Tradition zu sich selbst zu kommen.

Marie-Louise von Franz beschreibt den Individuationsprozeß, den Weg zum Selbst, sehr klar. In der Regel begegnet man zuerst den eigenen Schatten, dem Unterdrückten, Nichtgelebten, Nichtgetanen in sich. Sich denen zu stellen, ist nicht einfach. Viel Angst ist damit verbunden, Getriebenheit, Begierde, Abscheu. Oft enthalten die Schatten aber auch wertvolle Lebenselemente. Nicht immer muß die eigene Schwäche oder Leidenschaft bekämpft werden, manchmal eher ein Stück moralischer Hochmut.

Häufig erweist sich als eigener Schatten, was einen an anderen irritiert, Ehrgeiz zum Beispiel, ungehemmtes Ausleben von Sexualität, Hysterie oder Depression. Dann bekämpft man außen, was eigentlich inneres Problem ist. Hexenverbrennungen und Kriege entstehen so. Es ist eine hohe moralische Leistung, solche Projektionen in sich selbst zurückzunehmen und dort zu bearbeiten. Aber so, und nur so, kann man dem Frieden in dieser

Welt näherkommen. Wozu der innere Schatten dann für den einzelnen wird – zur unterdrückten und zur Unzeit durchbrechenden Aggression etwa oder zur angemessenen Durchsetzungsfähigkeit – hängt davon ab, wie er ihm begegnet.

Eine Sonderform der Schatten sind Anima und Animus, das weibliche Element im Mann und das männliche in der Frau. Geprägt vom jeweils gegengeschlechtlichen Elternteil, spielen Animus und Anima in jeder Paarbeziehung mit. Die »Liebe auf den ersten Blick« ist meist Projektion eines inneren Bildes auf den Partner. Auch hier gibt es wieder den Doppelaspekt: Das Weibliche im Mann und das Männliche in der Frau kann unleidlich und Verführung zum Negativen sein ebenso wie Leitfigur zu tieferer Weisheit.

Jung schreibt sehr differenziert über die Anima des Mannes, der Animus der Frau kommt – als stures Beharren auf halbverstandenen ›heiligen‹ Überzeugungen – schlechter weg. »Viele Frauen sind nur deshalb in ihrem negativen Animus so zu Hause, weil sie ihre eigenen kreativen und geistigen Fähigkeiten nicht ausleben können«, meint von Franz. Kreativ sein ist für sie überhaupt ein probates Mittel gegen psychische Leiden aller Art. Die verschiedenen Animus- und Animavorstellungen ordnet sie – wie Jung – in jeweils vier Entwicklungsstufen: Die Anima des Mannes reicht da von der biologischen Bezogenheit (etwa der Urmutter Eva gegenüber) über romantisch-ästhetische Formen des Eros (Helena) und den vergeistigten Eros (Maria) bis zur Weiheit der Sapientia oder der Sulamith des Hohen Liedes. Der Animus der Frau beginnt als Symbol physischer Kraft und entwickelt sich über die gerichtete Tatkraft zur geistigen Größe und schließlich zum Vermittler von Sinn. »Das schüchterne Bauernmädchen Jeanne d'Arc hätte ohne die innere Leitung durch den Erzengel Michael nie ihre Heldentaten vollbringen können.«

Animus und Anima stehen auf der Schwelle vom persönlichen Unbewußten zum kollektiven, dem Reich der Archetypen. Der zentrale Archetyp ist das »Selbst«, ein ebenso wichtiger wie schwieriger Begriff bei Jung. Es ist gleichzeitig Kern der Persönlichkeit und – »der Seele Grenzen sind unendlich« – umfaßt den ganzen Kosmos. »In den westlichen Religionen nennen wir es Gott, im Hinduismus Atman, im Buddhismus Buddhawesen oder Dharma, in China Tao.« Männern kann es als alter Weiser erscheinen, Frauen als Erdmutter oder eine andere Göttin. Es symbolisiert sich im Gold und im Stein der Weisen der Alchemisten, in den Mandalas der Tibeter und in den großen Urmenschen der Mythen, dem Ymir der Germanen, dem Purusha der Inder, aus denen die ganze Erde entstand. Es ordnet unsere Träume und den Gang der Sterne.

Im Selbst vereinigen sich die Polaritäten und Widersprüche der Seele in einer höheren Ordnung. Das Auftauchen dieses Symbols bringt meist ein überwältigendes Erlebnis von innerem Frieden und Sinn des Lebens. Vollkommenheit ist es nicht, eher menschliche Vollständigkeit mit allen Widersprüchen, die nun aber akzeptiert sind. Daraus ergibt sich die heitere Gelassenheit des Menschen, der mit sich selbst ins Reine gekommen ist.

Sich mit dem Selbst zu identifizieren, sich sozusagen als Gott zu fühlen, ist eine gefährliche Versuchung und führt zu einer Art Inflation. Es ist das sicherste Mittel, es wieder zu verlieren. Jedoch: »Wenn man der Wirklichkeit des Selbst tägliche Beachtung schenkt, so ist es, als ob man auf zwei Ebenen leben müßte. Man widmet zwar wie zuvor seine Aufmerksamkeit den Umweltaufgaben, achtet zugleich aber auf alle Winke und Zeichen in Träumen und Ereignissen, durch die das Selbst seine Absicht und die Richtung kundtut, wohin der Lebensstrom tendiert. ... Schwemmen starke Gefühle den Menschen in eine einseitige Haltung, kann er den Kontakt mit seinem Zentrum verlieren; Primitive nennen das Seelenverlust und fürchten den Zustand sehr.« Ähnlich definiert von Franz Neurose und Psychose als überstark gelebte Einseitigkeit. Eine solche krankmachende Einseitigkeit ist für sie auch ein allzu verfestigtes Bewußtsein, das die Winke des Selbst verdrängt.

Frau von Franz selbst folgt diesen Winken in erstaunlichem Maße. Sie hätte im Laufe ihres Lebens einige Male heiraten können, war auch »verlockt«, das zu tun, »aber meine Träume waren dagegen«. So hat sie ihr Leben ohne eigene Familie zugebracht. Allerdings nicht allein. Jung schätzte das nicht, »wenn man allein lebt, fressen einen die Patienten auf« und überredete seine Mitarbeiterinnen, zusammenzuziehen. Lachend erzählt Frau von Franz, wie sie daraufhin zehn Jahre lang mit ihrer vierundzwanzig Jahre älteren Kollegin Barbara Hannah (auch sie hat bekannte Bücher über Jung geschrieben) kämpfte: »Wir haben uns fast umgebracht und Jung hat nur gelacht: ›Da haben Sie Gelegenheit, Ihre negative Mutterübertragung auszuarbeiten.‹« Offensichtlich geschah das mit Erfolg: Die beiden haben 35 Jahre lang bis zu Barbara Hannahs Tod 1986 zusammengewohnt.

Jeder Individuationsprozeß, jede Therapie ist für Jungianer etwas sehr Individuelles und verläuft nur ungefähr in der geschilderten Form. Frau von Franz ist es denn auch wichtig: »Die Jungianische Therapie ist minimal manipulatorisch. Es gibt keine Neurosentheorie, keine Diagnose, keine therapeutische Technik. Die Persönlichkeit des Therapeuten ist entscheidend. Wir begleiten den Patienten durch Himmel, Erde und Hölle. Das übrige tun die Träume, die der Therapeut ›zurückfüttert‹. Die modernen Jungianischen Therapieschulen – einige wenden mangels eigener Psychopathologie die Neofreudianische an – sind Frau von Franz in der Regel zu klinisch, zu reduktionistisch: »Sie wenden Jung nicht tief genug an, und dann scheitern sie an Psychotikern oder einfach Stukturierten.« Sie hat selbst Psychotiker therapiert und ist dabei nicht viel anders verfahren als mit anderen Klienten, nur »es ist viel anstrengender. Man ist nach jeder Stunde wie aus dem Wasser gezogen«. Und dann erzählt sie von der einfachen jungen Frau, deren jahrelange Schlafstörung Jung in einer einzigen Stunde heilte: Er nahm das Mädchen auf den Schoß und sang ein altes Wiegenlied für sie. Reden über Archetypen hätte sie wirklich nicht verstanden, erleben konnte sie einen.

Zur Zeit, meint Frau von Franz, beeinflußt Jungianisches das allgemeine Denken in Physik, Mathematik, Biologie, Geschichte und Politik mehr als das therapeutische. Hier liegt auch ein Schwerpunkt ihres eigenen Interesses und ihrer Veröffentlichungen. Sie sieht zwischen Psyche und Materie eine Entspre-

chung: »Es gibt Hinweise, daß die physikalische und die psychische Energie zwei Aspekte ein und derselben Sache sein könnten, wobei die Welt der Materie gleichsam wie ein Spiegelbild der Welt des Geistes erscheint und umgekehrt.« Das war auch die Vorstellung der Alchemisten. Die moderne Parallele: Der Erfinder des Cortisons träumte, daß nach langen vergeblichen Mühen der gesuchte Stoff endlich auskristallisierte. Da klingelte ihn ein Anruf aus dem Schlaf: Was er geträumt hatte, war in diesem Moment tatsächlich eingetreten. Auch im Alltag finden relativ häufig Traummotive in der materiellen Umgebung des Träumers ihre Entsprechung. Man sieht sich zum Beispiel im Traum schwarz gekleidet und erhält anderntags die Todesanzeige eines Freundes. Jung nannte diese Verbindung zwischen innerem und äußerem Ereignis ›Synchronizitätsphänomen‹: es gibt keine Ursache-Wirkungs-Beziehung zwischen beiden Ereignissen, sie geschehen einfach relativ gleichzeitig und haben gleichen Sinn für das erlebende Individuum.
Die alten Chinesen hielten sich in ihrer Geschichtsschreibung an dieses Prinzip. Da heißt es zum Beispiel: Im Jahre der Schlange gab es Mißernten, die Kaiserin lief mit ihrem Liebhaber davon und der oberste Berater des Kaisers starb. Im nächsten Jahr kam die Kaiserin reumütig zurück, und die Ernten waren gut. Nicht Ursache-Wirkung war wichtig, sondern ›was zeitlich zusammen aufzutreten beliebte‹. Und es ging darum, diesen generellen Trend einer Zeit, ihren Sinn, zu verstehen. Das alte chinesische Orakel- und Weisheitsbuch I Ging beruht auf diesem Prinzip, auch andere Wahrsagemethoden: Wer Dinge fragt, die für ihn emotional bedeutsam sind – die emotionale Beteiligung ist eine wesentliche Voraussetzung –, bekommt einen Hinweis, erfährt etwas über Sinn und Gesamtzusammenhang. Frau von Franz benutzt auch selbst das I Ging, »es hat mich noch nie im Stich gelassen« und lächelt »wir benehmen uns wieder wie die alten Römer mit ihren Auguren oder wie die Leute in der Steinzeit«.
Hinter solchem Geschehen vermutet von Franz den Einfluß von Archetypen, die gleichermaßen Physisches wie Psychisches steuern. Archetypen, das ›Eingekerbte‹, die Erlebensdispositio-

nen großer Kollektive, Nationen oder Generationen, bestimmen so den Zeitgeist, der anders war in der Rennaissance und im Rokoko; in der Studentengeneration der sechziger und siebziger Jahre und der von heute.

Für Marie-Louise von Franz sind diese Archetypen in einem Muster angeordnet und tauchen, einer nach dem andern, in bestimmtem Rhythmus aus dem großen Ozean des kollektiven Unbewußten auf. Das Auf- oder Untertauchen von archetypischen Bildern, der Wandel von Einstellungen in einer Generation oder in einer Nation ist jedoch nicht automatisch vorherbestimmt. In der Regel konstelliert sich unterschwellig eine Gegenströmung zur bewußten Einstellung, die deren Einseitigkeit kompensiert. »Trau keinem über dreißig« war das Schlagwort junger Menschen noch vor fünfzehn Jahren. Heute kann eine junge Frau, die ihre Doktorarbeit über Nazigreuel in der Tschechoslowakei schreibt, zu ihrem Vater sagen, der dort während des Krieges als SS-Offizier war: »Komm Vater, laß uns gemeinsam nach Prag reisen und dort ›die Juden begraben‹.«

Ob es uns gelingt, einen dritten Weltkrieg zu vermeiden, hing für Jung davon ab, ob wir lernen, die Aggressionen in uns zu bearbeiten, anstatt sie auf andere zu projizieren. Der ›Friede in uns‹ wirkt sich dann nicht nur auf den einzelnen und seine unmittelbare Umgebung aus, sondern auch auf den archetypischen Hintergrund. Selbst wenn dies nur einzelne tun, kann das Wirkung haben. In der Schweiz gab es seit Jahrhunderten keinen Krieg. Das ist, laut Marie-Louise von Franz, dem Schweizer Heiligen Nikolaus von Flüe zu verdanken. Er zog sich von Bürgermeisteramt und Familie zurück und rang als Einsiedler mit »den tiefsten Gründen der Seele«.

Zum letzten Interview lädt mich Marie-Louise von Franz in ihren Turm nach Bollingen am Obersee ein. Wie Jung hat sie sich dort ein Refugium gebaut, am Berghang. Kein Telefon, kein elektrisches Licht. Man hätte vor vierhundert Jahren auch nicht viel anders gelebt. Der Raum ist quadratisch, in der Mitte ein runder Tisch; an einer Seite ein großer Kamin, auf dem auch gekocht wird. Ich trete ein und schweige betroffen; eine so gute und friedvolle Atmosphäre habe ich sonst noch nirgendwo gespürt. »Es ist mein Heilplatz, wenn ich am Zusammenbrechen bin vor Überarbeitung und rieche diesen besonderen Geruch vom Feuer...«

Ganz selbstverständlich reden wir hier über Gott, ein anderes Wort für das Selbst, aber mit der Sprache der Religion entsteht auch eine andere Dimension. Man hat Jung vorgeworfen, daß er Gott zu sehr psychologisiere. Gibt es für Jungianer keinen Gott außerhalb der menschlichen Psyche? »Wir glauben, daß es eine metapsychische Wirklichkeit gibt, aber wir können nichts über sie sagen. Das gilt auch für unsere Gottesvorstellung. Wir müssen uns mit dem bescheiden, was wir mit unserer Psyche wahrnehmen können. Es ist ein Gefängnis, aus dem man nicht ausbrechen kann.« Auf der anderen Seite beeinflußt unser bewußtes Erkennen auch unsere äußere und innere Welt und unser Bild von Gott. In gewissem Sinn erschaffen wir Welt und Gott, indem wir sie bewußt erkennen.

Marie-Louise von Franz nimmt diesen nur subjektiv erfahrbaren Gott sehr ernst: »Wenn ich eine Gottesvision habe, ist das für mich absolut gültig und ich bin dafür zu sterben bereit.« Aber sie verzichtet darauf, eine absolute Wahrheit daraus zu machen: »Es muß nicht jeder andere daran glauben.« Gottesvisionen anderer respektiert sie, für sie selbst sind sie nur relevant, »wenn sie mit meinem Innern übereinstimmen«. Das gilt auch für die Propheten und Evangelisten der Bibel. Der Jungianische Gott ist ein höchst persönlicher Gott, der sich auf unterschiedliche Weise manifestieren kann, je nachdem, wie es der einzelne begreift und braucht. Und er manifestiert sich jederzeit, auch heute noch. Lächelnd zitiert sie Jungs leisen Spott: »Bei den Theologen durfte Gott seit 150 nach Christi Geburt nicht mehr publizieren.«

Wenn Gott allmächtig und gütig zugleich ist, kann man den Ursprung des Bösen nur schwer erklären, ist der Teufel eigentlich eine Verlegenheit. Jung findet, daß mit Christus der zornige, ruchlose Teil des alttestamentlichen Gottes abgespalten, negiert wurde, sich selbst überlassen, in die Hölle verbannt. In seiner ›Antwort auf Hiob‹ setzte Jung sich mit diesem dunklen Aspekt des alttestamentlichen Gottes auseinander, der seinen frommen Knecht mit allen Strafen dieser Welt heimsucht. »Wie ist er ein zorniger, eiferiger Gott, weil er selber die unveränderliche Liebe ist? Wie mag Liebe und Zorn ein Ding sein?« fragte schon der Mystiker Jakob Böhme und beschied sich damit, daß Leben nur sein kann, wenn auch das Böse neben dem Guten besteht. So beschieden sich auch Jung und sein Hiob auf die Frage, wie Gott Gewalt, Kriege und das unendliche Leid dieser Welt zulassen kann, mit der Einsicht, das Gott gut und böse zugleich ist.

Es kommt noch schwieriger: Jungs Gott ist nicht nur gut und böse zugleich, er ist auch unbewußt, ein getriebener Gott, dem das Maß fehlt: der wütende Jahwe des alten Testaments, Wotan, der im Sturm daherreitet, Allah oder der christliche Gott der Glaubenskriege, bei denen jede Grausamkeit erlaubt ist.

Wenn Gott unbewußt ist, heißt das, daß ich mit meinem bißchen menschlicher Bewußtheit Gott überlegen bin? Woher habe ich dieses Bewußtsein überhaupt, wenn nicht von Gott? Marie-Louise von Franz läßt sich nicht beirren: »Die Kreatur überragt ihren Schöpfer um ein Winziges, wir Menschen sind der Teil der Schöpfung, der nach Bewußtsein strebt. Der unbewußte Gott sehnt sich nach Licht und hat wahrscheinlich die Schöpfung geschaffen, um dadurch selbst bewußt zu werden.«

Im Hinduismus gibt es ein ähnliches Weltmodell: Gott schafft und zerstört die Welt, ist ebenfalls gut und böse zugleich. Er entfaltet und unterhält sich in seiner Schöpfung, die ein Kreislauf ist: ›Des ew'gen Sinnes ew'ge Unterhaltung‹. »Eine grausame Vorstellung, daß Gott nicht nur die Schönheit, sondern auch die unendliche Qual dieser Welt zu seinem Amüsement veranstaltet«, findet Frau von Franz, und »der westliche Mensch will an eine Entwicklung glauben können und reagiert mit Depressionen, wenn er sich eine zyklische Welt vorstellen muß«. Deshalb, so meint sie, »denken wir uns den Lauf der Welt linear auf das Ziel der Bewußtwerdung hin gerichtet. Und der Menschheit fällt eine entscheidende Aufgabe dabei zu. Es könnte allerdings geschehen, daß wir uns vorher gegenseitig umbringen. In diesem Fall würde der Prozeß wahrscheinlich in einem anderen Teil des Weltalls weitergehen.«

Das menschliche Bewußtsein als winzige Überlegenheit der Schöpfung über den Schöpfer – ein schwieriger Gedanke. Und da erfahre ich ein Letztes: In der kabbalistischen Mystik gibt es neben Jahwe ein weibliches Element, mit dem der Schöpfergott vor Urzeiten vertraut war: Sapientia, die Weisheit. Die Vereinigung mit dieser weiblichen Weisheit, ist das Ziel der Welt und ihres Schöpfers. Dann sind die Gegensätze vereinigt. Nur mit diesem weiblichen Eros, dieser Sapientia, kann die Menschheit Widerstand leisten gegen die Maßlosigkeit des unbewußten Gottes, und den ›einzigen Gottesdienst‹ tun: bewußt werden.

Ausgewählte Publikationen

Psychologische Märcheninterpretation. Eine Einführung. München: Kösel 1986. – Die Suche nach dem Selbst. Individuation im Märchen. München: Kösel 1985. – Traum und Tod, Was uns die Träume Sterbender sagen. München: Kösel 1984 – Die Visionen des Niklaus von Flüe. Zürich: Daimon ^{3}1983. – Zahl und Zeit. Psychologische Überlegungen zu einer Annäherung von Tiefenpsychologie und Physik. Stuttgart: Klett-Cotta ^{2}1986. – Der ewige Jüngling. Der Puer Aeternus und der kreative Genius im Erwachsenen. München: Kösel 1987. – Wissen aus der Tiefe. Über Orakel und Synchronizität. München: Kösel 1987. – Spiegelungen der Seele. Projektion und innere Sammlung (1978, vergr. Neuausg. in Vorber. München: Kösel 1988). – Der Individuationsprozeß. In: C. G. Jung et al.: Der Mensch und seine Symbole. Olten–Freiburg i. Br.: Walter ^{12}1980 (Sonderausg.). – C. G. Jung. Sein Mythos in unserer Zeit. 1972 (vergr., Neuausg. in Vorber.: Kösel).

Carl Rogers
Humanistische Psychologie

Foto: S. Nocicwe

Über Carl Rogers zu schreiben, ist auf eine merkwürdige Weise schwierig. Nicht, weil es wenig über ihn zu sagen gäbe, sondern weil er selber fast alles über sich gesagt hat. Kein anderer Psychologe hat so viel von sich mitgeteilt. Sein Leben liegt da wie ein offenes Buch, leicht zu lesen, so scheint es, für jedermann – als amerikanische Erfolgsstory, als Geschichte einer persönlichen Entwicklung (früher nannte man das ein erfülltes Leben), als Folge von Stichworten für Zeitströmungen. Es ist geschrieben in jener Einfachheit, die oberflächliche Leser manchmal an *Reader's Digest* erinnert, nachdenkliche zuweilen an ein Kunstwerk von vertrackter Simplizität.

Offenheit – notwendige und zugleich unendlich schwierige Voraussetzung jeder wirklichen Begegnung – ist in der Tat der Ausgangspunkt aller praktischen Psychologie bei Rogers, vielleicht seine wichtigste Botschaft. Und damit verschwistert (denn sonst würde Offenheit unerträglich) Vertrauen – Vertrauen, daß diese Offenheit, auf welchen gefährlichen Umwegen auch immer, positive Veränderung ermöglicht. Altmodisch ausgedrückt: Rogers glaubt an das Gute im Menschen. »Im allgemeinen«, so beschrieb er einmal seine Erwartung zu Beginn der Arbeit mit einer großen Gruppe, »habe ich keine Vorstellung davon, was passiert. Aber ich habe das Gefühl: Was auch passieren wird – es wird richtig sein.«

Am ersten Tag beäugen sich die 120 Teilnehmer des Seminars noch verlegen und bemühen sich dann, zu einer Einigung zu kommen: Ob es sinnvoll sei, in der großen Gruppe miteinander zu arbeiten oder in kleinen, und wann das eine oder das andere stattfinden könne. Die Leiter der Kleingruppen stellen sich vor, »Facilitators« werden sie genannt; der Name ist ein Programm (und nützliche Utopie): sie sollen den Gruppenprozeß nicht leiten, sondern erleichtern.

Ein namhafter Professor ist dabei, Psychologen, ein Bewährungshelfer, eine Erzieherin; eine ganze Reihe davon ohne formale Ausbildung in Gruppenarbeit; in La Jolla gewesen zu sein, dem Centre for Studies of the Person in Kalifornien, ist wichtig. Unter den Teilnehmern sind Theologen und Schüler, Ärzte und Hausfrauen, Psychologen, Journalisten, viele begeisterte Rogerianer.

Und da ist der »Magnet«, Carl Rogers: freundliches Lächeln, schmales Gesicht, schmale Hände, ein Mann, beinahe ebenso alt wie das Jahrhundert. Eine Mitarbeiterin, ungefähr halb so alt, sagt neidvoll: »Ich wollte, ich hätte seine Arbeitskraft.« Das Du ist obligatorisch in der Gruppe, auch für »Carl«.

Am nächsten Tag ist das Plenum alles andere als friedlich. Die Organisatoren werden beschimpft: zu teuer, zu schlechte Unterbringung. Damit verquickt sich der Streit unter den Statthaltern aus Hamburg, Bonn oder sonstwoher, um die wahre Lehre, um die wahre Rogershumanität, die jeder für sich gepachtet hat. Als es dem alten Herrn zu viel wird, verläßt er schlicht den Raum. Am dritten Tag badet das Plenum in Tränen.

Am Ende der zehn Tage aber haben viele das Gefühl, in einem »humanistischen Gottesdienst« zu sein. Die Teilnehmer hören aufeinander, lassen auch gelten, was nicht den eigenen Anschauungen entspricht; einer, den seine Kleingruppe ausgeschlossen hatte, weil sie ihn unerträglich fand, kann sich rehabilitieren. Die Teilnehmer sind dabei aktiv und neugierig: Wie die »Facilitators« untereinander zurechtgekommen seien, wollen sie wissen. Und die Gruppenleiter, o Wunder, bekennen sich offen zu ihren Schwierigkeiten, was die Teilnehmer wiederum ermuntert, diese lösen zu helfen. »Personal Power« nennt Rogers das, und so wurde auch sein entsprechend lautender Buchtitel in der deutschen Ausgabe – nicht zufällig – durch »Die Kraft des Guten« ersetzt.

Was liegt dazwischen? Viele Gruppenstunden natürlich, aber vor allem die Erfahrung mit diesem Menschen, der auf erstaunliche Weise lebt, was er propagiert. Da mag eine Bemerkung noch so verworren und verquer sein, er faßt sie in seinen Worten zusammen, und das Gesagte wird auf einmal klar und wichtig. Auf Ambivalentes und Kritik hört er besonders genau. Frappierender noch als Rogers' Art zuzuhören, ist jedoch seine Fähigkeit, sich selber mitzuteilen. »I would like to share with you« beginnt er, und dann erzählt der alte Herr ohne Scheu und auch auf das Risiko hin, mißverstanden zu werden, sehr Persönliches aus Vergangenheit und Gegenwart, bekennt sich zu politischen und religiösen Überzeugungen, die durchaus nicht nach jedermanns Geschmack sind, und bringt dadurch viele in der Gruppe dazu, dieses Vertrauen mit ähnlicher Offenheit zu honorieren. Das Erstaunlichste aber ist der unerschütterliche Glaube dieses Altmeisters der humanistischen Psychologie, daß Menschen sich positiv entwickeln, wenn man sie nur läßt, selbst in einem verrückten Plenum.

Angefangen hat das alles ganz anders. Rogers entstammt einer wohlhabenden Familie aus dem mittleren Westen der USA; der Vater war Bauunternehmer. Er wurde zusammen mit vier Brüdern und einer Schwester in protestantisch-calvinistischer Arbeitsethik erzogen. Gefühle waren in dieser Familie nicht gefragt, Offenheit riskant. »Mutter war die Person, der man besser nichts erzählte.« Carl war ein schwächliches, sensibles Kind, aber unter den robusten, ständig neckenden Geschwistern mußte der kleine Träumer sich durchzusetzen lernen. Früh wurde ihm auch der Sinn fürs Geschäftliche beigebracht: Man übertrug ihm die Sorge für die Hühner, und in seinen ersten Schuljahren erwarb er sein Taschengeld durch den Verkauf von Eiern an seine Mutter und die Nachbarn.
Die Familie zog eigens aufs Land, um die Kinder vor den Gefahren der Stadt zu bewahren. Erzogen wurde nach dem Grundsatz: »Andere Leute benehmen sich etwas zweifelhaft, spielen Karten, gehen ins Kino, rauchen, tanzen, trinken und tun

noch anderes, über das man besser nicht redet. Wahrscheinlich wissen sie es nicht anders, man muß da tolerant sein, aber sich nicht zu sehr mit ihnen einlassen und sein Leben in der Familie leben.« Während der ganzen Grundschulzeit habe diese unterschwellige Arroganz sein Verhalten geprägt, gesteht Carl Rogers. Ganz perfekter Christ freilich konnte man laut Mutter Rogers auch in der Familie nicht werden, irgendwie sündig blieb man immer.

Eine Klassenkameradin erinnert sich an den kleinen Carl: ein schüchterner, wenig geselliger Junge, der sich lieber in seinen Büchern vergrub und in seiner Traumwelt lebte als sich auf dem Sportplatz zu produzieren. Noch von seiner Adoleszenz sagt Rogers selbst: »Meine Phantasien in dieser Zeit waren entschieden bizarr, und wahrscheinlich hätte man mich als schizoid diagnostiziert. Glücklicherweise kam ich nie in Kontakt mit einem Psychologen.« Erst als er während seiner Studienzeit das Mädchen aus seiner Klasse wiedertraf, entdeckte er, daß man sich Gedanken, Träume, Gefühle gegenseitig mitteilen kann; es entstand »die erste wirklich liebevolle, enge und offene Beziehung« seines Lebens. Das Mädchen wurde seine Frau, und die beiden haben eine lange, nicht immer einfache Ehe geführt.

Natürlich war er immer ein ausgezeichneter Schüler. »Er war nie zufrieden, wenn er nicht ganz vorn war und deprimiert, wenn er nicht lauter Einsen hatte«, erinnert sich ein Bruder. Den Abenteuer- und Indianergeschichten seiner Kindheit folgten bald Bücher über landwirtschaftliche Experimente, die er mit seinen beiden jüngeren Brüdern umgehend in die Tat umsetzte. Die Bücher waren ihm wichtig, fragen mochte er nie. »Ich habe damals kaum rebelliert, aber ich wollte immer eigenständig sein.«

Um Landwirtschaft zu studieren, zog er dann aufs College. Soziale Kontakte fand er im YMCA (Christlicher Verein junger Männer), lernte dort diskutieren und Verbandsarbeit und wurde Mitglied einer Delegation, die sechs Monate China bereiste. Auf dieser Reise ist er erwachsen geworden, sicherer, unabhängiger auch von den religiösen Vorstellungen seiner Eltern, bereit, für sein Leben selbst verantwortlich zu sein. Obwohl Rogers dieses Erwachsenwerden als »stille Emanzipation« schildert – eitel Harmonie herrschte nicht immer. »Im Grunde ihres Herzens waren Carl und Mutter Billy-Graham-Typen«, erinnert sich ein Bruder, »es gab immer Feuerwerk zwischen ihnen.«

Für den Geschmack seiner Familie viel zu früh heiratete Carl Rogers mit 22 Jahren und siedelte mit seiner Frau nach New York über, um Theologie zu studieren. Aber auch dabei hielt es ihn nicht lange. »Wichtig ist nicht das Glaubensbekenntnis«, fand er, »sondern der Mensch. Meine Ansichten hatten sich schon jetzt ungeheuer verändert, und diese Veränderung war ja vermutlich nicht zu Ende; es schien mir entsetzlich, mich zeit meines Lebens zu denselben Glaubenssätzen bekennen zu müssen, damit ich in meinem Beruf bleiben konnte.« Er wechselte wieder, diesmal endgültig, zur Pädagogischen Hochschule mit den Schwerpunkten klinische Psychologie und Pädagogik. Er bekam ein Stipendium bei einer Erziehungsberatungsstelle in New York und trug auch sogleich seinen ersten Konflikt mit den Psychiatern aus: er boxte für sich dasselbe Gehalt durch, das sie bekamen, obwohl für Psychologen nur die Hälfte vorgesehen war.

Erziehungsberatung war damals neu, die Ausbildung dafür an dem New Yorker Institut sehr gut. »Wir machten damals routinemäßig siebzig bis achtzig Seiten lange Fallstudien«, erzählt Rogers, und beschreibt die Philosophie des Instituts als »eklektischen Freudianismus«. Ob ihn Freud wirklich interessierte, bleibt fraglich. Jedenfalls gehört er zu den wenigen modernen Psychologen, die ohne intensive Auseinandersetzung mit dem Begründer der Psychoanalyse ihre eigene Lehre aufbauten. In seiner Doktorarbeit verband er Statistik, wie es an der Hochschule gefordert wurde, mit seiner Erfahrung in der Erziehungsberatung: Er entwickelte einen Persönlichkeitstest für Kinder.

Fast wäre diese Doktorarbeit nie fertig geworden. 1928 bekam er eine feste Anstellung an der Erziehungsberatungsstelle (Child Study Department) in Rochester, ein Jahr später war er Direktor der psychologischen Abteilung und blieb es bis 1939. Sechs- bis siebenhundert Kinder wurden in dieser Beratungsstelle jährlich vorgestellt, und Rogers arbeitete eng mit Sozialarbeitern und Psychologen, Psychiatern und Soziologen, mit Pflege- und Erziehungsheimen und nicht zuletzt mit der Justiz zusammen. Es war wohl seine intensivste Lehrzeit.

Wie er es in New York gelernt hatte, begann er mit Diagnosen und Behandlungsplänen, vor allem aber war er, der Pragmatiker, am Ergebnis der Behandlung interessiert. Bei der Behandlung stand für ihn zunächst die Veränderung der Umgebung im Vordergrund. Für Problemfamilien forderte er damals soziale Planung und Kontrolle – Vorstellungen, die recht nahe bei der Skinnerschen Verhaltenstherapie liegen, die er später so vehement bekämpfte. Immerhin fand er schon damals, daß Kinder sich in einer verständnisvollen Umgebung quasi von selbst gut entwickeln: »Eine günstige Umgebung erlaubt dem Kind, gesund zu sein.«

Was die direkte Therapie anging, so experimentierte er mit allen möglichen Formen. Und an allen fand er Mängel, auch an der Psychoanalyse. Sie schien ihm zu teuer, zu zeitaufwendig, nicht genügend auf die augenblickliche Situation des Kindes bezogen und vor allem zu wenig wissenschaftlich überprüft. Gegen Ende der Rochesterjahre stieß er auf die Psychotherapie Ranks, eines Freudschülers. Dessen Methode, sich bei der Beratung nicht direkt einzumischen, sondern sich auf die eigene Wachstumstendenz des Individuums zu verlassen, und Ranks Definition der therapeutischen Beziehung als wachstumsfördernde Umgebung – das leuchtete ihm ein. Vor allem aber lernte er durch Praxis.

Häufig erzählt er von einer Schlüsselerfahrung mit einer intelligenten Frau, Mutter eines mongoloiden Kindes, der er in vielen Gesprächen vergeblich klarzumachen versucht hatte, daß ihr Kind nur wenig bildungsfähig und auf lange Sicht wahrscheinlich besser in einem Heim unterzubringen sei. Er beendete diese Gespräche schließlich mit dem Bekenntnis, sie seien kein rechter Erfolg gewesen. Die Frau bestätigte das, verabschiedete sich und drehte sich an der Tür noch einmal um: »Nehmen Sie auch Erwachsene zur Beratung?« Als Rogers bejahte, begann ein wirkliches Gespräch. Die ganze Misere ihrer Ehe und ihres

unbefriedigten Lebens brach aus der Frau heraus, und damit begann eine sehr erfolgreiche Therapie.
Mit alledem machte Rogers von sich reden, hielt Vorträge, bekam Lehraufträge, arbeitete in Verbänden, bestand den Kampf um die Leitung des Beratungszentrums, bislang selbstverständlich als Domäne der Psychiater angesehen. Er schrieb auch ein Buch über seine Erahrungen, das ihm einen Ruf an die Ohio State University als Ordinarius einbrachte – ein Verfahren, das er warm empfiehlt. Sich den Weg dahin an der Universität erbukkeln zu müssen, meint er, verderbe nicht nur den Charakter, sondern auch alle Lust und Fähigkeit zu Kreativem.
Und kreativ ist er. In der Folge formuliert er seine eigene Theorie, die konsequent mit der Vorstellung aufräumt, der Berater wisse alles am besten. Im Mittelpunkt steht der Klient. Seine Gefühle sind wichtiger als abstrakte Erkenntnisse, das Gegenwärtige wichtiger als das Vergangene, sein Wachsen und Reifen als ganzer Mensch wichtiger als ein isoliertes Problem. Und vor allem hat der Klient das Recht, seine Lebensziele und die Wege dahin selbst zu wählen, und er kann das auch, nachdem er zu einer gewissen Einsicht in sich selbst gekommen ist.
Zum ersten Mal in der Therapiegeschichte veröffentlichte Rogers auch eine vollständige Therapie Wort für Wort nach Tonbandprotokollen, und vielleicht sind diese sorgfältig analysierten und reflektierten Protokolle sein wichtigster Beitrag: Er hat Therapie entmystifiziert, kontrollier- und lehrbar gemacht.

Entscheidend für das Gelingen einer Therapie ist danach, daß ein Therapeut drei Dinge leistet:
– Erstens muß er sich präzis und sensibel in die Welt des Klienten und dessen Bezugssystem einfühlen; er muß gewissermaßen »in den Schuhen des Klienten« gehen lernen und auch mitteilen können, daß er ihn begreift;
– zweitens muß er lernen, den Klienten frei von Beurteilung und Bewertung zu akzeptieren, und
– drittens, das ist am schwersten, muß er dabei echt sein, das heißt, sich nicht nur in die Gefühle des Klienten hineinversetzen,

sondern auch seine eigenen wahrnehmen, akzeptieren und unter Umständen aussprechen – etwa so: »Ich fühle mich im Augenblick gelangweilt« oder »Ich habe im Augenblick Angst vor Ihnen, Angst vor dem, was Sie mir antun könnten.« Eigene Offenheit ist der Königsweg zur Überwindung von Barrieren beim anderen.

Einer der ersten Rogersschüler schreibt dazu: »Rogers hat die nondirektive Beratung so klar beschrieben, daß man der Illusion unterliegt, sie sei ganz einfach. Und dann fängt man praktisch an. Ein falsches Wort da und dort . . . man ist versucht, zu interpretieren . . . nichts scheint so schwierig, daß man es mit mehr Übung nicht korrigieren könnte . . . aber diese anscheinend kleinen Fehler und die hölzernen Reaktionen halten sich hartnäckig. Dann dämmert es langsam: Wenn man die Technik gut machen will, muß sie von Herzen kommen. Und dann bringt man sich fast damit um, permissiv und akzeptierend zu sein. Und immer noch kommen diese lästigen Fragen der Klienten: Wie sie weitermachen sollen, wie sie sich verhalten sollen . . . Und dann fragt man sich: Hat man ein Recht, die Klienten hilflos zu lassen, wenn man ihnen den Weg nach draußen zeigen könnte? . . . Und hier geht es durchs Nadelöhr . . . Keiner kann es einem abnehmen, sich rigoros selbst zu prüfen und die eigenen Einstellungen zu ändern. Glaubst Du wirklich, daß alle Leute kreative Fähigkeiten in sich haben? Daß jeder eine einzigartige Persönlichkeit ist und diese nur selbst entwickeln kann? Oder glaubst Du doch eher, daß einige Leute wertlos sind und andere schwach und daß man sie leiten und lehren muß, klüger und stärker zu werden? Man beginnt zu begreifen, daß man hier nichts halbherzig tun kann, daß diese Art der Beratung die äußerste und umfassendste Konsequenz fordert. Wo Akzeptieren das Beratungswerkzeug ist, wird nicht weniger als die ganze Person gefordert. Und selbst zu wachsen ist die größte Forderung von allen.«
Wieviel Mut das Vertrauen in die Kräfte des Klienten fordert, zeigt folgender Therapieausschnitt:

Klientin: Ich hab' das noch nie jemand gesagt – gedacht hab' ich's schon lange – es ist schrecklich zu sagen, wenn ich nur etwas Großes fände, für das ich mein Leben geben könnte, wäre ich glücklich. Wahrscheinlich habe ich nicht den Schneid – oder die Kraft – mich umzubringen – und wenn irgendwer diese Verantwortung übernähme – oder wenn es ein Unfall wäre – ich – ich – will einfach nicht mehr leben.
Therapeutin: Im Augenblick sieht alles so schwarz aus, daß Sie nicht viel Sinn darin sehen, zu leben –
Klientin: Ja – ich wollte, ich hätte diese Therapie nie angefangen. Ich war glücklich in meiner Traumwelt. Da war ich so, wie ich sein wollte. Aber jetzt – es ist so ein riesiger Unterschied zwischen meinem Ideal und – wie ich wirklich bin. Ich wollte, die Leute haßten mich, ich versuche, sie dazu zu bringen. Weil ich dann die Schuld auf sie schieben könnte – aber nein – es ist alles in meiner Hand – mein Leben – und entweder ich finde mich damit ab, daß ich absolut wertlos bin – oder ich bekämpfe, was mich in diesem schrecklichen Konflikt hält. Und wenn ich akzeptiere, daß an mir nichts liegt, könnte ich vermutlich weggehen – irgendwo ein Zimmer nehmen – einen mechanischen Job irgendwo – und mich in meine Traumwelt zurückziehen, wo ich alles machen könnte, kluge Freunde hätte, eine fabelhafte Person wäre –
Therapeutin: Es ist ein harter Kampf – so hineinzugraben, wie Sie's tun – und manchmal kommt Ihnen Ihre Traumwelt viel attraktiver und bequemer vor.
Klientin: Ja. (Lange Pause; veränderte Stimme). Deshalb ist es sinnlos, Ihre Zeit zu verschwenden – wenn ich zweimal die Woche komme – ich bins nicht wert – was meinen Sie dazu?
Therapeutin: Es hängt von Ihnen ab, Gil, für mich ist es keine Zeitverschwendung – ich bin immer froh, wenn Sie kommen – aber es kommt auf Sie an – ob Sie nicht mehr zweimal die Woche kommen wollen – oder doch – oder einmal wöchentlich – es kommt auf Sie an (Lange Pause).
Klientin: Sie schlagen nicht vor, daß ich öfter kommen sollte? Sie haben keine Angst und wollen, daß ich jeden Tag komme, bis ich aus diesem Tief raus bin?

Therapeutin: Ich glaube, daß Sie sich selber entscheiden können. Ich bin immer für Sie da, wenn Sie kommen wollen.
Klientin: (betroffen) Ich glaube, Sie haben keine Angst – das merk ich – ich kann Angst vor mir selber haben – aber Sie haben keine Angst um mich (steht mit einem merkwürdigen Gesichtsausdruck auf)
Therapeutin: Sie sagen, Sie haben vielleicht Angst vor sich selbst – und Sie wundern sich, warum ich offenbar keine Angst um Sie habe?
Klientin: (lacht kurz) Sie haben mehr Vertrauen zu mir als ich selber – bis nächste Woche – vielleicht.

Deutlich wird in diesem Beispiel der »klientenzentrierten Therapie« – so nennt Rogers das Verfahren nun – neben dem typischen Verhalten des Therapeuten ein anderes wesentliches Element, die Selbstwahrnehmung. Die Diskrepanz zwischen dem »wie bin ich« und »wie möchte oder müßte ich sein« ist hier so groß, daß die Klientin es kaum mehr erträgt. Die Lücke zwischen Ideal und Realität ist die Einbruchstelle von Angst, Depression und anderen Neurotizismen. Gelingt eine Therapie, kann der Klient das Akzeptiertwerden durch den Therapeuten übernehmen und lernt, sich selber zu akzeptieren, einschließlich aller bisher abgewehrten und verdrängten Gefühle. Dann nähern sich auch Ideal und Realität einander an. Und schließlich wirkt sich die verbesserte innere Kommunikation auch auf die Beziehungen zur Umwelt aus.
»Ich bin nicht mehr gegen mich, sondern mit mir«, meint eine Klientin am Ende ihrer Therapie. Und ein anderer Klient findet: »Mir bleibt noch immer eine Menge zu tun – ich muß mich innerlich reorganisieren, aber es ist anders – es ist fast so, als ob ich die übriggebliebenen Probleme gar nicht mehr als solche empfinde. Wahrscheinlich ist es das, was man unter Selbstvertrauen versteht.« Das Ende einer Therapie ist natürlich nie etwas Endgültiges. Leben heißt für Rogers, sich ständig wandeln und wachsen. Ein gesunder Mensch ist für ihn einer, der für diesen Prozeß offen ist.

In den Jahren 1945–57 ist Rogers an der Universität von Chicago und baut ein eigenes, für die damalige Zeit ungewöhnlich demokratisch geführtes Forschungs- und Beratungszentrum auf, um dessen Leitung er wieder einmal mit den Psychiatern kämpfen muß. »Es war ein Kampf auf Leben und Tod für mich, aber wenn man mich in die Ecke stößt wie hier und in Rochester, kann ich mit der ganzen Effizienz kämpfen, die man in einer Familie mit sechs Kindern erwirbt.«

Der andere große Kampf in Rogers Berufsleben waren seine Debatten mit Skinner. Behaviourismus oder Humanistische Psychologie – das ist für Rogers eine philosophische Entscheidung. Dem Diktum Skinners: »Der Mensch ist das Produkt seiner Umgebung, er handelt, wie er handeln muß, aber so, als ob er nicht gezwungen wäre«, stellt Rogers entgegen: »Meine Erfahrung macht es mir unmöglich, die Realität und Bedeutung der menschlichen Entscheidung zu leugnen. Für mich ist es keine Illusion, daß der Mensch Architekt seiner selber ist, daß Veränderungen dem Wunsch danach entspringen, nicht der Konditionierung.« Politisch gewendet, er plädiert für demokratische Politik, nicht für Management durch eine Elite.

Rogers' Verhältnis zur Fachwelt war nie spannungsfrei. Kein Wunder, denn er ging mit all ihren heiligen Kühen ziemlich respektlos um. Er wagte es, den Prozeß der Therapie und die ihn fördernden Einstellungen für wichtiger zu halten als Lehranalyse und Persönlichkeitstheorie, wichtiger als Diagnose, Behandlungsplan und therapeutische Techniken. Die Fachkollegen beachteten seine zahlreichen Veröffentlichungen wenig, und wenn, fanden sie sie oft unwissenschaftlich, oberflächlich, »kultisch«.

Seine Wirkung hat das wenig beeinträchtigt. Er hat großen Zulauf, seine Bücher finden regen Absatz – der immer persönlicher werdende Stil hat sicher dazu beigetragen –, und über Mangel an schriftlicher und mündlicher Resonanz kann er sich nicht beklagen. Das Mißfallen der Fachwelt hat auch nicht verhindert, daß dieser Außenseiter der akademischen Psychologie in wichtigen Ausschüssen saß, zum Präsidenten der großen

Psychologieverbände gewählt wurde und, darüber hat er sich am meisten gefreut, schon 1956 zusammen mit Wolfgang Köhler und Kenneth Spence von der American Psychological Association einen Preis für wissenschaftliche Leistungen erhielt. Um so mehr wundert er sich, daß seine präzise formulierte Therapietheorie in Kochs Riesenbänden »Psychology, a Study of Science« auf Bibliotheksregalen ungelesen verstaubt.
Mit 61 Jahren, 1963, überlegte er, daß ihm die Universität eigentlich nicht mehr viel zu bieten habe. So nahm er ein Angebot vom Western Behavioural Science Institute an, nach La Jolla, San Diego, Kalifornien, zu kommen. Dies Institut lag ihm so am Herzen, daß er auf sein Gehalt verzichtete; leben konnte er damals längst aus den Einkünften seiner Publikationen. Als ihm später das Verhalten der Institutsleitung zu undemokratisch erschien, gründete er zusammen mit Institutsmitgliedern das Centre for Studies of the Person, dem er auch jetzt noch angehört.
Und hier, im Pensionsalter, begann für Rogers noch einmal eine erstaunliche Etappe seiner persönlichen Entwicklung, seiner schriftstellerischen Produktivität und seiner Popularität. Die Arbeit mit Gruppen rückte ins Zentrum seines Interesses. Heute hält er die Encounterbewegung für eine der wichtigsten unserer Zeit.
Fasziniert hatten ihn Gruppen immer schon. Akzeptieren und verstehen hatte er ja lange geübt, und in der therapeutischen Situation konnte er auch enge Beziehungen eingehen. Privat war er jedoch immer ziemlich reserviert geblieben. Spontan und direkt war bei den Rogers bislang nur Frau Helen gewesen. Nun fand seine Tochter Natalie plötzlich: »Er hat sich ungeheuer verändert. Ich kann es kaum fassen.«
Ein Mitglied einer Rogers-Gruppe erzählt: »Einer der Teilnehmer war ziemlich zynisch, hatte sich die ganze Woche von der Gruppe zurückgezogen. Er war ein unangenehmer Zeitgenosse. Carl war fest entschlossen, diesen Menschen zu öffnen. Er versuchte so ziemlich jede Methode, die er kannte – nichts funktionierte. Am allerletzten Vormittag (mittags war Abreise-

termin) kam Carl ziemlich blaß nach einer schlaflosen Nacht in die Gruppe. Mit Tränen in den Augen (ich habe oft gedacht, daß er ein fabelhafter Schauspieler war) sagte er, wie sehr er diesen Menschen mochte und mit ihm fühlte, und daß ihn die eigene Unfähigkeit, an ihn heranzukommen, um den Schlaf gebracht habe. Er erzählte uns von seiner Angst, daß er nie wieder eine Gruppe mit leitenden Angestellten machen könne, weil er unfähig sei, mit der Situation fertigzuwerden. ›Ich tauge einfach nicht dafür.‹ Natürlich hat das die ganze Gruppe in Trab gebracht. Sie ging vehement auf den Teilnehmer los. Am Ende lagen sich Carl und der arme Kerl in den Armen und beide weinten ausgiebig. Es war ein Höhepunkt für alle – wunderschön, befriedigend und sehr hilfreich für den Teilnehmer.«

Rogers beschränkte sich nicht auf die Arbeit mit Kleingruppen, er wagte sich auch an Institutionen, vor allem pädagogische, Schulen, Universitäten, ein Jesuitenkolleg. Schon 1952 hatte er an der Harvard Business School seine Zuhörer mit seinen Vorstellungen über das Lernen in Aufruhr gebracht: »Mir scheint, daß alles, was man jemanden lehren kann, relativ unwichtig ist und wenig Einfluß auf sein Verhalten hat« ... »Es interessiert mich eigentlich nur, Verhalten zu ändern« ... »Wenn ich zu lehren versuche, veranlasse ich mein Gegenüber eigentlich nur, seinen eigenen Erfahrungen zu mißtrauen und verhindere damit wesentliches Lernen. Das Resultat des Lehrens ist entweder unwichtig oder schädlich« ... »Ich stelle fest, daß ich nur am Lernen interessiert bin ... ich finde, daß beim Lernen mit anderen sehr viel herauskommt.«

Deshalb schlug er vor, Examen und Diplome abzuschaffen, teils wegen des Machtverhältnisses zwischen Lehrenden und Lernenden, vor allem aber, weil sie gewissermaßen einen Endpunkt bedeuten und ein Lernender nur am fortlaufenden Prozeß des Lernens interessiert sein sollte. Was damals einen Schock ausgelöst hatte, fand jetzt, in den sechziger Jahren, offene Ohren, und viele versuchten sich in dem neuen Stil. Heute, fünfzehn Jahre später, sind allerdings nur noch wenige dieser Projekte lebendig.

Im Einklang mit seiner Philosophie des Lernens hat sich Carl Rogers auch immer geweigert, eine eigene Therapieschule oder -vereinigung zu gründen. Er überläßt es lieber den Klienten, zu entscheiden, welche Therapeuten sie gut finden und aufsuchen. Zertifikate kümmern ihn wenig.

Er selbst, immer lernend, läßt sich weiterhin von Klienten, Gruppenmitgliedern und jungen Menschen anregen. Erstaunlich vorurteilsfrei schreibt der alte Herr über neue Formen in Partnerschaft und Ehe, auch über ganz persönliche Erfahrungen. Beim Tod seiner Frau kommt er mit neuen, transzendenten Dimensionen in Berührung. Nach Rank, Kierkegaard und Buber entdeckt er nun die Propheten des New Age, Ferguson und Capra, für sich, beschäftigt sich mit spiritueller Suche, Exploration des Übersinnlichen und denkt – da schlägt der alte Empiriker durch – auch darüber nach, wie Forschung in diesem Bereich auszusehen hätte. Ein wenig ändert er sogar seine Theorie. Zur »Selbstaktualisierungstendenz«, die den Selbstheilungs- und Wachstumskräften jedes Menschen nach seiner Ansicht zugrunde liegt, kommt jetzt noch die Fähigkeit aller Organismen, über sich selbst hinauszuwachsen, Formen höherer Komplexität, höherer Ordnung zu entwickeln.

Sein letztes, größtes Anliegen jedoch ist der Frieden. Er bringt Vertreter der Gesundheitsversorgung und unzufriedene Slumbewohner zusammen, irische Katholiken und Protestanten, er redet mit Gruppen in Spanien, Brasilien, Polen, Ungarn. Sein Traum ist, den Dialog zwischen Ost und West wieder in Gang zu bringen.

Angefangen vom früheren Vertrauen in eine Art humanistischer Religion, über die Botschaft der Offenheit und des Akzeptierens in der Einzeltherapie und in den Gruppen bis zur Entdeckung der Spiritualität und zum Engagement für den Frieden: in Rogers Themen kehrt viel von dem wieder, was in den letzten Jahrzehnten »Fortschrittliche« bewegt hat. Manche haben mit ihm erlebt und gedacht, viele haben ihn nachempfunden und seine Stichworte aufgenommen. Er wurde Mode. Rogers Erklärung dafür ist einfach: »Die Zeit war reif.«

Carl Rogers wäre nicht er selbst, wenn er seine Lebensarbeit für abgeschlossen hielte. Und so fragt er sich: Warum ist die Methode so erfolgreich bei der Veränderung von Personen und ihren Beziehungen und so wenig erfolgreich bei Institutionen? Warum ist die personenzentrierte Gemeinschaft der Gruppen so wenig dauerhaft? Ist der humanistische Ansatz zum Untergang verdammt? Wird er überrannt werden von machtorientierten Kulturen? Wo kommen letzten Endes Betrug und Gewalt, wo kommt das Böse im Menschen her?

Carl Rogers ist über 80 Jahre. Was wird aus seinem Werk? Im Centre for Studies of the Person denkt man mit Sorge an die Zeit, wenn der Magnet Rogers nicht mehr da sein wird. Einige andere seiner ehemaligen Schüler, Gordon und Gendlin etwa, haben seine Lehre fortentwickelt, eigene Zentren gegründet. Den größten Einfluß hat Rogers jedoch nicht in Amerika, sondern in der Bundesrepublik. 1960 importierte Reinhard Tausch, Psychologieprofessor in Hamburg, den klientenzentrierten Ansatz. Die Gesellschaft für wissenschaftliche Gesprächspsychotherapie (GwG) wurde gegründet. Sie hat mittlerweile rund 7300 Mitglieder, einige mehr als die Verhaltenstherapeuten, und ist damit der größte Therapieverband in der Bundesrepublik. Rogers sieht's mit gemischten Gefühlen. Er konnte Verbände nie so recht leiden, hat die Ausbildung in Verdacht, zu technisch zu sein und möchte die Therapeutenqualifikation lieber vom Urteil der Klienten als von der Vergabe eines Zertifikats abhängig machen. Der Verbandsvorsitzende meint indes: »Wir sind da realistischer. Wir werden traurig sein, wenn Rogers nicht mehr da ist, aber es ist für uns keine Katastrophe. Institutionen überdauern das Leben eines einzelnen.«
Aus Rogers frühen Jahren übernahm die Gesellschaft das Interesse für Beratung und Gesprächsführung, speziell auch in der Sozialarbeit. Aus seinen späten das Engagement für den Frieden. Die Hauptaufgabe der GwG ist jedoch die Ausbildung zur Einzeltherapie. Wie in Rogers mittleren Jahren analysieren und reflektieren die angehenden Therapeuten dabei noch immer Be-

merkung für Bemerkung auf den Tonbandprotokollen der Gespräche mit Klienten, und es geht auch hier darum: Was kann ich beim Klienten zulassen und akzeptieren, wo sind meine Grenzen, wo muß ich wachsen?
Auch voll ausgebildete Therapeuten sind verpflichtet, regelmäßig miteinander ihre Fälle durchzuüberlegen; Lernen ist nie zu Ende. Sie arbeiten zumeist in Erziehungsberatungsstellen, Krankenhäusern, Heimen; freie Praxen sind für sie schwieriger, denn die Krankenkassen übernehmen, anders als bei den Freudianern, die Kosten nur zum Teil. Mit acht Therapiestunden – so lange dauerte die erste veröffentlichte Rogerstherapie – ist heute kein Klient mehr fertig, üblich sind 60 bis 120 Stunden. Je höher die Qualität des Therapeuten, desto gründlicher und länger arbeitet er in der Regel. Auch sonst gibt es Variationen. Carl Rogers ist das nur recht. Er warnt davor, zu »rogern«. Jeder soll seinen Stil finden.
Das ist wohl sein Geheimnis: kein Dogma, zuhören, lernen, offen sein – für sich selbst und andere, für das Risiko und das »kreative Unbekannte«.
Carl Rogers ist am 6. Februar 1987 gestorben.

Ausgewählte Publikationen

Encounter Gruppen. Das Erlebnis der menschlichen Begegnung. Frankfurt a. M.: Fischer Tb 1984 (Geist u. Psyche 42260). – Entwicklung der Persönlichkeit. Psychotherapie aus der Sicht eines Therapeuten. Stuttgart: Klett/Cotta ^{5}1985. – Die klientenzentrierte Gesprächspsychotherapie. Neuaufl. Frankfurt a. M.: Fischer Tb 1978 (Geist u. Psyche 42175). – Die Kraft des Guten. Ein Appell zur Selbstverwirklichung. Frankfurt a. M.: Fischer Tb 1985 (Geist u. Psyche 42271). – Freiheit und Engagement. Personenzentriertes Lehren und Lernen. München: Kösel 1984. – Der neue Mensch. Stuttgart: Klett/Cotta ^{2}1983. – Die nicht-direktive Beratung. Counseling und Psychotherapie. Frankfurt a. M.: Fischer Tb. 1976 (Geist u. Psyche 42176).

Ruth Cohn

Themenzentrierte Interaktion

»Eemal haa'k mer ooch schon jedacht:
›Nu hälste's nich mehr aus‹
Und da haa'k mer fortjemacht
aus'n Haus
Un bin wie toll immer weita jeloofen
Irgendwohin, um'n Strick oder sowat zu koofen

Denn wovon soll mer nu wirklich lebn
Wo Vattern keene Arbeit nich hat
Un unsereen tut keen Mensch nich wat jebn
Un von so'n Stück Brot wer'n 5 Kinda nich satt!?

So beginnt ein Gedicht, das 1930 eine achtzehnjährige Berliner Bankierstochter schrieb, in deren Familie zwei Dienstmädchen und ein Kinderfräulein selbstverständlich waren, eine höhere Tochter, wie sie im Buche steht, mit etwas eigenartigen Interessen allerdings. Ihre erste schriftstellerische Leistung war die Darstellung des Prinzen Siddharta Gautama in einer Kinderzeitung, des Prinzen, der das Schloß seiner Eltern verläßt, um das Leid der Menschen zu erfahren und der dann Buddha wurde. In den Ferien arbeitete sie in der »Zentralstelle für private Fürsorge«. Sie hat das Elend der Wirtschaftskrise, der Arbeitslosigkeit und Armut dort miterlebt; reine Phantasieleistung einer Pubertierenden war ihr Gedicht nicht.
Eigentlich wollte sie Lyrikerin werden oder wenigstens Journalistin und entschied sich – eine solide Basis mußte sein – für ein Volkswirtschaftsstudium. Aber als zum erstenmal eine Psychoanalytikerin in ihr Gesichtsfeld trat, wußte sie innerhalb von fünf

Minuten: Das ist mein Beruf. Den hat sie in vielen Jahren auf der Couch auch gelernt und dann das Dogma der Analytiker hinter sich gelassen wie so vieles in ihrem Leben; entwickelt hat sie einen »Markenartikel« mit ihrer Methode der Gruppenarbeit, der »Themenzentrierten Interaktion (TZI)«, geworden ist sie Ruth Cohn.

Ich begegnete ihr zum erstenmal bei einem Kongreß der Deutschen Arbeitsgemeinschaft für Gruppenpsychotherapie und Gruppendynamik (DAGG) 1969 in Bonn. Die Gruppenarbeit war damals in der Bundesrepublik in einer stürmischen Entwicklung. Angefangen hatte die »Bewegung«, die Carl Rogers die »soziale Erfindung des Jahrhunderts« nannte, in den USA und einige Jahre später auch im deutschen Sprachraum bei den Sozialarbeitern. Schon nach dem Ersten Weltkrieg verknüpfte sie die Idee der Selbsthilfe mit dem Ideal, in kleinen Gruppen einen partnerschaftlichen Lebensstil zu finden. Fast gleichzeitig mit den Sozialarbeitern hatten Therapeuten begonnen, ihre Patienten in Gruppen zu behandeln, und dazu waren dann nach dem Zweiten Weltkrieg die Gruppendynamiker gestoßen.

Auch die Gruppendynamik wurde in Amerika »erfunden«, in einem Trainings- und Forschungsseminar in Connecticut, bei dem es eigentlich um ein Gesetz zur gerechten Behandlung Arbeitssuchender ging. Abends unterhielt man sich über die Ereignisse des Tages, und ein Teilnehmer berichtet darüber: »Um 10 Uhr abends griff Mrs. X den Gruppenleiter an. Mr. Y verteidigte ihn und geriet in einen heftigen Wortwechsel mit Mrs. X. Einige Teilnehmer ergriffen Partei. Andere schienen verschreckt und versuchten, Frieden zu stiften. Man begann zu analysieren und zu interpretieren, was da vorging.« Dieses Verfahren, in das bald alle Teilnehmer hineingezogen wurden und das bis tief in die Nacht dauerte, war nicht nur faszinierender als jedes Programm; man konnte auch erheblich mehr daraus lernen. Das war die Geburtsstunde der Gruppendynamik. Und es war sicher kein Zufall, daß der Dozentenstab des Seminars aus der Elite der amerikanischen Sozialpsychologie stammte. In der Folge wurden Millionen von Amerikanern trainiert – in den

National Training Laboratories in Bethel, Maine, im Esalen Institute in Kalifornien, in unzähligen kleineren »Growth Centers«, in Schulen und Universitäten. Und natürlich breitete sich die Bewegung auch nach Deutschland aus.
Ende der sechziger Jahre hatten sich die Gruppenpsychotherapeuten mit den Gruppendynamikern zu einer keineswegs spannungsfreien Ehe zusammengetan. Die Therapeuten hielten ihre Grundsätze hoch, die Dynamiker hatten den Fortschritt für sich gepachtet. Die einen schworen auf Freud, die anderen auf die moderne Sozialpsychologie. Die Therapeuten behandelten psychisch Kranke, zwei Stunden wöchentlich über einen langen Zeitraum; für sie war frühe Kindheit und Unbewußtes, Widerstand und Übertragung wichtig. Die Dynamiker beschäftigten sich mit der Selbsterfahrung Gesunder in zehn- bis vierzehntägigen Klausurtagungen, den sogenannten Trainingslaboratorien. Sie arbeiteten im »Hier und Jetzt« mit dem Gruppenprozeß und experimentierten mit neuem Verhalten. Sie wollten Sensibilität und Kommunikation fördern, das Verhaltensrepertoire bereichern und Eigenständigkeit im Umgang mit Autoritäten erreichen.
Gemeinsam war beiden das Bemühen, Einstellungen und Verhalten zu verändern und nicht abstraktes Wissen zu vermitteln; in der Sprache der Kommunikationstheorie: die Arbeit auf der Beziehungs-, nicht auf der Inhaltsebene. Gemeinsam hatten sie auch die Opposition. Das Establishment der Wissenschaft betrachtete das ganze Verfahren mit einiger Skepsis. Von der politischen Linken wurde die Gruppenarbeit teils als unrealistische Insel der Seligen, teils als raffiniertes Mittel der Anpassung und Repression entlarvt; die politische Rechte befürchtete, es würden dort geheiligte Werte unterminiert.
In diese spannungsgeladene Situation kam Ruth Cohn. Nach 36 Jahren der Emigration besuchte sie Deutschland zum ersten Mal wieder. Sie war darauf vorbereitet, ein Seminar über die von ihr entwickelte Methode der Themenzentrierten Interaktion (TZI) abzuhalten, und fand sich plötzlich als Leiterin einer Podiumsdiskussion wieder, deren Teilnehmer sie nicht einmal vorstellen konnte, weil sie sie gar nicht kannte. Andere hätten hier das

Hasenpanier ergriffen. Ruth Cohn indes funktionierte voll missionarischen Eifers die Situation kurzerhand in ihrem TZI-Stil um: Sie bat die Podiumsredner, ihre Referate zu kürzen, gebot dann allgemeines Schweigen und Nachdenken und leitete anschließend eine Diskussion im Plenum inklusive einer Auseinandersetzung eigens aus Berlin angereister linker Studenten mit dem Establishment des Kongresses, die ganz ungewohnt geordnet verlief.

Eine beeindruckend starke Frau und, die eigentliche Überraschung nachher am privaten Tisch, eine sehr menschliche Frau, die keinen Hehl daraus machte, daß sie Unterstützung und Freundschaft braucht. Autonomie und Interdependenz – Eigenständigkeit und wechselseitige Abhängigkeit – das lebt sie, und das sind auch die Leitbegriffe ihrer Methode. Am meisten gefreut hat sie nach ihrem Husarenritt beim Kongreß jedoch die Bemerkung eines älteren Herrn über das Schweigen und Nachdenken: »Auf diese Weise vermeiden Sie Massensuggestion und Massenhysterie.« Sie hatte »nur« die Autonomie des einzelnen und seine Fähigkeit, in sich hineinzuhören, fördern wollen. Daß dies auch politische Auswirkungen haben könnte, machte sie glücklich.

Später nahm ich an einem von Ruth Cohns TZI-Seminaren teil. Es war eine Veranstaltung für die Mitarbeiter einer psychosomatischen Klinik und einige Gäste, die meisten waren Ärzte oder Psychologen. Eingeladen hatte der Klinikchef Franz Heigl und seine Frau Anneliese Heigl-Evers, Gründerin der Sektion Gruppentherapie im DAGG. Ich hatte damals einige Erfahrung als Gruppenmitglied und als Trainerin, hatte aber bis dahin in keinem Seminar mit sowenig Frustration soviel gelernt. Wie war das möglich? Im Gegensatz zu dem damals in Gruppendynamik und Gruppenpsychotherapie Üblichen war überall eine sanfte Strukturierung zu spüren, von der Ruth Cohn glaubt, daß sie echte Freiheit erst möglich mache. Es gab die anfänglichen Meditationsminuten, es gab Regeln: »Versuche zu geben und zu nehmen, was du selber geben und nehmen möchtest; jeder ist sein eigener Chairman und bestimmt, wann er redet oder schweigt«, und »Störungen haben Vorrang« – wer sich langweilt, ärgert oder sonstwie unkonzentriert ist, kann sein Mißbehagen kundtun und es in der Gruppe bearbeiten. Es sind Regeln, die eigentlich für alle Gruppenarbeit gelten, ausdrücklich ausgesprochen und geübt erleichtern sie die Arbeit sehr.

Ähnliches gilt für die Themen. Das Leiterteam entwickelte aus den Bedürfnissen der Gruppe und den Lernzielen – Sachliches ist in diesen Gruppen ebenso wichtig wie Persönliches – Themen, schrieb sie auf, und jeder konnte sich in einer Kleingruppe mit dem Thema beschäftigen, das ihn gerade interessierte. (In den sonst üblichen Kleingruppen hatte man zu bleiben, seine eigenen Themen zu finden und gegebenenfalls Konflikte durchzustehen.)

Ein Thema gut zu formulieren erfordert Fingerspitzengefühl für Situation und Teilnehmer und Erfahrung. Stellt man zum Beispiel einer Gruppe von Journalisten die Aufgabe, über Schreibstörungen zu reden, läuft man Gefahr, daß sie sich stundenlang in der Darstellung mißlicher Zustände erschöpfen, während beim Thema »Wie finde ich mein kreatives Schreiben« die Chance besteht, daß an deren Überwindung gedacht wird. In unserem Seminar hieß es auch nicht »Marx und Mittelstand«, wie ein Teilnehmer damals vorschlug, sondern nach ausführlicher Diskussion: »Meine Chancen in unserer Gesellschaft«, und selten habe ich so Eindrucksvolles über Bildungs- und Statusprobleme, über Ökologisches und Frauenfragen gehört.

Indes, es waren Zeiten, in denen jede Struktur, jede Autorität suspekt war, und so fand auch diese ihre Widersacher. Ruth Cohn entwaffnete sie auf ihre Weise: mit einem lustigen Ringkampf in der Pause mit einem klaren Bekenntnis, »jawohl, ich habe Sendungsbewußtsein, ich möchte alles Lernen von dem Unsinn des Unlebendigen und Unwesentlichen befreien«. Und einmal, als es ganz schwierig geworden war, weinte sie schlicht, und hatte natürlich die Gruppe voll Mitgefühl wieder auf ihrer Seite.

Über ihr eigenes Verfahren hinaus beherrschte Ruth Cohn noch einige andere und integrierte sie: Gestaltarbeit im Stil von Perls, Familienskulpturen, wie sie Virginia Satir entwickelt hatte, Techniken, die damals hierzulande noch völlig unbekannt waren und nahezu als Hexerei bestaunt wurden. Das eigentlich Faszinierende jedoch war sie selbst, Ruth Cohn, auf ansteckende Weise offen, spontan, fähig zu intuitiver Einfühlung und vor allem bereit zu akzeptieren. Sie hält nichts von der psychoanalytischen Zurückhaltung, praktiziert in der Vorstellung, daß dadurch die Übertragung frühgelernten (Fehl-)Verhaltens auf aktuelle Partner erst möglich und bearbeitbar wird. Diese Übertragungen, meint sie, finden auf jeden Fall statt und werden am besten sofort bearbeitet, indem man den Übertragenden mit der Realität seines Gegenübers, auch der des Gruppenleiters, konfrontiert. Ruth Cohns Offenheit ist nicht verletzend: »Was ich sage, ist ehrlich und echt, aber ich sage nicht alles, was ich denke.« Es ist ihr wichtig, bei allem, was sie sagt oder tut, nach innen zu sehen, aber auch nach außen, nach dem, was für andere sinnvoll ist, was die Situation erfordert. Man muß »erzogene Gefühle« haben und eine »geschulte Intuition«, um so zu arbeiten. Am Ende des Seminars kommt sie Arm in Arm mit dem Klinikchef die Treppe herunter – es hatte Rivalitäten gegeben – jetzt singen beide, »zwei Kanaillen gehn spazieren«.

Das Grundprinzip der Cohnschen Themenzentrierten Interaktion ist bewegliches Gleichgewicht, Balance zwischen »Ich«, »Wir« und »Es«, die man sich jeweils an der Spitze eines gleichseitigen Dreiecks vorstellen kann. Das Ich ist die Person mit Körper, Seele und Geist, mit Bedürfnissen, Befürchtungen und Erwartungen auf allen diesen Ebenen, das Wir die Gruppe in ihrer speziellen Zusammensetzung, ihrer Stimmung, ihrem Prozeß, mit Machtkämpfen und Attraktionen, und das Es ist das Thema, das von Persönlichstem (in Therapiegruppen) reichen kann bis zu Einführungen in Chemie oder Mathematik. Das Ganze sieht Ruth Cohn eingebettet in eine Kugel, die die Gegebenheiten von Raum, Zeit, Organisation, kurz die ganze umgebende Welt darstellt. Die Kunst dabei ist, alle diese Elemente in dynamischem Gleichgewicht zu halten.

Man hat Ruth Cohn vorgeworfen, daß sie sowohl gruppendynamisch als auch therapeutisch »mit gebremstem Schaum« arbeite. Indes, »wenn die Realität der einzelnen, der Gruppen und Institutionen – gut oder böse – akzeptiert wird, wird der Weg zur Veränderung frei«. Und viele bezeugen diese Veränderungen, persönliche und institutionelle.

Ruth Cohn hat ihre Methode aus Erfahrungen heraus entwickelt. Und sie hat wahrhaftig Erfahrungen gemacht. Zunächst die persönlichen. Ihre Mutter, eine Mainzerin, ein »sonniges Gemüt bis zum Illusionären hin«; sie traurig zu machen, ist größte Sünde. Der Vater, überlegen, ernst, auch liebevoll, selbstverständlich Herr im Hause; er examiniert die kleine Ruth, wenn er sie sieht, die Namen ihrer Puppen, geschweige denn ihre sonstigen Interessen kennt er nicht. Der ältere Bruder ist in dieser Familie natürlich viel wichtiger als ein »unnützes« kleines Mädchen. Sie ist sich ganz sicher, daß der liebe Gott diese Ungerechtigkeit gutmachen, daß sie an ihrem sechsten Geburtstag als Junge aufwachen wird. Als dies leider nicht geschieht, kompensiert sie die Enttäuschung, indem sie versucht, flinker und auch sonst besser zu sein als der Bruder.

Die Jugend im Berlin der wilden zwanziger Jahre: »Man konnte in unserem Alter nur entweder Kommunist oder Nationalsozialist sein«, erzählt sie, »liberal waren nur ältere Leute. Bei der Auswahl war ich natürlich kommunistisch und las begeistert Marx. Nur gefiel mir gar nicht, daß die Kinder dort nicht bei den Eltern erzogen werden sollten. Deshalb war ich nicht in der Partei.«

Der Besuch der Elsa-Gindler-Schule – man lernte dort, sich seiner körperlichen Empfindungen im Sitzen, Stehen, Gehen oder beim Atmen bewußt zu werden – war ein anderer prägender Einfluß. Von ihrer Lehrerin dort erzählt sie: »Sie war die erste Erwachsene, die mit mir wie mit einer Erwachsenen über Sexualität sprach. Vielleicht wäre ich sonst nicht zu den Stunden gegangen.« Erst später, während ihrer Analyse, begriff sie, »daß das Bewußtwerden körperlicher Empfindungen den Körper heilen kann so wie das Bewußtwerden von Gefühlen die Seele«. Zunächst jedenfalls führte diese Beschäftigung mit dem Körper zu temperamentvollen Auseinandersetzungen mit dem Vater über die freie Liebe.

Der Vater starb 1930. Ruth Cohn war damals achtzehn. Sie erlebte diesen Tod zunächst mehr als einen Verlust, den ihre Mutter erlitten hatte, und half ihr nach Kräften; für sich selbst hat sie erst später trauern können.

Der Vater hatte sich keine Illusionen darüber gemacht, was bei Hitlers Machtübernahme drohte, er hatte in seiner Jugend Diskriminierung erlebt. Jüdin zu sein, war für Ruth Cohn bis dahin nichts Besonderes gewesen. Es hatte viele Glaubensgenossinnen in ihrer Schulklasse gegeben; in ihrem Elternhaus war man in religiösen Dingen liberal. Weihnachten wurde dort gefeiert wie anderswo, nur die Krippe fehlte unter dem Baum. Jetzt plötzlich war vieles anders, bedrückend: eine wegen des »Rassenunterschieds« zerbrochene Freundschaft, zusammengeschlagene Kommilitonen. Sie emigrierte 1933, lange vor ihren Familienangehörigen und nahm gegen den Widerstand der verwaltenden Verwandten soviel wie möglich von ihrem Erbe mit; es war ohnehin nur ein Bruchteil erlaubt. Dies hat ihr und ihrem Freund in Zürich ein Studium ermöglicht und einigen Schicksalsgenossen die Emigration.

Einen solchen Schicksalsgenossen, den Freund, hat sie dann auch geheiratet: »Die Schweizer Fremdenpolizei konnte damals Ausländer rauswerfen, wenn sie unverheiratet zusammen wohnten.« 1941 wanderten die beiden mit der kleinen Tochter in die USA aus, 1946 wurde die Ehe geschieden. Eine zweite endete nach 13 Jahren. So anschaulich sie sonst zu erzählen versteht, diese Männer, diese Ehen bleiben für den Zuhörer blaß. Nur ihre Gedichte verraten etwas von Liebe und dem Schmerz der Trennung. Später hat sie gelernt, nicht mehr nur zu warten und sich wählen zu lassen, wie es der Rolle der Frau in ihrer Jugend entsprach, sondern selbst gelegentlich zu wählen.

Wichtig waren ihr immer ihre Kinder, ein Mädchen, 1941 in Zürich geboren, ein Junge 1944 in New York. Sie hat lange nur abends gearbeitet, um tagsüber bei den Kindern sein zu können. Als sie sich endlich ein Auto und eine Haushaltshilfe leisten konnte, bedeutete das, endlich wieder »Freiheit, Freunde und frische Luft genießen« zu können.

Auch der berufliche Anfang war schwer. Im New Yorker Psychoanalytischen Institut riet man ihr als Nichtmedizinerin, nur Kinder zu therapieren, obwohl sie ein international anerkanntes Zertifikat als Analytikerin vorweisen konnte. Sie machte eigens eine Lehrerinnenausbildung in den progressiven Bank Street Schools und fing an, mit Kindern zu praktizieren. In deren Umgebung fanden sich jedoch immer wieder Erwachsene, die die Kinderprobleme beeinflußten und oft ihre therapeutischen Bemühungen zunichte machten. So landete sie schließlich doch bei deren Therapie.

Es half der Sache der Psychologen natürlich, daß Theodor Reik, Schüler und lebenslanger Freund Freuds und selbst Psychologe, sich den Monopolansprüchen der Mediziner gegenüber standhaft erwies. Er gründete ein psychoanalytisches Ausbildungsinstitut, das Gesetze gegen Nichtmediziner verhinderte. Ruth Cohn beteiligte sich am Aufbau und war bald Vorsitzende des Ausbildungsausschusses.

Wißbegierig hat sie immer weitergelernt: interpersonale Therapie in Sullivans Schule; eine Fortsetzung ihrer eigenen Therapie dort vermittelte ihr: »Ich bin erwachsen, ich weiß, ich kann.« Reichs Bioenergetik – sie konnte da an ihr Gindler-Training anknüpfen. Die Reichschen Nachfolger waren ihr allerdings zu mechanistisch. Für sich selbst behielt sie: »In irritierten oder depressiven Zuständen lenke ich meine Aufmerksamkeit dem Atmen zu, sobald ich soweit bin, mir helfen zu wollen. Wenn ich den Weg des Atems in meinem Körper verfolge, lösen sich die Spannungen.« Sie überträgt ihre Auffassung von der körperseelischen Einheit früh mit Erfolg auf ihre Therapie, hält die Hände der Patienten, legt gelegentlich den Arm um Schultern. Ihre Analytikerkollegen rümpfen darüber sehr die Nase. Später, in ihrem TZI-Verfahren, werden jedoch Körpersignale von Müdigkeit bis Magenschmerzen sehr ernst genommen. Über Virginia Satir entdeckte sie Familientherapie, über ihre Freundin Asya Kadis findet sie erst zögernd, dann immer mehr beeindruckt, Zugang zur Therapie in Gruppen.

1961 erhält sie die erste Einladung zur neugegründeten American

Academy for Psychotherapists (AAP); von deren Kongressen erzählt sie wie von Festivals der Kreativität: Es gab keine Vorträge, aber viele Räume, und jeder gab durch Anschlag seine Lehrangebote und Lernwünsche bekannt. Dort demonstrierte George Bach seine Marathongruppen, Albert Ellis seine Rational Therapy, und Fritz Perls nannte alle Therapeuten Scharlatane, inklusive sich selbst, der Unterschied sei nur, daß er es wisse. Erst Jahre später, als er seine eigene Methode entwickelt hatte, wurde er optimistischer.

Wichtigste Entdeckung und berufliche Heimat wurde für Ruth Cohn die Erlebnistherapie mit deren Vertretern Warkentin, Whitaker, später Bugenthal, dessen Buch »In Search of Identity« eine sehr anschauliche Darstellung dieser Therapieform vermittelt. Hier, fand Ruth Cohn, brauchten die Patienten viel weniger Sitzungen, und die Erfolge waren deutlicher erkennbar als bei anderen Therapien. Hier war der Therapeut nicht mehr nur Spiegel, sondern suchte eine partnerschaftliche Begegnung mit dem Patienten, echte und klare Kommunikation; hier wurde der Mensch als psychosomatische Einheit gesehen; hier ging es weniger um die frühe Kindheit, sondern mehr um das Hier und Jetzt der Therapiebeziehung und der Lebenssituation des Patienten. Hier standen nicht Symptom und Krankheit im Vordergrund, sondern der ganze Mensch mit seinen Stärken und vor allem mit seinen Möglichkeiten zu autonomer Entscheidung und Selbstverwirklichung. Es war eine Therapie nach dem Herzen Ruth Cohns und eine Bestätigung dessen, was sie schon selbst als Methode entwickelt hatte.

Eine »wilde« Therapie, wie konservative Analytiker befürchteten, war das für sie ganz und gar nicht. Der Erlebnistherapeut muß »seine eigenen Gefühle und Perspektiven sehr diszipliniert klären, um sicher und vertrauenswürdig arbeiten zu können«. Sie warnte auch vor dem verführerischen Irrtum, zu glauben, »wenn ich echt bin, heilt das den Patienten«, und sie besteht darauf, daß Spontaneität und Offenheit die »Balance sanfter Grenzen« brauchen. In dieser Zeit spielte sie auch bei Kongressen auf der Bühne oft die Rolle der Patientin, mit der verschiedene Kollegen ihre

Therapieform demonstrierten. Am meisten beeindruckte sie dabei Carl Rogers: »Er arbeitete mit der Fähigkeit, sich voll auf den anderen zu konzentrieren, sich zugleich in sich selbst zu versenken und aus dieser Tiefe heraus den anderen zu verstehen.« Das war für sie das Wesen der Erlebnistherapie.

Ihr tiefstes persönliches Therapieerlebnis verdankt Ruth Cohn jedoch Fritz Perls. Ihm war ihre manchmal über alles hinweghuschende Sprechweise aufgefallen, die immer dann auftrat, wenn sie sich fürchtete, andere zu langweilen. »Listen to me«, mußte sie daraufhin am Ende eines Workshops zu jedem Gruppenmitglied sagen und dann für jeden einzelnen etwas Hörenswertes finden. Das genügte noch nicht. In einer dreistündigen Einzelsitzung arbeitete sie mit Perls Situationen ihrer Kindheit durch, in denen sie nicht gehört worden war: den verzweifelt schreienden Säugling, dem ein Vierstundenrhythmus antrainiert wurde, das Kind, das vom examinierenden Vater nicht verstanden wurde, weil der mit Kindern nicht reden konnte, denn er hatte es nie gelernt, hatte selbst nie Kind sein dürfen. »Listen to me« bis zur erschöpften totalen Leere, dem »Engpaß«, wie Perls diesen Zustand nennt, in dem nichts mehr geht. Und aus dieser Starre blüht ihr plötzlich ein Baum, voller Vögel, Blüten und Früchten zugleich, ein Lebensbaum, der sie selbst ist. Gewußt und erzählt hatte sie all diese Kindheitsgeschichten auch früher, wieder durchlebt und bewältigt erst jetzt. Sie war damals schon recht bekannt und sprach öfters vor großem Zuhörerkreis. Nach diesen Stunden fing man an, ihr Charisma zuzuschreiben.

Später hat sie noch transzendentale Meditation geübt. Das Mantra, die Meditationsformel, die man ihr gab, ersetzte sie allerdings schnell durch eigene Worte: »Was ist mir jetzt wesentlich?« So meditiert sie noch heute.

Es ist erstaunlich, daß die vielen Einflüsse, denen sie sich öffnete, sie nicht verwirrt haben. Jedenfalls übernahm sie immer nur, was ihr gemäß war, und trat mutig auch öffentlich dem entgegen, was sie als schädlich empfand. So wandte sie sich gegen den rüden Individualismus des »Gestaltgebets« von Perls (»Ich bin nicht auf der Welt, um nach deinen Erwartungen zu leben, und du bist nicht auf der Welt, um nach meinen zu leben ... wenn wir uns finden, ist es schön, wenn nicht, kann man nichts machen«) und rief auch manchen zur Ordnung, der allzu rücksichtslos »sein eigener Chairman« sein wollte. Sie hat sehr klare Maßstäbe, sucht gewissermaßen innen, was richtig ist. Dies gelingt ihr – und anderen – aber nur, wenn sie gleichzeitig nach außen sieht, andere und anderes mitberücksichtigt. »Organismischen Wertesinn« nennt sie diese Hypothese von einem inneren Kompaß später und meint, er sei in Kindern angelegt. Seine Pflege findet sie überlebenswichtig für die Menschheit.

Nicht zuletzt ist es dieses Vertrauen in das eigene Erleben und Bewerten, das Ruth Cohn schon relativ früh zur Entwicklung einer eigenen Methode brachte. Es fing mit ihren Gegenübertragungsseminaren an. In Zürich hatte sie jahrelang sechsmal wöchentlich auf der Couch eines Lehranalytikers gelegen (»er war jung und sehr attraktiv«), hatte dabei viel über sich gelernt, war aber letzten Endes nach der ganzen Prozedur seelisch unsicherer als zuvor. Der Grund: Sie hatte sich nie wirklich aus ihrer inneren Abhängigkeit gelöst, hatte immer positiv-kindliche Gefühle auf ihren Analysevater übertragen und eine entsprechende Gegenübertragung erhalten; er sah und behandelte in ihr das brave Analysekind.

Der Umgang mit Patientenübertragungen gehört zum Grundinventar psychoanalytischen Denkens und Handelns. Die Gegenübertragung des Analytikers war jedoch immer ein heikles Thema. Bei einem vollanalysierten Menschen – und viele Analytiker hatten den Anspruch, solche zu sein – durfte es damals eigentlich keine Gegenübertragung im klassischen Sinn geben. Ruth Cohn machte dieses Tabuthema zum Gegenstand eines Ausbildungsseminars für angehende Analytiker, und, mutig wie sie war, begann sie dieses Seminar mit ausführlichen Assoziationen zu einem eigenen Fall, der auf fatale Weise stagnierte. Am Ende dieser Assoziationen entdeckte sie für sich jenen Moment der Leere, der Wendepunkt ist, Voraussetzung für den erlösenden Einfall. Perls und seinen Engpaßbegriff kannte sie damals noch nicht.

Es wurde ein faszinierendes Seminar und der Beginn dessen, was sie später als »lebendiges Lernen« in ihrer TZI-Methode entwikkelte. Diese Arbeit machte sie bald nicht nur in Therapeutenkreisen bekannt und gesucht, sondern auch bei Sozialarbeitern, in der Industrie, bei Künstlern und Lehrern. Für sie war es ein Ansatz zur »Gesellschaftstherapie«, das Therapiezimmer war ihr zu eng geworden. Mit Freunden gründete sie 1966 das Workshop Institute for Living-Learning, kurz WILL.

Als sie Ende der sechziger Jahre nach Europa kommt, ist sie ein »Naturereignis«: ein faszinierender Mensch, eine Spezialistin mit enormem Wissen und Können von Therapieformen, die hier fast unbekannt waren und last not least die Mutter der TZI-Methode. Sie ist auch Integrationsfigur: Für die Analytiker ist sie eine der ihren, für die anderen Prototyp der humanistischen Psychologie. Auf jeden Fall wird sie begeistert empfangen und bekommt viel Anerkennung. Schließlich vermittelt sie auch in einer Zeit, in der vieles hinterfragt und abgewertet wird, ganz eindeutig Werte. Manche vergleichen sie mit Theresa von Avila, der spanischen Heiligen, die ja auch eine sehr patente Person gewesen sein muß, andere mit Paolo Freire, dem Autor der »Pädagogik der Unterdrückten«. Sie selbst hält sich an das Prinzip 60:20:20. »60 Prozent meiner Zuhörer bin ich gleichgültig, 20 Prozent können mich nicht leiden, und 20 Prozent sind begeistert.«

Bald bildet sich eine Organisation, »WILL Europa«, in der für TZI ausgebildet wird. Sie hat jetzt 300 ausgebildete und doppelt so viele in Ausbildung befindliche Mitglieder, weniger Analytiker als am Anfang, dafür mehr Theologen, Pädagogen, Sozialarbeiter. Es sind Schweizer, Österreicher, Belgier, Holländer, Franzosen, Engländer dabei, die meisten stammen aber aus der Bundesrepublik. Zur Zeit wird umorganisiert, um jeder Nation gleichermaßen zu ihrem Recht zu verhelfen und auch, um die Organisation deutlicher mit »WILL Amerika« zu verbinden. Das geschieht alles im TZI-Stil; Gefühle werden nicht ausgelassen. Ein wenig geht es zu wie bei den Grünen; Frieden, Ökologie und Frauenfragen sind auch bei WILL zentrale Themen.

Ruth Cohn selbst brauchte eine Weile, bis sie den Pendelverkehr über den Ozean aufgab und New York den Rücken kehrte. Ein innerer Wendepunkt war für sie ein Gedicht, ihr erstes wieder in deutscher Sprache, ein böses Gedicht über die Perversion der deutschen Weihnacht, die »Naziweihnacht«; sie hat es nie veröffentlicht. Aber es hat für sie das Eis gebrochen. Die Sprache ihrer Jugend hat sie wieder nach Hause geholt. Nach einem Umweg über eine Gastprofessur am Clark's College, der Universität, an der einst Freud und Jung ihre ersten Vorträge in Amerika hielten, und Vlotho, einer Bildungsstätte in Nordrhein-Westfalen, kam sie zu einer Stippvisite nach Hasliberg, stand vor einer der schönsten Aussichten der Schweiz, dachte, »hier kann ich vielleicht Gott finden« und sagte ja zu »der großen Aussicht mit der kleinen Wohnung«, ja zum Bleiben.

Dem sie dies zusagte, war Armin Lüthi, Leiter der Ecole d'Humanité, der ehemaligen Odenwaldschule, die 1934 in die Schweiz emigrierte. Die Schüler stammen aus 16 verschiedenen Nationen, Diplomatenkinder sind darunter und Kinder, die vom Basler Sozialamt eingewiesen wurden. Sie sollen hier zu »freien, schöpferischen« Menschen heranwachsen, ohne Alkohol, Zigaretten und Walkman, aber mit viel Skilaufen, Bergwandern und Kanufahren, und mit ganz kleinen Lern- und Lehrgruppen.

Ruth Cohn bietet hier den Lehrern Supervision an. Der Schulleiter Armin Lüthi beschreibt seine Erfahrungen dabei: »Ich bin lebendiger geworden. Das bedeutet: Ich bin milder und härter, mutiger und vorsichtiger geworden. Ich zwinge mich, klarer zu denken, und wage, tiefer zu fühlen ... Es ist aber nicht bequem, sich mit jemandem auseinanderzusetzen, der keinen Respekt vor heiligen Kühen hat.«

Ruth Cohns Einfluß auf Institutsentwicklungen ist auch anderswo zu spüren. Im Arxhof bei Basel, einer bekannten »Maßnahmeanstalt« für Straffällige, arbeitet man nach TZI und auch in Dirk Rossmans Drogistenkette in Norddeutschland. Sie hat jedoch die Erfahrung gemacht, daß solche Arbeit über die Seminarzeit hinaus in den Institutionen nur dann Fuß fassen und weiterleben kann, wenn engagierte und trainierte Leiter sie weiterführen.

Im Arxhof ist das Roberto Lobos, bei den Drogisten Norman Liberman.
Für mich nimmt sie sich Zeit für lange Gespräche über Gott und die Welt. Die Zukunft unseres Planeten und ihr Verhältnis zum Metaphysischen, zum Numinosen treibt sie um. Eine Heilige ist sie darum nicht geworden, auch die Rolle der weisen alten Frau findet sie ein bißchen fad. Augenzwinkernd erzählt sie von ihrem nachlassenden Gedächtnis: »Kein Wunder, daß Fritz Perls in dem Alter so fürs ›Hier und Jetzt‹ war; man kann sich wirklich nicht mehr gut merken, was Klienten vor einer Woche gesagt haben.« Aber sie braucht nach einem anstrengenden Supervisionswochenende ganze 20 Ruheminuten, um wieder putzmunter zu sein. Viele besuchen sie, aber sie vermißt sehr einen Menschen, der ganz zu ihr gehört; ihre Kinder, ihre langjährigen Freunde blieben ja in Amerika.
Die wichtigste Arbeit der letzten sechs Jahre in Hasliberg war »das Buch«. Ursprünglich als Notdach für ein unvollendetes Manuskript ihres Freundes Alfred Farau gedacht, wurde es für sie zum Anlaß, Rückschau zu halten, nachzudenken über Erlebtes und Getanes und es gedanklich zusammenzufügen.
Sie hat sehr viel dafür gelesen, Psychologisches, Pädagogisches, Philosophisches, auch moderne Indianerliteratur, Christa Wolfs »Kassandra« und die New Age Autoren. Neugierig und ganz auf dem laufenden ist sie noch immer. Sie war sehr genau mit diesem Buch. Einzelne Kapitel hat sie unzählige Male überarbeitet. Trotzdem oder auch deswegen lesen sie sich leicht wie ein Kriminalroman. Sie hat Buch zu ihrem Vermächtnis gemacht.
Sie selbst, gesteht sie lächelnd, ist dem Pantheismus wieder näher gekommen, den sie in ihrer Jugend von Goethe übernommen hatte. Die Frage, ob es personal Göttliches gibt oder ein hologrammartiges Raster des Geistigen, läßt sie offen. Am ehesten mag sie sich das »Geistige wie das Materielle in Schwingungen« denken, »die sich immer wieder auflösen und verbinden, wobei das Geistige vielleicht das Primäre und das Finale sein könnte«.
Kontemplativer Friede bedeutet das alles für sie nicht, dazu gibt

es zu viele Gegensätze in ihr. Für die Welt fürchtet sie den Untergang und hofft gleichzeitig auf einen Quantensprung der Vernunft, der das »Recht des Stärkeren« in »liebende Gerechtigkeit« verwandelt. Sie ist voller Idealismus und Phantasie und gleichzeitig ein genauer, praktischer Mensch, fest auf dem Boden der Tatsachen und so leicht nicht unterzukriegen. Sie ist ein Genie der Freundschaft und gleichzeitig ohne Partner. Sie möchte »den Menschen ihre Gefühle wiederschenken«, Entfremdung aufheben, Leben lebenswert machen und wünscht sich gleichzeitig ein Sterben ohne Schmerz. Ein Mensch in Widersprüchen – ein ganzer Mensch.

Ausgewählte Publikationen

Cohn, Ruth C.: Von der Psychoanalyse zur Themenzentrierten Interaktion. Stuttgart: Klett-Cotta (1975) ^{6}1983. – Farau, A./Cohn, R. C.: Gelebte Geschichte der Psychotherapie. Zwei Perspektiven. Stuttgart: Klett-Cotta 1984. (Der letztgenannte Titel enthält weitere Literatur und viele Hinweise und Erläuterungen über Autoren und Werke aus dem Bereich der humanistischen Psychologie und Pädagogik.)

Horst Eberhard Richter

Psychoanalyse und soziale Verantwortung

Foto: dpa/Thelen

Ein erfolgreicher, kluger Psychiater, gewitzt durch die Machtkämpfe der therapeutischen Schulen, erfahren in der Standesdiplomatie und nicht ohne einige bittere Erlebnisse in der Rolle des Außenseiters, sagte über ihn: »Er ist ein Kerl.«

Nichts könnte auf den ersten Blick weniger zu Horst Eberhard Richter passen als diese Charakteristik. »Kerle« stellt man sich gemeinhin so nicht vor. Die Figur, gut proportioniert, aber eher zierlich, die Sprache leise, manchmal zögernd. Ein Zuhörer, bei dem die Gesprächspausen nicht bedrückend und bedrohlich werden, sondern Fragen und Antworten wachsen lassen. Kein Kraftmensch, der mit frohen oder schrecklichen Botschaften ins Haus fällt: Hoppla, jetzt komme ich.

Der traditionelle männliche Held, der technische und militärische Eroberer, den nichts aus der Bahn wirft, schon gar nicht seine Gefühle, ist Richter tief suspekt, ja, das Symptom einer Kulturkrankheit. Und was sein Metier angeht, so bekennt er: »Man könnte Psychoanalyse eine weibliche Wissenschaft nennen«; sie beschäftige sich vor allem mit emotionalen Konflikten und Störungen. Eines seiner Leitmotive heißt Mitleid, und er spricht vom Urphänomen Sympathie.

Und dennoch: Da ist nicht nur Mitgefühl, Weichheit. Noch heute ist Richter, inzwischen weit über sechzig Jahre alt, ein passionierter Bergwanderer, der jedes Jahr seinen »Viertausender« besteigt und jeden Freitag – ein heiliger Termin – mit Begeisterung und, wie Mitspieler versichern, mit englischer Härte dem Fußball nachjagt. Außerdem und irritierender noch: Er hat eine ausgeprägte Fähigkeit, die gute Ordnung zu verletzen, die Stan-

desnormen ebenso wie die Regeln politischer Anständigkeit. Er machte sich gemein mit Studenten, die in den siebziger Jahren neue Formen menschlichen Zusammenlebens und der Kindererziehung versuchten, war Mitglied einer Gruppe, die mit Obdachlosen arbeitete, machte auf ziemlich unkonventionelle Weise Wahlkampf für die SPD, war Gesprächspartner der grünen Fraktion in Bonn, als sie über ihre Haltung zur NS-Vergangenheit diskutierte. Er tauchte bei den Anti-Pershing-Demonstranten in Mutlangen auf, zählt zu den führenden Köpfen der Friedensbewegung, ist Mitglied der blockübergreifenden Initiative »Internationale Ärzte zur Verhütung des Atomkriegs« und hat mit vielen seiner Kollegen in der »Frankfurter Erklärung« jegliche kriegsmedizinische Fortbildung verweigert.
Die einen haben ihm Preise verliehen, die anderen ihn als gefährlichen Mann beschimpft oder als »illusionären Träumer« gesehen. Die *Frankfurter Allgemeine Zeitung* hat einmal schaudernd seinen Satz aufgespießt: »Wir müssen einfach mehr Mut haben, unser Gefühl einzubringen als Element, dem die Politik folgen sollte.« Die Warnung kam zwangsläufig: »Nicht auszudenken, was geschähe, wenn solche Maximen Maßstab der Politik werden würden.« Schuster, bleib bei deinem Leisten! Oder auf den Fall Richter übertragen: Therapeut, bleib hinter deiner Couch!
In der Tat ist es schon einigermaßen außergewöhnlich, daß Psychoanalytiker sich so konsequent und so weit in die Sozialpsychologie und in die Politik hineinwagen. Ihr Stammvater, Sigmund Freud, wiewohl weit offener für sozialpsychologische Probleme als viele seiner Schüler (und interpretationsfähig wie Marx für seine Erklärer), konzentrierte sich auf die Entwicklung des Individuums. Freud hat eine Entwicklungspsychologie entworfen, die sich im wesentlichen auf die innere Verarbeitung frühkindlicher Konflikte beschränkt; so entsteht Identität. Schon die Sprache – als »Objektbeziehung« wird das Verhältnis des Kindes zu seinen Eltern bezeichnet – ist verräterisch; die Welt wird aus dem Blickwinkel des Individuums erklärt.
In der klassischen Einzeltherapie jedenfalls ist der Klient aus den

sozialen Wechselbezügen mindestens insoweit herausgelöst, als das soziale Umfeld und die Erziehung als Schicksal angenommen und hingenommen werden. Dabei mag, wie Richter vermutet, bei Freud die resignative Verarbeitung der jüdischen Außenseiterrolle mit hineingespielt haben. In Freuds »Unbehagen an der Kultur« wird jene resignative Grundstimmung besonders deutlich; es ist im Grunde der Versuch, mit Hilfe der Psychoanalyse eine Art stoischer Durchhaltefähigkeit zu gewinnen.
Richter erweitert den Begriff der Psychoanalyse. Sie beschäftigt sich nicht nur mit den unbewußten Wirkungen früher Erfahrungen des Individuums, sondern auch mit den unbewußten Wirkungen der gegenwärtigen Umwelt. Die konfliktreiche Emanzipation des einzelnen aus den schützenden und bedrängenden Beziehungen zu den Eltern wird ergänzt durch die Emanzipation aus dem sozialen und kulturellen Gehäuse.
Ein schwieriger Gedanke. Denn die sozialen und kulturellen Normen geben ja auch Sicherheit, sind Voraussetzung dafür, daß eine Gemeinschaft und der einzelne in ihr überhaupt existieren können. Und sie sind ja zu einem großen Teil – etwa das Verbot zu töten – auch durchaus sinnvoll.
Richter streitet das nicht ab, aber er betrachtet das Problem aus anderer Sicht. Er sieht vor allem die Mechanismen, die Menschen einsetzen, um ihrer Angst vor Einsamkeit und Isolierung zu entgehen, und erkennt ihre Bereitschaft, sich in den Schutz der Autoritäten zurückzuziehen, sich vom »gesellschaftlichen Über-Ich« führen und verführen zu lassen – im Experiment (etwa bei den Versuchen Milgrams, wo Testpersonen auf Anweisung den Hebel für tödliche Elektroschocks drückten) und in der Wirklichkeit des NS-Staates. Die Angstneurotiker, die Richter mit einem Kollegen untersucht hat, leiden an gestörtem Selbstwertgefühl; sie sind Extremfälle dessen, was allen zu schaffen macht: Angst vor der Isolation.
Die Manipulationen zur Vermeidung von Angst und Einsamkeit machen auch vor dem Therapiezimmer nicht halt. Auch da gibt es – und das wird ja in der Therapie auch benutzt – ein unbewußtes Zusammenspiel. Soweit davon aber die Therapeuten selber be-

troffen sind (Gegenübertragung heißt das Stichwort), wird es von manchen Psychoanalytikern zurückhaltend behandelt. Richter ist da offener. In seiner Klinik wurde untersucht, welcher Typ von Therapeuten sich welche Art von Klienten sucht. Und auch die Macht- und Herrschaftstechniken der Standesorganisation macht er namhaft. »Institutionen«, so hat er einmal geschrieben, »drängen die Betreuer, sich vom Betreuten und von sich selbst zu entfremden«, eine Erfahrung, die auch für Institutionen der Psychoanalyse gilt.

Richter erinnert daran, daß das Standard-Arrangement der psychoanalytischen Therapie – der Patient liegt auf der Couch, der Therapeut sitzt hinter ihm – ja nicht nur wegen der besseren Entspannung des Patienten so eingerichtet worden ist. Freud wollte den Therapeuten nicht ständig den Blicken des Patienten ausliefern, anders ausgedrückt: »Das Arrangement dient auch dem Schutz des Therapeuten«. Das hat manche guten Gründe, die auch Richter anerkennt, seine Entwicklung aber läßt sich so beschreiben: Heraustreten in eine schutzlose, gefährdetere Position, Abstreifen aller formalen Autorität, bewußter Verzicht auf den Nimbus des Geheimnisvoll-Wissenden, Eintreten in den Dialog, Eintauchen in den sozialen Prozeß bis zur Parteinahme im politischen Getümmel. Richter knüpft dabei an eine Tradition an, die sich in den zwanziger Jahren auszubilden begonnen hatte. Für diesen gesellschaftskritischen Ansatz der Psychoanalyse sind Reich, Fenichel und Fromm die bekanntesten Beispiele. Da gab es »großen Optimismus, übertriebene Hoffnungen«, so charakterisiert Richter diese Zeit, »man könne die ganze Erziehung verändern und dann den unneurotischen Menschen erreichen.« Dann kam, wohl zwangsläufig, der Rückschlag, die auch durch den Krieg erzwungene Einordnung der vielen emigrierten Psychoanalytiker in ihre neue Umwelt, der Rückzug aus Gesellschaft und Politik ins Therapiezimmer, die soziale Anpassung.

Übertriebene Hoffnungen, gar endzeitliche Phantasien vom besseren Menschen: Davor freilich scheut Richter zurück. Die Vision Herbert Marcuses, der in den sechziger Jahren mit seiner Verheißung eines Lebens in Schönheit und Kontemplation, jenseits von Not und Herrschaft, eine ganze Studentengeneration faszinierte und sie zur »großen Verweigerung« aufrief, hat ihn nicht geblendet. Sie ist für ihn nur die sanftere, ästhetischere und erotischere Variante des Übermenschen Nietzsches, bei der komplizierte gesellschaftliche Konflikte verdrängt, und deren Wurzeln im Unbewußten übersehen werden. Vor solchen Utopien hat ihn der ständige therapeutische Umgang mit Menschen bewahrt, die Arbeit in Selbsthilfegruppen, nicht zuletzt im Obdachlosenmilieu, wo eine erkämpfte zweite Mülltonne wichtiger, nützlicher und befreiender wirkt als jedes Gerede über eine bessere Welt.

Immerhin, Richter ist in Widerspruch zur organisierten deutschen Nachkriegspsychoanalyse geraten, die, in Nachahmung des idealisierten amerikanischen Vorbildes, als eine therapeutische Dienstleistungsindustrie den Weg in die soziale Anpassung nachvollzogen und in ihrer Forschung den Bezug zur gesellschaftlichen Aktualität wenig beachtet hat. Unter diesen Umständen, so schreibt Richter, »sind einige wie Alexander und Margarete Mitscherlich und später ich selbst in eine sonderbare Außenseiterrolle geraten, indem wir an sozialwissenschaftlichen Aktivitäten im alten Berliner Institut anknüpften und uns kritisch interpretierend mit dem unbewußten Hintergrund politischer Haltungen beschäftigten«.

Nazi-Herrschaft und Krieg, Zusammenbruch: diese Zeit hat Richter geprägt. Nicht daß da plötzlich ein Mann als Summe seiner Erfahrungen ein fertiges Konzept der Öffentlichkeit vorgelegt hätte: Es begann mit Unbehagen, Fragen, Zweifeln, Protest, Suchen.

Fremdartig, bedrückend sei die Herrenmenschen-Ideologie für ihn schon gewesen, erzählt Richter. »Aber nie kam mir in den Sinn, daß ich es wagen könnte, gegen das System aktiv aufzubegehren . . . Mein Ohnmachtsgefühl wurde durch die politische Abstinenzhaltung meiner Eltern gefördert. Ich erinnere mich, daß mein Vater – Direktor bei Siemens – sich einredete, als Ingenieur und Konstrukteur nichts mit Politik zu tun zu haben. Bezeichnenderweise war er ein Spezialist für Feinmechanik, über welche er ein Lehrbuch verfaßt hatte. Diese technische Mikrowelt, in der er beruflich lebte, war zugleich ein Modell unserer Familie, in dem wir als kleine Teilchen mechanisch in dem großen Getriebe mitfunktionierten. Ich protestierte zwar als Pubertierender heftig gegen das positivistisch-mechanistische Weltbild meines Vaters. Aber die Gegenwelt, die ich mir baute, entrückte mich auf andere Weise von der politischen Realität. Ich las mit Leidenschaft Dichtung und Philosophie, speziell aus der Romantik . . . ich las dann weiter als junger Soldat in Rußland.

»Ich habe mich«, so analysiert Richter sich selber, »als Person aufgespalten. Äußerlich versuchte ich mir, soweit es ging, durch taktische Anpassung massivere Reibereien zu ersparen. Daneben führte ich, wie ich glaubte, mein eigentliches Leben in meiner introvertierten Privatwelt der Besinnlichkeit, der Phantasie, des Gefühls.«

Diese »zweigleisige Lebenstechnik« war damals wohl weit verbreitet, und Richter, wie viele andere, ist nicht leicht damit fertig geworden. Er reagierte mit Krankheit, mit vergeblicher Auflehnung, mit Rebellion, und nur sein Chefarzt – Richter war inzwischen zur Sanitätstruppe versetzt worden – rettete ihn vor einem Kriegsgerichtsverfahren, das ihm ein NS-Führungsoffizier anhängen wollte. Dieser Chefarzt war Werner Hollmann, ein Schüler Viktor von Weizsäckers, Psychotherapeut und väterlicher Freund. In den Gesprächen mit Hollmann gewann Richter »die entscheidende Erkenntnis, daß die gewaltträchtige Realität im Konflikt mit den individuellen Bedürfnissen eine krankmachende Übermacht erlangen kann. Die Illusion, daß man sich gegen eine Außenwelt in einer kleinen Privatwelt abschirmen könnte, um dort zusammen mit engen Bezugspersonen relativ ungestört psychische Befriedigung auszukosten, wurde mir hier erstmals bewußt.«

Richter kam 1946 als entlassener Gefangener aus dem Krieg zurück. Vom Elternhaus stand nur noch die Ruine, die Eltern waren von den Russen umgebracht worden. Die Freunde waren gefallen. Nur er war übrig geblieben. Warum? Er beantwortete die innere Ratlosigkeit durch rastloses Studieren, und es begann jenes zuerst instinktive, später bewußte Lernen. Er versuchte sich klar zu werden, »wie ich meine unbewältigten Erfahrungen aus dem Krieg und den Schock nach dem Zusammenbruch akzeptieren und wie ich das daraus folgende notwendige Leiden an Trennung und Schuld verarbeiten könnte«. Die Doktorarbeit »Über die Phänomenologie des Schmerzes« geriet zur kritischen Auseinandersetzung mit dem Nazi-Ideal der heroischen Schmerzverdrängung. In der Psychoanalyse lernte er, »aus meiner akzeptierten Schwäche heraus leben zu können«.

Akzeptierte Schwäche – das ist ein Schlüsselbegriff. Vielleicht bezeichnet er die wichtigste Ursache seiner Fähigkeit, Konflikte zu ertragen und seines therapeutischen Erfolgs. Vielleicht auch das Geheimnis seiner Stärke.

Der Anfang in Berlin war mühselig. Karg bezahlte wissenschaftliche Hilfskraft der Psychiatrie, in der Elektroschocks und Psychopharmaka zu den gängigen Behandlungsmethoden gehörten, und wo der Umgang mit den Patienten keineswegs dem entsprach, was Richter von Weizsäcker gelernt hatte: »Sich dem aussetzen, was einem von einem Patienten entgegenkam«, jene Subjektivität zulassen, die, wie Weizsäcker einmal geschrieben hatte, verhindert, daß der Arzt einer vermeintlichen objektiven Wissenschaft zuliebe die Krankheit so versachlicht, daß sie dem menschlichen Wesen entfremdet wird.

Abgrenzung gegenüber der neoanalytischen Schule auch, die vom Gesundheitsbild des aggressionsfähigen Menschen ausging. Noch heute klingt ihm der Satz von Schultz-Hencke im Ohr: »Der Gesunde muß expansiv sein können.« Richter wurde Außenseiter, etwas belächelt in der Klinik, ohne Aufstiegschancen. Daneben Ausbildung am Psychoanalytischen Institut, die Arbeit als Arzt in der Beratungs- und Forschungsstelle für seelische Störungen im Kindesalter. Um es salopp zu sagen: Richter hat die Probleme seiner Außenseiterrolle nutzbar und fruchtbar gemacht. Eine Serie von Büchern ist unter anderem das Ergebnis, einige davon Bestseller. Das erste entstand aus der Arbeit mit den Kindern.

Das Thema ist »der unbewußte Rollenauftrag, den Eltern einem

Kind übermitteln, indem sie sich von eigenen mangelhaft bewältigten Konflikten entlasten wollen«. Eltern, die selber mit ihren Trennungsängsten nicht fertig geworden sind, die ihre partnerschaftlichen Beziehungen nicht bewältigt haben, klammern sich an ihre Kinder. Ein symbiotisches, unfreies Verhältnis der gegenseitigen Manipulation entsteht, das sich nur schwer auflösen läßt und die normale Entwicklung und Reifung eines Kindes hindert, wenn nicht unmöglich macht. Oder: Eltern wollen die Kränkung durch eigenen, mangelhaften Lebenserfolg per Identifikation mit einem Kind aufheben, das um jeden Preis erfolgreich sein soll. Oder: Das Verbotene und das Schwache werden an die Kinder delegiert. Das böse, schwache, erfolglose Kind wird zur Bedingung eigener Vortrefflichkeit und Größe.

Nicht nur das Unbewußte des einzelnen, sondern die gegenseitigen unbewußten Einflüsse rücken ins Bild. Sie anzuerkennen, fällt nicht gerade leicht. Denn die Eltern leiden ja, und ihre Überzeugung, daß sie das beste für ihre Kinder wollen, ist durchaus ehrlich.

Das Buch »Eltern, Kind und Neurose« sollte die Habilitationsschrift Richters werden. Sie blieb liegen; den Berliner Professoren paßte wohl die ganze Richtung nicht. Aber dieses Buch und eine Reihe von Vorträgen hatten Richter inzwischen bekannt gemacht. Er erhielt 1962, obwohl nicht habilitiert, einen Lehrstuhl in Gießen und baute dort die psychosomatische Klinik auf, die sich zu einem interdisziplinären Zentrum mit hohem wissenschaftlichen Standard entwickelt hat.

Das Thema der unbewußten Rollenaufträge wird weitergeführt und systematisiert in »Patient Familie«. Nicht nur solche Fälle werden beschrieben, wo ein Teil der Familie sich selber salviert, indem er dem anderen seine ungelösten Schwierigkeiten aufbürdet, sondern auch Familien, die sich »relativ homogen mit einem einheitlichen neurotischen Konzept organisieren«. Richter unterscheidet drei Typen:

Das Sanatorium: Es entsteht, wenn ein Angstneurotiker die Familie als stützende Umwelt zu organisieren versucht. Die Familie wehrt sich zunächst gegen diese Versuche, gibt dann aber um des lieben Friedens willen nach und zieht sich insgesamt in das Schonklima einer Sanatoriumswelt zurück. Die Familie funktioniert, aber ihr Lebensradius insgesamt ist eingeschränkt. Mami, Papi und Püppi leben friedlich miteinander, aber die sozialen Fähigkeiten verkümmern.

Die Festung: Sie wird verteidigt von Familien, die unerträgliche wechselseitige, feindselige Impulse nach außen ableiten. Kennzeichnend ist eine kämpferische Besessenheit von fixen, wahnhaften Ideen. Die Familie wird zur ideologischen Kampfgruppe.

Das Theater: Teils spielen die Mitglieder voreinander Theater, teils formiert sich die ganze Familie zu einem Ensemble. Es geht immer um Darstellung, Effekt. Die kunstvoll konstruierte hysterische Szenerie ist im Grunde ein Abwehrsystem gegen die Gefahren einer Depression.

Seit Richter dieses Buch geschrieben hat – er war einer der Bahnbrecher – hat sich Familien- und Paartherapie weit verbreitet. Sie ist einer der Schwerpunkte in Theorie und Praxis geworden, ein lohnendes, aber zugleich schwieriges Unternehmen, weil es dem Therapeuten viel abverlangt: Er kann seine Rolle nicht so weit verfremden und neutralisieren wie in der Einzeltherapie, er muß sich direkter seinen Patienten stellen, und er überschreitet auch zuweilen die Grenze zur Beratung.

Richter hat in seinen Büchern viele Fälle geschildert, und in diesen Darstellungen ist er am eindringlichsten, am überzeugendsten: Etwa das Ehepaar, das sich mit Krankheitssymptomen dueliert – ein Wettbewerb nach dem heimlichen Motto: Wer ist der größere Märtyrer, wer darf den anderen anklagen? Wer darf Pflegling sein, wer muß Pfleger spielen?

Oder das Paar mit dem Jungen, den die Frau in die Ehe mitgebracht hat, hirngeschädigt, ein schwieriges, häßliches Kind. Entweder geht der Junge oder ich gehe selbst, sagt der Stiefvater. Es ist eine erstaunliche Geschichte, wie dieses Ehepaar aus einfachen Verhältnissen sich allmählich in der gemeinsamen Sorge um den Jungen gefunden hat, und wie das Kind eben nicht in einer Bewahranstalt als hindämmerndes menschliches Wrack

endet, sondern trotz vieler Schwierigkeiten die Schule absolvieren kann und so viel an sozialer Eingliederung schafft, wie bei seinen Voraussetzungen möglich ist.
Richter hat eine bestimmte Form von Paartherapie entwickelt: Zwei Wochen lang, jeden Tag zwei Stunden, trifft sich ein Ehepaar mit dem Therapeuten. Die Anfangsphase einer solchen Therapie in Ausschnitten:

Ein 40jähriger Angestellter, eine 34jährige Hausfrau, seit 9 Jahren miteinander verheiratet, zwei Kinder von 7 und 3 Jahren. Er stottert, sie hat Magenschmerzen. Beide finden, daß sie »so miteinander nicht weiterleben können«.
Sie: »Du sprichst nicht. Ich muß dich zehnmal fragen, um von dir etwas zu hören!«
»Du kritisierst mich dauernd. Ich kann dir nichts recht machen.«
»Du mußt mich immer klein machen!«
»Mir fehlt bei dir Wärme und Sicherheit.«
»Du schläfst wochenlang nicht mit mir!«
Er: »Du läßt dich gehen. Du arbeitest ohne System . . .
Du bist wahnsinnig mißtrauisch! Dabei habe ich in unserer ganzen Ehe kein Verhältnis mit einer anderen Frau gehabt . . .
Du konzentrierst dich hundertprozentig auf mich. Schon mein Beruf ist dir zuviel. Ich fühle mich von dir dauernd auf die Füße getreten . . .«
Der Therapeut interveniert: Beide mögen deutlicher sagen, was sie selber empfinden.
Er legt dar, daß er die Nachlässigkeit seiner Frau so erlebe, daß sie es ihm zu Hause nicht schön machen *wolle*. Sie unterstellt, daß er sich deshalb so wenig um sie kümmere, weil er sich nichts mehr aus ihr mache.
In der dritten Sitzung jammern beide. Jeder versichert, er hinge am anderen, und beide behaupten, der andere habe sich innerlich schon weit gelöst, denn sonst würde der andere sich doch nicht so schlimm benehmen.
Der Therapeut konfrontiert beide mit dem Widerspruch, daß

jeder die eigene Nähe zu dem Partner bekunde, ohne daß dieser darauf positiv reagiere. Keiner freue sich, obwohl er vom Partner genau das zu hören bekomme, was er angeblich vermisse.
Als beide nach wie vor an ihren Vorwürfen kleben, interpretiert der Therapeut: »Wenn Sie einander nicht glauben wollen, daß der andere sich Ihnen noch positiv verbunden fühle, dann heißt das doch, daß jeder von Ihnen einen Vorwand sucht, um seine negativen Gefühle offen bekennen zu können. Jeder von Ihnen hat Impulse, vom Partner wegzugehen. Aber jeder möchte, daß der andere die Bombe zündet, damit er für die eigenen Impulse seine Entschuldigung hat.«
Beide schwiegen betroffen und nachdenklich. Dann gesteht sie spontan, daß sie wirklich öfter daran denke, von ihrem Mann wegzugehen. Sie läßt jetzt ihre Wut auf ihn heraus, lenkt aber am Ende ein: sie plane nicht ernstlich eine Scheidung, und im Grunde möge sie trotz allem ihren Mann. Er atmet erleichtert auf und bietet ihr – zum erstenmal in der Therapie – eine Zigarette an. Sie nimmt an. In der nächsten Sitzung wagt er einzugestehen, daß auch er manchmal wünsche, daß sie die Bombe zünde und daß er dann gehen könnte.
In der mittleren Phase der Therapie kommt sehr oft die Kindheitsgeschichte der Partner zur Sprache. »Der Einzelne kann dadurch besser erkennen, woher die neurotisch beeinflußten Erwartungen stammen, die er in die Partnerbeziehungen eingebracht hat . . . Es stellt sich zum Beispiel heraus, daß die Frau eigentlich eine schützende Vaterfigur sucht, während der Mann eine Nacherfüllung mütterlicher Fürsorge ersehnt. Beide verstehen jetzt, daß es sinnlos ist, den Partner mit Ansprüchen zu überfordern, denen er gar nicht gewachsen ist.« Sie beginnen, sich wechselseitig mehr Selbstentfaltung zu gönnen. Die letzte Phase ist geprägt vom Versuch, eine erträgliche Art von Dialog herauszufinden und einzuüben.

Die Paartherapie, wie sie Richter entwickelt hat, wird, soweit sich Psyche und deren Veränderungen überhaupt objektivieren lassen, mit Tests und Fragebogen begleitet, die in Gießen entwikkelt wurden und inzwischen Schule gemacht haben. Typische Verläufe, Erfolg und Mißerfolg werden erkennbar. Die Ergebnisse lassen den Schluß zu, daß sich mit dieser Methode der Paartherapie fruchtbar arbeiten läßt – nicht im Sinne einer endgültigen Lösung (vermutlich ohnehin eine nutzlose, ja schädliche Vorstellung), sondern als Hilfe zur Selbsthilfe.

»Immer wieder«, so Richter, »erfahren zwei Partner, daß sie es viel leichter haben, einmal unverhüllt ausgedrückte aggressive Gefühle miteinander zu verarbeiten, als die Fortsetzung einer vielleicht jahrelang praktizierten Strategie länger zu ertragen, bei welcher jeder seine Aggressivität, sei es durch Kopfschmerzen, Frigidität, bedrückenden Pessimismus, zermürbende Pedanterie oder dergleichen maskiert hatte.«

Die Fall- und Methodenbeschreibung verdeckt ein wenig, wie entscheidend der Anteil der Therapeuten ist. Er muß jenes Zutrauen ermöglichen, das den Partnern erlaubt, sich zu öffnen. Und er muß aufpassen, daß nicht einer von beiden »zu Schaden kommt, wenn er selbstkritischer über sich nachdenkt und dem anderen ohne automatisch defensives Agieren zuhört«.

Wer sich dieser Therapie unterzogen hat, tut sich dennoch schwer mit der Antwort auf die Frage: Wie macht das der Therapeut eigentlich? Da ist die Erinnerung an unmittelbares Vertrauen, an das Gefühl, akzeptiert zu sein mit allen Schwierigkeiten, an Interventionen, die plötzlich aus dem Gespräch einen Satz, ein Wort herausgreifen – Kennworte, die ein unbewältigtes Lebensthema ausdrücken.

Da tauchen die Augenblicke wieder auf, in denen der Therapeut freundliche, aber schwierige Nachfragen stellt, die kein Ausweichen mehr erlauben. Phasen der Verzweiflung, der Erschöpfung werden wieder lebendig – und Augenblicke des Glücks. Richter spricht, um seine Therapie zu charakterisieren, von der sokratischen Methode. Tatsächlich läßt sich das sokratische Gespräch durchaus als Vorform dieser Hilfe zur Selbsthilfe begreifen.

Das Thema der Selbsthilfe, ins Soziale und Politische gewendet, läßt sich auch in Richters Gruppenarbeit verfolgen, bei den Elterngruppen, die sich in selbstorganisierten Kindergärten – »Kin-

derläden« sagte man damals – um eine Reform der Kindererziehung bemühten, und bei der Gruppe, die im Obdachlosen-Getto arbeitete und versuchte »mitzuhelfen, daß die Bewohner eines Slums aus der Lethargie und Resignation erwachten, in die sie durch Abspaltung von der Gesellschaft geraten sind.«
Emanzipation war damals der politische Leitbegriff; Richter hat ihn sich zu eigen gemacht. Im Unterschied zu manchen Politikern aber hat Richter diesen Begriff nicht ideologisch verstanden, nicht als Dogma, das unabhängig davon, was Menschen vermögen, durchgesetzt werden muß, sondern als Ermutigung zu gemeinsamem Lernen. Es gibt einen typischen Satz, der bei Richter immer wieder auftaucht: »Wenn man im Machen nicht das anwendet, was man erkannt hat, kann man schließlich auch nicht mehr erkennen, was zu machen ist. Wenn man sich mit theoretischer Kritik dort begnügt, wo eine Veränderung in persönlicher Reichweite gewesen wäre, korrumpiert die Unterlassung schließlich auch das kritische Denken.« Diese, zum Teil schmerzlichen, aber auch fruchtbaren Lernprozesse hat Richter zusammen mit einigen Kollegen begleitet und gefördert.
Über die Gefahren der Kinderläden ist viel berichtet worden: von der Neigung, gesellschaftspolitische Wunschvorstellungen als Nahziele zu begreifen und damit sich selbst und die Kinder zu überfordern – durch rigide Politisierung, durch zu frühe Emanzipation der Kinder, durch zwanghafte Sexualdressur. Im Kinderladen sollte eine Art schöner neuer Welt entstehen, zu deren Verwirklichung Eltern selbst nicht fähig waren. Diese Gefahren sieht auch Richter, aber er kann auch davon berichten, wie solche Elterngruppen allmählich gelernt haben, ihre Spannungen auszuhalten und die Bedürfnisse der Kinder zu entdecken. Er erzählt von Gruppen, deren Mitglieder sich in einem besseren, vertieften Verständnis gefunden haben, die ein Beispiel gaben: Dies ist möglich.
In der Arbeit mit den Slum-Bewohnern stellt sich das Problem etwas anders: Wie überhaupt kann die Gruppe, die sich aus dem Mittelstand rekrutiert, mit den Bewohnern tragfähige Beziehungen aufbauen? Das geht weder durch Überidentifikation mit den

Hilfsbedürftigen noch durch Anlehnung an die Sozialbehörden. »Wir müssen ertragen, daß die Getto-Bewohner uns nie ganz von dem Mißtrauen entlasten, das sie der gesamten organisierten Mittelstandsgesellschaft gegenüber haben, der sie ihre Ausschließung und Diskriminierung verdanken.« Dies allerdings ist eine Betrachtungsweise, die dem gegenwärtig herrschenden Politikverständnis radikal widerspricht, das auf die Belohnung der Leistungsfähigen setzt und soziale Härte fordert.

Natürlich wuchern am unteren Rand der sozialen Stufenleiter »mangelhaft kontrollierte Triebhaftigkeit, Suchtgefahr, offene Aggressivität – lauter Züge, deren vorbehaltlose Verabscheuung zu den selbstverständlichen Zielen jeder bürgerlichen Erziehung gehört«. Aber wenn man diesen Menschen nicht mit der »automatischen Defensiv- und Strafhaltung begegnet«, so lautet Richters Erfahrung, wird auch ganz anderes sichtbar: »Zutrauen, Wärme und Liebe, wie man sie sonst in dieser Ungebrochenheit und Unmittelbarkeit kaum findet.« Die Betreuten werden zum ergänzenden, korrigierenden Partner für den Betreuer.

Selbstverständlich verschwinden Gettos nicht durch Betreuung durch Initiativgruppen. Aber in kleinen, mühsamen Schritten wird Eigeninitiative geweckt, werden die Vertreter der Behörden offener, entsteht ein Spielplatz, ein Sportverein, kann Selbstachtung sich bilden, Mut wachsen, kann aus Flüchten Standhalten werden. Es ist eine Entwicklung, die freilich immer gefährdet ist, die Ausdauer, Verläßlichkeit erfordert.

Zwangsläufig gerieten bei solcher Arbeit auch die Betreuer selber in den Blick und ihr nach Standesinteressen, Organisationen und fachlichen Methoden zersplittertes, in Verwaltungshandeln und Therapieverhalten zerklüftetes Arbeitsfeld.

Auf Richters Initiative wurde in Gießen das mißtrauisch beäugte und gleichwohl viel kopierte Modell der psychosozialen Arbeitsgemeinschaften entwickelt: locker, aber intensiv arbeitende Organisationen, in denen die Vertreter der verschiedenen Gruppen einander kennenlernen und voneinander lernen. Auch hier geht es um den Versuch, gesprächs- und handlungsfähig zu werden im Dienste der Patienten, Hierarchien und Rollen aufzulockern,

Konflikte zu entschärfen – und um handfeste Sozialpolitik: Wie kann ein Patient, eine Familie besser betreut werden, wie wird die soziale Versorgung einer Region verbessert?
So ganz geheuer war dieses Unternehmen den Traditionalisten nicht, ebensowenig wie der weitgehende Abbau der Hierarchien in seiner Klinik. Aber auf seltsame Weise hat Richter damit Erfolg gehabt, und er ist damit auch zu einer Art politischen Leitfigur geworden. Dabei ist er von Hause aus eher ein apolitischer Mensch, noch die Studentenrebellion Ende der sechziger Jahre ist an ihm fast vorbeigegangen, aber er hat gelernt, sich durchzusetzen: Zum Beispiel bei der Psychiatrie-Enquête Mitte der siebziger Jahre, die er gegen die ursprüngliche Konzeption, in der Psychotherapie eigentlich gar nicht vorkam, entscheidend verändert hat, oder auch bei manchen finanziellen Auseinandersetzungen. Er beherrscht durchaus die Register subtiler Beeinflussung. Notfalls, so jedenfalls erzählen Teilnehmer, tritt er als beleidigte Diva auf, die anderen wegen ihres kleinlichen Gezänks um Geld sehr brauchbare Schuldgefühle einzupflanzen vermag.
Wie viele bedeutende Psychotherapeuten verfügt auch Richter über eine genaue Witterung für neue Stimmungen. Er hat sie meist früher als andere gespürt und dargestellt. Seine Bücher, die im Laufe der Jahre immer persönlicher geworden sind, lesen sich wie Testberichte über Aneignung und Verarbeitung neuer Ideen. Sie sind, wenn man so will, Selbstanalyse durch Schreiben.
Paare, Familien, Gruppen, Randgruppen, soziale Organisationen: Hier wird sichtbar, wie sich Richter immer weiter ins politische Umfeld hineinbewegt. Und es ist fast zwangsläufig, daß auch die Geschichte ins Blickfeld rückt: die historischen Kräfte, die beim Entstehen der modernen Abhängigkeiten, der neurotischen Strukturen moderner Gesellschaften mitgewirkt haben. Richters Urteil ist harsch: »Der psychische Hintergrund unserer so imposant erscheinenden neueren Zivilisation ist nichts anderes als ein von tiefen, unbewältigten Ängsten genährter Größenwahn.«
Wie kommt er zu diesem Urteil? Er geht aus von einer frühkindli-

chen Fehlentwicklung, die aus Angst vor dem Verlust des elterlichen Schutzes entsteht und sich äußert als Herrschaftsanspruch: Die »Flucht aus phantasierter tödlicher Ohnmacht in eine narzißtische Allmacht«. Und Richter vermutet, daß sich in den Europäern beim Übergang in die Neuzeit Prozesse abgespielt haben, die dem kindlichen Reaktionsmuster verwandt sind: Der Verlust der schützenden Gotteskindschaft wird kompensiert durch Identifizierung mit dem Allwissen und der Allmacht Gottes. Das Leiden wird verdrängt, die Angst vor Tod und Endlichkeit ausgesperrt. Der Egozentrismus verschanzt sich in den Hochburgen der Naturwissenschaft, organisiert sich als politische Macht. »Gotteskomplex« nennt das Richter.

Bei dieser Entwicklung wird die Emotionalität mit allen Erscheinungen des Leidens verdrängt. »Der naturwissenschaftlichen Bändigung der Natur sollte eine wachsende Disziplinierung der Emotionalität mit Hilfe intellektueller Kontrolle entsprechen.« Aber das ist nicht nur ein Prozeß innerhalb einzelner Menschen, sondern auch zwischen den Geschlechtern. »Was der Mensch werden wollte, teilte er dem Mann zu. Und was er nicht mehr sein, bzw. unterdrücken wollte, delegierte er an die Frau . . . Den Frauen oblag es, den Männern, die die Geschichte machen und eine neue Welt bauen würden, nährende gefühlsmäßige Zuwendung zu liefern«, gewissermaßen in der Form emotionaler Dienstleistung.

In der Frauenbewegung, in den Jugendkulturen wird zum Teil in hilfloser, pathologischer Weise jenes Leiden sichtbar, das von den Angepaßten unterdrückt wird. Soweit die Diagnose, der Therapievorschlag (in Kurzform) lautet: »Unsere gesellschaftliche Lebensform zu vermenschlichen, heißt, sie zu verweiblichen.«

Was Richter hier an geraffter geschichtsphilosophischer Darstellung bietet, fordert an manchen Stellen zu Widerspruch und Ergänzung heraus. Das Patriarchat ist immerhin schon einige tausend Jahre alt. In Richters Darstellung sind in der Theorie die negativen Züge des Weiblichen fast ausgeblendet; etwa die umklammernde, vereinnahmende, ja zerstörerische »große Mut-

ter«. Das Weibliche wird zu glatt als Inbegriff von Leidensfähigkeit und Sympathie dargestellt, als Hoffnung. Man kann auch zweifeln, ob die Entwicklung zur modernen Gesellschaft nur als Krankheitsgeschichte zu begreifen ist.
Gerade wenn man – wie in der Kinderpsychologie – Ablösungsvorgänge für unvermeidlich hält und anerkennt, daß sich Bewußtsein in der Erfahrung der Isolation und des Konflikts bildet, fällt es schwer, an die Vermeidbarkeit dieser historischen Entwicklung zu glauben. Unzweifelhaft aber trifft Richter mit seiner Diagnose eine Grundstimmung, drückt aus, was viele fühlen, ahnen oder zu erkennen glauben. Es ist eine Sichtweise, die in der Partei der Grünen ihre deutlichste politische Ausprägung gefunden hat.
Vor dem Hintergrund dieser Entwicklung wird das politische Engagement unabwendbar, erscheint die Beschäftigung mit Rüstungs- und Großmachtpolitik, der Einsatz für die Friedensbewegung fast zwangsläufig. Richters Begründung der Friedenspolitik: »Tiefer gestört als diejenigen, die auf die Bedrohung mit Angst und Verzweiflung reagieren, sind die Verantwortlichen, die diese Risikopolitik betreiben und ihre eigene Angst verdrängen.« Oder an anderer Stelle: »Die gegenwärtige destruktive Sozial-, Umwelt- und Rüstungspolitik hat eine psychologische Infrastruktur, und in dieser spielen unbewußt Komponenten eine gewichtige Rolle, deren Aufhellung sich als Thema für die psychoanalytische Sozialpsychologie anbietet.«
Es entstehen sich selbst verstärkende Mechanismen: »Je mehr sich das Rüstungstempo beschleunigt und die Vernichtungspotentiale anwachsen, desto mehr bedarf man des verteufelten Verfolgerbildes, um diese Entwicklung noch ertragen zu können. Die Verfolgungsangst steigert indessen ihrerseits wiederum die Rüstungsmotivation und so weiter.« Noch weiter zugespitzt in einem von Richter verwendeten Zitat: »Zwei Armeen, die gegeneinander kämpfen, sind eine große Armee, die sich selbst umbringt.«
Auch diese Denkweise liegt quer zum vorherrschenden Politikverständnis. Richter übersieht nicht den Unterschied der politi-

schen Systeme, aber er beharrt auf einer psychologischen »Äquidistanz«, und auf dieser Ebene sind Gut und Böse nicht mehr genau zurechenbar, nicht mehr ein- und anklagbar, sondern Funktion eines unbewußten Rollenspiels (was übrigens auch ein Problem für viele Mitglieder der Friedensbewegung ist, die dazu neigen, das Böse an den Machthabern, an *den* Sowjets oder *den* Amerikanern festzumachen).

Es gibt da auch Grenzen der Therapie. Was in der Einzel- oder Familientherapie vielleicht und mit unendlich viel Mühe erreichbar sein mag – Offenheit und Vertrauen, Beherrschung der destruktiven Impulse –, ist in der Politik nur sehr begrenzt möglich. Politiker sind an Machttechnik interessiert und nicht an selbstkritischer Analyse. Organisationen, Gesellschaften sind machtorientierte Gebilde, kaum durchlässig für Zweifel und deshalb kaum therapierbar.

Institutionen und soziale Strukturen sind, wie Adorno es einmal ausgedrückt hat, Gehäuse der Hörigkeit, aber sie bilden auch, wie Gehlen im Streitgespräch mit Adorno formuliert hat, »Dämme gegen die Verfallsbereitschaft des Menschen«, gegen den Rückfall in andere, möglicherweise gefährlichere Überwältigung, sind ein Hindernis gegen das Eintauchen ins Bewußtlose einer Bewegung. Richter steht Adorno weit näher als Gehlen; schließlich hat er einige Gehäuse erfolgreich aufgebrochen. Aber er hat sich lange genug mit Menschen, mit sozialen Beziehungen beschäftigt, sich mit Institutionen herumgeschlagen, um zu wissen, daß es keine schnellen, großen Erfolge gibt, schon gar nicht Heilslösungen. Wer Veränderungen will, das ist auch Richter klar, muß die Spannung, den riesigen Abstand zwischen Gewünschtem und Erreichbarem aushalten.

Also doch nicht ganz so gefährlich? Richtig und falsch zugleich. Richter ist ähnlich beunruhigend wie einst die Bruderschaft des heiligen Franziskus. Er folgt nicht dem Licht des Glaubens, sondern seinen psychoanalytischen Erkenntnissen, er ist ein Aufklärer. Aber auf seine Weise und mit seinen Mitteln verkörpert auch er das Prinzip der Liebe, obwohl er es so nicht nennen würde, steht auch er gegen das Prinzip der Macht, gegen harte, hierarchische Struktur und versachlichte Organisation. Für einen Psychoanalytiker, der bei Freud gelernt hat, und der beim Nachdenken immer wieder zu ihm zurückkehrt, eine bemerkenswerte Entwicklung.

Ausgewählte Publikationen

Eltern, Kind und Neurose. Die Rolle des Kindes in der Familie. Reinbek: Rowohlt Tb 1969. – Patient Familie. Entstehung, Struktur und Therapie von Konflikten in Ehe und Familie. Reinbek: Rowohlt Tb 1972. – Die Gruppe. Hoffnung auf einen neuen Weg, sich und andere zu befreien. Reinbek: Rowohlt Tb 1978. – Der Gotteskomplex. Die Geburt und die Krise des Glaubens an die Allmacht des Menschen. Reinbek: Rowohlt 1979. – Zur Psychologie des Friedens. Reinbek: Rowohlt Tb 1984. – Die Chance des Gewissens. Erinnerungen und Assoziationen. Hamburg: Hoffmann und Campe 1986 – Richter, H. E./Beckmann, D.: Herzneurose. Stuttgart: Thieme, 2. überarb. Aufl. 1973.

Virginia Satir

Humanistische Familientherapie

Warum stiehlt ein Kind? Warum wird ein Mensch depressiv oder schizophren? Warum verhält er sich anders als die übrigen? Die Antwort auf diese Fragen wird auf vielen Wegen gesucht. Einer davon ist die Familientherapie. Danach ist abweichendes Verhalten nicht nur in seiner Entstehung wesentlich von der Familie geformt, sondern es wird auch durch die Art, wie Familienmitglieder miteinander umgehen, aufrechterhalten und verstärkt. Man redet in der Familientherapie darum nicht von Einzelpatienten, sondern von »Symptomträgern« oder »identifizierten Klienten«. Das Problem liegt nicht bei einem einzelnen, sondern in der Familie als System. Und in der Konsequenz wird dieses Familiensystem dann auch als Ganzes therapiert.

Obwohl das Verfahren – es entstand in den fünfziger und sechziger Jahren – noch jung ist, gibt es eine ganze Anzahl verschiedener Richtungen: die psychoanalytischen, die systemtheoretischen, die humanistischen, die strukturellen, die verhaltenstherapeutischen, alle mit diversen Untergruppen. Die Familientherapeuten im deutschen Sprachraum verbinden meist System- und Kommunikationstheorie mit psychoanalytischen oder humanistischen Ansätzen.

Eine der ersten Familientherapeuten ist Virginia Satir. Und sie ist nicht nur das. Zusammen mit Fritz Perls und Milton Erikson gehört sie zu den drei »Hexenmeistern der Therapie«, mit denen sich zwei Linguisten, Bandler und Grinder, beschäftigt haben, um ihren faszinierenden Heilerfolgen auf die Spur zu kommen. »Struktur der Magie« nannten sie ihre Ergebnisberichte.

Tatsächlich erinnert Virginia Satir an jene Medizinmänner und

Schamanen, deren intuitive Weisheit und Heilkraft zur Zeit in der Psychoszene so viel Eindruck macht. Dabei ist sie alles andere als exotisch, viel eher der Prototyp einer Amerikanerin aus dem mittleren Westen: groß, stattlich, dauergewelltes Blondhaar und unverkennbarer Akzent. Sie stammt von einer Farm in Wisconsin, dem »rolling country« an den riesigen Seen mit endlosen Weizenfeldern, kalten Wintern, heißen Sommern und weitem Himmel. Ihre Vorfahren kamen aus Deutschland. Aus Handwerker- und Bauernfamilien die Männer, aus vornehmen Kreisen die Frauen. Natürlich gab das Zündstoff. In einfachen Familienverhältnissen ist diese Mutter der Familientherapie nicht aufgewachsen. Sie hat sich deshalb schon als Kind vorgenommen, ein »Familiendetektiv« zu werden, herauszufinden, zu verstehen und damit zu bewältigen, was in ihrer Familie geschah und was in Familien überhaupt geschieht.

Dieses Vorhaben hat sie wahr gemacht. Heute hält sie auf der ganzen Welt Seminare und demonstriert ihre Familientherapie in kleinen Gruppen und vor Tausenden von Zuhörern, Zuschauern und Mitmachern. In San Francisco arbeitet sie jedes Jahr mit Familien aus den Slums, in North Dakota vermittelt sie zwischen Indianern vom »Wounded Knee« und ihren weißen Gegnern. Der Indianerstamm dort hat sie auch zur Schamanin gemacht, in nächtelangen Einweihungszeremonien, mit Schwitzhaus und Pfeife. »Fliegende Adlerfrau« ist ihr Indianername, und die Pfeife läßt sie alljährlich neu weihen, wie sich das gehört.

Das Münchener Familienkolleg, eine Aus- und Fortbildungsstätte für Familientherapie im Stil von Virginia Satir (die erste ist in Weinheim), hat sie für »zehn Tage Familienrekonstruktion« eingeladen. Durch ein Versehen bin ich nicht angemeldet. Aber als sie mir gegenübersteht, mich ansieht und meine beiden Hände hält, ist sie herzlich und völlig unkompliziert. Zu Beginn des Seminars schlägt sie vor, daß jeder auf Unbekannte zugehen und das Kennenlernen eines Menschen wie ein Fest gestalten soll. Es gelingt tatsächlich. Diese Form der Kontaktaufnahme, die körperliche Berührung, das direkte Ansehen, die volle, herzliche

Konzentration auf das Gegenüber ist Methode, eine Methode allerdings, die ohne wirkliche Anteilnahme nicht funktioniert. Es ist auch eine sehr flexible Methode. Virginia Satir spürt, wieviel Nähe oder Distanz ihrem Gesprächspartner angenehm ist und hält sich daran. Der Effekt der simplen Geste ist meist ähnlich wie bei mir: Man geht danach gerne auf ihre Vorschläge ein.
Was sie vorträgt, ist einfach und sinnfällig. Da ist die Ursprungs-Triade, der Vater, die Mutter, das Kind: der Kern jeder Familie, auch wenn es Ersatz-Mütter und -Väter gibt und mehrere Geschwister, die die Beziehungsstruktur vielfältiger und komplizierter machen. In dieser Triade gibt es verschiedene Möglichkeiten für Bündnis und Gegnerschaft, die direkt demonstriert werden. (In diesem Seminar ist das Sehen und Fühlen mindestens so wichtig wie das Hören.) Virginia bittet Teilnehmer heraus und »modelliert« sie: Da deuten Vater und Tochter, engumschlungen, mit ausgestrecktem Zeigefinger und grimmigem Gesicht auf die kümmerlich dahockende Mutter; oder Mutter und Sohn machen die verrücktesten Ausweichmanöver, um sich einem steifen und intellektuellen Vater zu entziehen; oder beide Eltern verbünden sich gegen das Kind, das dann wirklich nichts mehr zu lachen hat.
Er sind viele Formen der Kommunikation, die sie da demonstriert. Sie hat sie in Jahrzehnten der Praxis mit vielen Tausenden von Familien gefunden, vor allem auch die Fehlformen, hinter denen Menschen ihre Verletzlichkeit verstecken: Das Anklagen – »setz dich durch, kämpf' für dich, mach die anderen fertig!«; das Beschwichtigen – »sei brav, nimm alles Leid auf dich, sei dankbar für die kleinste Kleinigkeit!«; das Ablenken – »stell dir vor, du hättest einen schiefsitzenden Kopf, der sich dauernd dreht, so daß du nicht weißt, wohin du gehst und nicht merkst, wenn du einmal ankommst«; das Rationalisieren – »sei so korrekt und vernünftig wie ein Computer und halte vom Schädel abwärts alles an dir bewegungslos; du bist immer damit beschäftigt, die richtigen Worte zu wählen, schließlich darfst du niemals einen Fehler machen«.
Kommunikation kann auch anders aussehen: Gefühle und Aus-

druck, Gemeintes und Gesagtes, Gestik, Mimik, Stimme und Worte stimmen überein. Notfalls kann man auch ein klares »Nein« sagen, »der andere fällt dabei nicht tot um«, betont Virginia Satir immer wieder. Aber sie weiß, daß diese »authentische«, »kongruente« Kommunikationsform Mut erfordert und schwerer zu lernen ist als die anderen. Man muß ein gesundes Gefühl für den eigenen Wert haben dabei; umgekehrt gilt auch: Wer sich klar ausdrückt, bekommt es.

Virginia Satir hat ein hübsches Bild für die verschiedenen Verfassungen des Selbstwertgefühls. Auf der Farm ihrer Eltern gab es einen großen, eisernen Pott, der umschichtig für die Herstellung von Seife, die Aufbewahrung von Düngemitteln und, wenn im Herbst die Drescher kamen, für das Kochen großer Mengen von Eintopf gebraucht wurde. Es konnte also viel und wenig und sehr Unterschiedliches darin sein, genau wie beim Gefühl für den eigenen Wert.

Ein wohlgefüllter Topf erleichtert vieles. Man braucht ihn auch, wenn man sich nicht hoffnungslos im Beziehungsgeflecht der Triade oder der größeren Familie verheddern will. Dies wird mit einer Wäscheleine demonstriert, die Virginia den drei Teilnehmern ihrer Modelltriade so um den Bauch bindet, daß sie alle an demselben Seil hängen. Jede größere Bewegung des einen drückt so ihm selbst und den anderen die Luft ab. Die Lösung: Die Beteiligten binden ihre Beziehungsleine überhaupt nicht um ihre Körper, sondern halten sie frei in den Händen und gewinnen damit für sich selbst sehr viel Beweglichkeit. Sie können jetzt sogar tanzen – Familien-Ballett nennt Virginia Satir das. Und wenn zwei gerade etwas intensiver miteinander zu tun haben, kann der Dritte sich so lange mit einer Solo-Pirouette amüsieren und braucht nicht eifersüchtig zu werden. Wo Virginia Satir mit realen Familien und deren Schwierigkeiten arbeitet, läßt sie auch Streßsituationen auf die körperliche Weise darstellen. Dabei entspannt die Komik der Sache die Situation und gleichzeitig wird bis in die Körpergefühle hinein deutlich, wo es hakt.

Virginia Satir unterscheidet zwischen offenen und geschlossenen Familiensystemen. Die geschlossenen kennzeichnen festgeschriebene, kaum veränderliche Regeln und verzerrte, rigide Beziehungen. Sie sind beherrscht von Macht und neurotischer Abhängigkeit, von Mangel und Schuldgefühlen. Die Familienmitglieder haben viel Angst. Deshalb klammern sie sich, trotz aller Schwierigkeiten, fest an das System, denn jede Veränderung würde für sie eine Struktur zerstören, von deren Unwandelbarkeit – so glauben sie – das Überleben abhängt. Die offenen Systeme bieten mehr Flexibilität und Wahlmöglichkeiten. Sie können sich mit wechselnden Umständen ändern. In einem solchen System ist Macht weniger wichtig als Verstehen, Liebe und Menschlichkeit. Wirklich offene, ihre Mitglieder fördernde Familien hat Virginia Satir offenbar nicht sehr häufig getroffen. Offenheit und damit Selbstsicherheit und Menschlichkeit zu fördern, ist ihr Arbeits- und Lebensziel.

In der großen Gruppe können unmöglich alle direkt mit Virginia Satir arbeiten. Damit niemand sich allein fühlt und jeder zu seinem Recht, das heißt zu seiner Familienrekonstruktion kommt, für die Virginia bekannt ist (manche haben ein ganzes Köfferchen mit Stammbäumen und anderen Familienakten angeschleppt), werden Dreiergruppen gebildet. In dieser Triadenstruktur kann bei der gemeinsamen Arbeit die primäre Situation wieder erfahren werden, in der wir unsere ersten Beziehungsmuster gebildet haben. Die erste Aufgabe ist, die »Überlebensregeln« herauszufinden, die wir als Kind oder später entwickelt haben und dann zu prüfen, ob sie noch sinnvoll sind oder ob sie mittlerweile dazu beitragen, das eigene Leben »eher zu sterben als zu leben«.
»Ich muß immer perfekt sein«, ist so eine Regel, »sonst werde ich nicht geliebt, geschätzt, kann nicht leben«. Natürlich läßt sich das nicht wirklich einhalten. Unweigerlich entstehen Schuldgefühle, man projiziert auf andere, hat Angst. »Ich muß immer zuerst für meine Kinder sorgen«, ist die Regel einer jungen Mutter, und sie fühlt sich elend dabei, weil sie es nicht schafft. Leise ändert Virginia Satir das: »Versuche, statt ›muß‹ ›kann‹ zu sagen.« – »Ich kann immer. . .« Nein, das fühlt sich auch nicht

gut an. »Wie würdest du das deiner Mutter sagen?« – »Überhaupt nicht oder verteidigend.« – »Willst du deine Kinder besser erziehen, als du erzogen worden bist?« Befreites Lachen – das ist es. »Versuche es mit manchmal.« – »Ich kann manchmal zuerst für meine Kinder sorgen, in Augenblicken, wenn ...« Und nun muß sie Bedingungen finden, in denen das geht: »Wenn es in dem Moment für sie wichtiger ist als für mich«; »wenn ich danach etwas für mich haben kann«. Jetzt ist sie sichtlich erleichtert und strahlt: So fühlt es sich gut an, so geht es. Und Virginia versichert ihr, daß sie nun mit mehr Gelassenheit eine bessere Mutter sein wird.

Entscheidend ist für Virginia Satir dabei: nicht nur hilfloses Opfer solcher Regeln zu sein, sondern seine eigenen Wahlmöglichkeiten sehen und bewußt wählen. Sie hält es nicht für nötig, daß ihre Klienten ihre alten Schwierigkeiten noch einmal durchleben, um sie dann bewältigen zu können. Allerdings strebt sie auch nicht nur rationales Verständnis an. Sie möchte »Licht anzünden«, sehen lehren, Wahlmöglichkeiten zeigen. Und mit dem Üben neuen Verhaltens, meint sie, verlieren sich alte Schwierigkeiten und Symptome von selbst.

Am Ende jeder Arbeitseinheit leitet Virginia Satir zu einer Meditation an, die sie jeweils auf den Prozeß der Gruppe zuschneidert. Sie bittet, die Augen zu schließen und in Kontakt mit dem eigenen Atem zu kommen. Die Stimme, die sonst so oft zum Lachen bringt, wird eindringlich: »Spüre das Wunder und vielleicht noch tiefer, das Heilige, und umarme die Person, die deinen Namen trägt. Dann öffne dich für die Energie, die Schwerkraft der Erde. Sie bringt dir das Gefühl, Boden unter den Füßen zu haben, die Fähigkeit, praktisch zu sein und realistisch. Und dann spür' die Weite des Himmels. Sie bringt Intuition und Imagination mit sich. Und wenn diese beiden Energien sich treffen, entsteht etwas Neues, das ausströmt über deine Arme und Hände zu anderen Menschen und von dort wieder zurückkommt zu dir ... Äußerliches können wir verlieren, aber uns Selbst kann uns nie verlorengehen. Wir können es nur vergessen. Vielleicht haben wir jetzt den Mut und können uns erlauben, das heilige

Wesen zu stärken und zu schützen und zu lieben, das wir selber sind, damit wir besser als bisher ganz menschlich werden können ... Erlaube dir, mit dir selbst zu sein!« Es ist sehr feierlich, wenn sie das sagt. Aber ich habe Schwierigkeiten mit diesen großen Worten. Zen – Meditation ist mir lieber.

Jeden Morgen gibt es in diesem Seminar eine Stunde »Wetterbericht«. Jeder aus der Gruppe kann in dieser Stunde nach vorne kommen und sagen, was ihm gefällt, was ihn irritiert, was er von den anderen wissen, was er den anderen sagen möchte und welche Wünsche er hat. Was da zum Vorschein kommt und was Virginia Satir daraus macht, gehört zum Interessantesten des Seminars.

Da ist eine Triade, in der jemand sich unglücklich fühlt. Virginia klärt, welche Projektionen und Irrationalitäten dabei im Spiele sind, danach läuft es wieder.

Da ist der Teilnehmer, der eine Fahrt nach Dachau vorschlägt, es ist der 8. Mai. Daran entzündet sich eine Debatte und schließlich Virginias Erzählung: »Ich bin in einer deutschstämmigen Familie aufgewachsen, in der die Männer – meine beiden Großväter und teilweise auch mein Vater – eine rigide, starre Linie verfolgten. Meine Mutter brachte mir bei, niemals etwas mit deutschen Männern anzufangen ... Während des Zweiten Weltkrieges waren meine drei Brüder und mein Mann Soldaten. Mein jüngster Bruder war unter den amerikanischen Soldaten, die in Dachau die KZ-Häftlinge befreit haben ... Es hat sehr lange gedauert, bis er über das sprechen konnte, was er dort gesehen hat. Damals war ich voll Zorn ... Bis 1961 brachte ich es nicht fertig, nach Deutschland zu kommen. Später habe ich etwas Trauriges herausgefunden: Ich habe die Deutschen für alles verantwortlich gemacht. Natürlich gab es das Grauenhafte wirklich, aber Grauenhaftes gab es auch anderswo auf der Welt, nicht nur in Deutschland ... Viele glauben immer noch, daß wir andere Menschen verurteilen dürfen, daß wir mit den Mitteln der Bestrafung und der Furcht andere erziehen und belehren können ..., als ob es einem Menschen erlaubt sei, der Tyrann über einen anderen

Menschen zu sein... Ich weiß aber auch, daß Menschen ganz andere Fähigkeiten haben. Und ich hoffe, daß, wenn ich einmal nicht mehr da bin, es in der ganzen Welt Menschen geben wird, die eine so sichere Überzeugung von ihrem eigenen Wert haben, daß sie den Wert des Mitmenschen anerkennen können und ihn lieben.« So stellt sich Virginia Satir die Bewältigung von Aggression und Grausamkeit vor: Man hat sie nicht nötig, wenn man zu sich selbst und dem eigenen Weg gefunden hat.

Oft leistet sie beim »Wetterbericht« ein ganzes Stück Therapie. Hans zum Beispiel hat große Schwierigkeiten mit Peter. Es stellt sich heraus, daß Peter aussieht wie der große Bruder von Hans. Der war schizophren und beging Selbstmord. Virginia Satir stellt die beiden gegenüber und fragt Hans: »Schau' hin, was dich an Peter an deinen Bruder erinnert! Die Augen? Was siehst du in den Augen?« – »Ein Fragezeichen, ich weiß nicht, etwas, was ich nicht verstehe; und sehr tiefe Traurigkeit.« – »Mach' deine Augen zu, stell' dir Peter vor und deinen Bruder und achte darauf, wo und wie sie sich unterscheiden. Und dann mache die Augen auf und sage Peter, inwiefern er anders ist.« – »Ich spüre«, kommt es zögernd, »daß du absolut keine Aggressionen gegen mich hast; da ist Ruhe.« – »Wenn du jetzt Peter ansiehst, wie ist dir dann?« – »Nervös, wie er wohl jetzt reagiert.« Es ist Hans peinlich, daß er das Bild seines Bruders und die Gefühle, die er diesem gegenüber hat, auf Peter übertrug.

Hier unterbricht Virginia und wendet sich an die Zuhörer: »Die Chance, daß ihr in mir oder sonst jemand einen anderen seht, ein Erinnerungsbild, beträgt fünfzig bis hundert Prozent. Wenn Peter nun weiß, daß du ihn manchmal mit deinem Bruder verwechselt hast, könnte das für ihn eine Erleichterung sein. Er versteht dann, warum du ihm gegenüber Schwierigkeiten hattest. Vielleicht gehört es zum Liebevollsten, was wir tun können, unsere Nächsten von den Schmerzen und Schwierigkeiten zu befreien, die zu jemand anderem gehören. Das erleichtert.«

Aber das Grundproblem von Hans ist damit noch nicht gelöst. Kurz vor seinem Tode hatte ihm sein Bruder gestanden, daß er die Last seines Lebens nicht mehr tragen möchte. Hans hatte nur verständnisvoll zugehört, nun fühlt er sich schuldig. Virginia Satir fragt: »Was glaubst du, wie hat er wohl deine Anteilnahme erlebt?« – »Ich habe das Gefühl, er mochte das gern.« Und wieder wendet sich Virginia Satir an die Zuhörer: »Es sind sicher viele hier, die oft das Gefühl haben, das und jenes hätte ich anders machen sollen. Und vielleicht stimmt das sogar; nur, es ist ganz unerheblich. Denn wenn wir es hätten tun können, hätten wir es getan.« Und zu Hans: »Stimmt das nicht auch für dich?« Und Hans holt tief Luft und sagt erstaunt: »Ich bin frei.«

Virginia Satir arbeitet hier erst an der Übertragung, dann am Problem des Schuldgefühls. Das Umdeuten (Reframing) der Situation ins Positive und Allgemeine ist eine ihrer Spezialitäten. Hans kann das hier akzeptieren und fühlt sich erleichtert. Wie es ihm wohl nach dem Seminar geht? Manchmal sind die Umdeutungen recht suggestiv. Folgt Hans nur der selbstsicheren Führerin und ihren eindringlichen Worten, oder verändert sich wirklich etwas in ihm? Kann er sich in der kurzen Zeit wirklich freimachen von seinen Schuldgefühlen?

Das Wichtigste im Seminar sind die Familien-Rekonstruktionen. Ein »Star« steht im Mittelpunkt. Seine Familie wird bis zur Großelterngeneration »durchleuchtet«. Ganz einfach ist es nicht für Doris Anna. Sie hat schon einmal einen Anlauf genommen, Virginia Satir um eine Rekonstruktion zu bitten und hatte dann den Mut nicht dafür. »Du kannst ja immer wiederkommen«, hatte Virginia gesagt. Und da steht sie nun, zierlich und ein bißchen zerbrechlich, und erklärt, warum sie fortan mit ihrem zweiten Namen, Anna, angesprochen werden möchte und nicht mehr mit Doris: Doris hieß ihre ältere Schwester. Als diese geboren wurde, war die Mutter von der Entbindungsklinik nicht zu ihrem Ehemann, sondern zu ihrem Vater gegangen, hatte ihm das Kind gebracht. Der Vater hatte Tuberkulose, die Kleine steckte sich an und starb. Bald danach starb auch der Großvater; bei seiner Beerdigung trafen und versöhnten sich die Eltern wieder. Eine neue Tochter wurde geboren, Doris Anna. Und nicht nur der Name wurde auf sie übertragen, auch alle Erwartungen.

Der Krieg kam, Doris Annas Vater mußte an die Front. Die Mutter konnte schwer allein sein, suchte Zuflucht bei Verwandten und reiste viel. Eine richtige Heimat und Boden unter den Füßen hatte Doris Anna nicht. Sie mußte nicht nur die Rolle der toten Schwester übernehmen, sondern Partner, fast Muttterersatz, für die eigene Mutter sein und natürlich auch für ihre jüngeren Geschwister sorgen. Als Jahre später der Vater aus der Gefangenschaft zurückkam, wurde sie dessen »bester Sohn«. Mit ihm hat sie sich für Kunst interessiert, für ihn Mathematik studiert. Sie war sehr wichtig in der Familie, nur, sie selbst zu sein, war ihr nicht erlaubt. Jetzt möchte sie mit dem neuen Namen ihre eigene Identität finden, aber »ich habe den neuen Namen noch nicht angenommen – ich spüre, wenn ich Doris loslasse, habe ich überhaupt keine Bedeutung mehr«.
Dazu Virginia Satir: »Ich erzähle dir mal eine Geschichte. Ich bin deine Mutter, und ich liebe einen Mann, den mein Vater nicht ausstehen kann. Im Grunde weiß ich, daß mein Vater keinen Mann mögen wird, den ich mag; daß es ihm wahrscheinlich lieber wäre, ich würde eine alte Jungfer und bliebe seine heimliche Liebe. Aber dann würde er keine Enkel kriegen, es sei denn, sie kämen von ihm, und das darf nicht sein. Also heirate ich, aber wohl ist mir nicht dabei. Da ich meinem Vater untreu geworden bin, bringe ich ihm mein erstes Kind, vielleicht vergibt er mir dann. Das Kind steckt sich an und stirbt. Ich habe es wirklich auf dem Altar meiner Vaterliebe geopfert. Das alles ist so schmerzlich für mich, daß ich so tue, als ob es nie geschehen wäre. Mein Vater stirbt, und ich bekomme wieder ein Kind. Und wenn ich dieses Kind zum Abbild des ersten mache, kann ich glauben, daß das andere alles nie passierte.«
Virginia Satir liefert keine Diagnose – die wäre leicht –, sondern hat sehr viel menschliches Verständnis für die Mutter, Verständnis auch für die Verzweiflung von Doris Anna. »Deine Mutter hatte nie das Gefühl, auf ihren eigenen Füßen stehen zu können, und das ist so destruktiv wie nur möglich. Irgend etwas in dir wußte, wie stark die Verbindung mit dem ersten Kind war und war willens, Doris zu werden. Aber nun kommt langsam der

gesunde Teil in dir zum Vorschein und verlangt, daß du du selber bist.«
Indes, das ist schwer. Doris Anna hat aufmerksam und manche Einzelheiten bestätigend zugehört. Ihre Schwester ist in diesem Familiensystem schizophren geworden. Ihre Hände in denen Virginias geborgen gesteht sie, wie stark das ist, »ich muß Doris bleiben« und Virginia Satir akzeptiert: »Ich wäre überrascht, würde es eigentlich nicht glauben, daß du so schnell deine Regeln erkennst, durchlebst und änderst.« Und dann zu den Zuhörern: »Früher, als ich Einzeltherapie machte, hätte ich versucht, Annas Selbstwertgefühl zu stärken; aber ich hätte wenig Möglichkeiten dafür gehabt . . . Jetzt kann ich in zehn Stunden in einer Familien-Rekonstruktion erreichen, wozu ich in der Einzeltherapie Jahre gebraucht hätte.« Offensichtlich ist sie sich ihres Erfolges sehr sicher – oder schwört sie ihn herbei? Medizinmänner machen das so ähnlich.
Nach Doris Annas Angaben machte Virginia Satir eine sehr genaue Karte der Familien von Doris Annas Eltern und ihren beiden Großeltern. Geburts-, Heirats- und Todesdaten, Daten von Krankheiten, Umzügen und Trennungen. Und dann werden in Rollenspielen die Familien der beiden Eltern lebendig. Die eine aus Oberschlesien und die andere aus Böhmen, mit dem Risiko, das dort immer mit dem Bekenntnis zur eigenen Nationalität, zur eigenen Identität verbunden war, mit Nationalsozialismus, SS, Krieg und Nachkrieg; und mit vielen, vielen Unklarheiten und Tabuthemen. Die Szene, als Doris Anna von ihrer Rollenspiel-Mutter den Kittel ihrer toten Schwester übergezogen bekam, war für sie schlimm, »zum Ersticken«.
Dementsprechend schwierig sind die »Regeln«, mit denen Doris Anna aufwuchs: »Niemand darf wissen, wer ich bin.« (Als Kind bedeutete das für sie: Keiner darf wissen, daß ich nicht die tote Doris bin. Wenn ich meiner Mutter sagte, daß ich nicht die tote Doris bin, würde sie mich fallenlassen und selber sterben.) Und: »Ich bin verpflichtet, alles in Ordnung zu bringen«. (Wenn ich das nicht tue, könnte meine Mutter verrückt werden, und ich stünde allein da.) Und: »In unserer Familie darf es nur eine Frau

geben.« (Da ich ein Mädchen bin, darf ich eigentlich überhaupt nicht leben.)
Wie soll sie da herauskommen? Wie konnte sie überhaupt überleben? Virginia Satir kommt auf die Idee: Schizoide Mütter haben oft mit kleinen Kindern sehr guten körperlichen Kontakt. Die Rollenspiel-Mutter nimmt Doris Anna auf den Schoß, sehr zärtlich, sehr warm, sehr nah. So gut gehalten wird sie wirklich zum Baby, und während dieser Regression sagt ihr Virginia leise und eindringlich, daß dieses Gehaltenwerden sie lebensfähig, lebenstüchtig werden ließ. Daß die Mutter auch eine gute Mutter war.
Nach einigem Zögern gelingt es Doris Anna nun, ihrer Rollenspiel-Mutter zu sagen, daß sie Anna ist und nicht die tote Doris. Und dann, merkwürdigerweise ist das schwerer, sagt sie das auch dem Rollenspiel-Vater. Als sie ihrem realen Vater vor einiger Zeit eröffnete, daß sie ihren zweiten Namen benutzen wolle, hatte dieser gemeint: »Renate ist ja ein schöner Name.« Renate (»die Wiedergeborene«) war der zweite Name der toten Doris.
Schließlich hat Anna den Wunsch, bei beiden Eltern noch einmal Baby zu sein. Sie schaukeln sie sacht auf ihren Armen, und die Gruppe singt leise ein Wiegenlied dazu. Anna hat dabei das Gefühl, zu sterben und wiedergeboren zu werden. Und die neue Welt ist licht und weit. Dann stellen die Rollenspiel-Eltern sie auf ihre eigenen Füße. Sie ist knieweich. »Klar«, meint Virginia, »so ein kleines Kind muß ja auch noch an die Hand genommen werden«. Schließlich macht Anna sich los und geht mit dem Gefühl »Hänschen klein ging allein in die weite Welt hinein« in den »Kindergarten«. Real hatte sie das nie gedurft.
Es gibt vier Geburten, meint Virginia Satir. Die erste, wenn Sperma und Ei zusammenkommen; die zweite ist die Geburt aus dem Mutterleib; die dritte ist die zur eigenen Identität. Das hat Anna jetzt geschafft. Die vierte ist die spirituelle, religiöse. Davon ist in diesem Seminar wenig die Rede, aber es könnte sein, daß Virginia Satir solche Erlebnisse kennt.
Familien-Rekonstruktion ist »Psychoanalyse in Aktion«. Für Virginia Satir jedoch eine Psychoanalyse, die darauf verzichtet,

Eltern zu verteufeln, sondern alles tut, um deren Verhalten menschlich verständlich zu machen.
Und die »Aktion«, vor allem die körperliche Nähe, tut das ihre dazu, daß die Teilnehmer das Geschehen nicht nur verstehen, sondern es auch intensiv durchleben.
Noch Wochen nach der Rekonstruktion fühlt Anna sich »wie neu geboren«. Sie hat auch offen mit ihren realen Eltern gesprochen und dabei den Eindruck gewonnen, daß ihre Mutter nicht mehr depressiv ist, seitdem das Tabu nicht mehr tabu ist. Anna erzählt, daß sie innerlich und in ihrer Psychotherapie-Ausbildung schon lange an ihrer Identitäts-Problematik gearbeitet habe. Aber den entscheidenden Durchbruch hat Virginia Satir tatsächlich in knapp zehn Stunden geschafft, wie sie es voraussagte.

Zum Schluß des Seminars – Virginia Satir ist eine geschickte Dramaturgin und weiß, daß wir etwas zum Lachen brauchen – gibt es noch zwei »Parts-Parties«, je eine für Hans und Inge. Die beiden sind verheiratet und tun sich mitunter schwer miteinander. Und bei diesen Parties müht sich dann Marc Aurel, mit Casanova ins Gespräch zu kommen, Goethe äugelt mit Schneewittchens böser Stiefmutter, und Rumpelstilzchen tanzt wild mit Mata Hari. Diese Figuren haben sich Hans und Inge, jeder für sich sechs, unter dem Motto ausgesucht, Gestalten zu finden, die sie interessieren, anziehen oder abstoßen.
Nacheinander gibt jeder der beiden eine Party für seine Gestalten – diesmal von herrlich kostümierten Rollenspielern dargestellt. Virginia zeigt, welche Figuren sich mögen, welche sich meiden, was sie miteinander anstellen, und es wird immer klarer, wie bekannt diese Interaktionen den Gastgebern sind. Wie sehr diese Figuren Teile ihrer Persönlichkeit darstellen. Dann weist Virginia jeden Partygast an, die dominierende Figur zu werden. Es entsteht ein Chaos. Dann fragt sie die Gäste, was sie brauchen, um sich wieder etwas wohler zu fühlen. Daraufhin gehen die mehr aufeinander ein, gehen lockerer miteinander um, werden kooperativer. Schließlich bilden die Gäste einen Kreis um den Gastgeber. Einer nach dem anderen steht ihm gegenüber und

stellt sich ihm in veränderter Gestalt vor. Das wütende Rumpelstilzchen zum Beispiel kann sagen: »Ich bin deine Aktivität und Energie« und Casanova: »Ich bin deine Sexualität, deine Fähigkeit, sinnlich zu sein und kreativ.« Und der Gastgeber akzeptiert Teil um Teil und integriert ihn. Am Ende, als Hans und später Inge sich so erlebt haben, gehen sie aufeinander zu, mit neuem Selbstvertrauen und neuem Verständnis.
Auch das Individuum ist für Virginia Satir ein innerpsychisches System, das integriert oder desintegriert sein kann, flexibel oder stark, in dem die Teile miteinander auskommen können oder nicht, sich gegenseitig fördern oder bekämpfen. Wenn die Kooperation innen klappt, dann sind die Chancen groß, daß sich auch die Beziehung in der Partnerschaft, die Außenbeziehung, entspannt. In der Therapie Virginia Satirs gibt es immer drei Stufen: Kennenlernen und Kontakt herstellen – Chaos – Integration. In der Parts-Party werden sie besonders deutlich.

Viele ihrer Methoden und Übungen hat Virginia Satir aus der Notwendigkeit des Augenblicks heraus erfunden und später weiterentwickelt und ausgefeilt. So gekonnt geht das natürlich nur, wenn man eine »Schatzkiste« hat wie sie. Lachend erzählt sie, daß man während ihrer Ausbildung von ihr erwartete, »pur« zu sein, rein freudianisch, rein jungianisch oder adlerianisch. Sie scherte das wenig. An Freuds Methoden kritisiert sie eigentlich fast alles. Aber sie nennt ihn »einen meiner Helden«, denn »er sah als erster von Strafen ab und entdeckte die Quelle der Veränderung im Menschen selbst«. Nach ihrer freudianischen Ausbildung hat sie von vielen gelernt: von Fritz Perls und Milton Erikson, von Ida Rolf und Alexander Lowen, von Jacob Moreno und anderen. Sie hat sie alle persönlich gekannt, mit einigen war sie befreundet. Von ihren Theorien und Methoden übernahm sie, was ihr gemäß war und für ihre Klienten nützlich erschien. Was sie daraus gemacht hat, ist aus einem Guß, »satirianisch«.
So beweglich sie im methodischen Bereich ist, so streng ist sie im ethischen. Mittel und Zweck müssen zusammenpassen. Manipu-

liert werden darf nicht, Eigenverantwortlichkeit muß gewahrt bleiben. Sie warnt sehr davor, ihre Methoden ohne diese Ethik anzuwenden. Und sie schwört mich darauf ein, nie »strategische Familientherapie« zu betreiben, wo der Therapeut Symptome sozusagen hinterrücks kuriert, ohne daß die Familienangehörigen die Zusammenhänge richtig begreifen, geschweige denn sie aktiv und eigenverantwortlich ändern. Für Virginia Satir sind die Kräfte des Wachstums und der Heilung in jedem Menschen selbst angelegt, ein guter Therapeut pflegt sie wie ein Gärtner. Ein Symptom ist für sie wie eine Warnlampe im Auto, die anzeigt, daß Öl fehlt oder etwas anderes nicht in Ordnung ist. Es genügt keineswegs, diese Lampe auszuschalten.
Wer zu ihren Schülern gezählt werden will, wer gar im »Avanta Network«, dem engsten Kreis ihrer Mitarbeiter und Freunde aufgenommen werden will, muß sich der humanistischen Philosophie verpflichtet fühlen, muß möglichst »kongruent« sein, mit sich im reinen, möglichst offen und mitfühlend, partnerschafts- und kooperationsfähig; er muß nicht nur fachlich kompetent sein, sondern auch ein Gefühl der »Verbindung zur universellen Lebenskraft« wahrnehmen und schließlich anerkennen, daß er Teil seiner menschlichen und ökologischen Umgebung ist. Nicht ganz wenig also, was da verlangt wird. Es ist zu hoffen, daß die Angehörigen von »Avanta« diese Perfektionsregeln ins Menschliche transformieren, andernfalls dürfte der Umgang mit ihnen etwas anstrengend sein.
Mit anderen humanistischen Psychologen hat Virginia Satir gemein, daß die Ansprüche an die Wirkung ihres Tuns und an seine Ethik höher sind als die an Wissenschafts- und Theoriebildung. Sie möchte keine Schreibtischexpertin sein. Ihre Bücher sind gute, oft humorvolle Handlungsanweisungen und Lebenshilfen, die sich nicht nur an Fachleute, sondern an jedermann wenden.

Wie wird man Virginia Satir? Sie hat keine Hemmungen, ihre eigene Familiengeschichte zu erzählen. Es ist eine Geschichte der ersten und zweiten Einwanderergeneration in die USA, eine Geschichte kinderreicher Familien, vor allem aber eine Geschichte starker Frauen. Von ihrer Mutter erzählt Virginia Satir mit größter Hochachtung: »Als Kind dachte ich, daß sie einfach alles könnte«, und »ich habe erst später gemerkt, was für eine mutige und zielstrebige Frau meine Mutter war«. Als Virginia, die älteste vieler Kinder, elf Jahre und reif für die High School war, bestand die Mutter darauf, daß die Farm aufgegeben wurde und die Familie nach Milwaukee zog, denn dort gab es die besten Schulen. Das war 1927, kurz vor der Wirtschaftsdepression. Der Vater, ein gutaussehender, kontaktfreudiger, technisch begabter, aber nicht ausgebildeter Mann, verdiente den Unterhalt der Familie mit verschiedenen Jobs und wurde schließlich Spezialist für handgemachte Werkzeuge für landwirtschaftliche Maschinen. Die Mutter schneiderte für ihre Kinder – »wir waren immer die bestangezogenen« – und brachte es schließlich zu einem Spezialatelier für die Bekleidung von Behinderten. In ihrem Leben waren die Kinder das wichtigste; und »es ist aus allen etwas geworden«, berichtet Virginia stolz.

Die Ehe der Eltern war nicht glücklich. Der Vater fühlte sich ungeliebt, zeitweilig war er Alkoholiker; die Mutter warf ihm Verantwortungslosigkeit vor. Beide Eltern waren jedoch zu stolz, um zu klagen, zu stolz auch, um auseinander zu gehen. Als Älteste und vielleicht Sensibelste hat Virginia wohl von diesen Spannungen am meisten gespürt. Sie reagierte mit körperlichen Krankheiten. Zeitweilig mußte sie Beinstützen tragen, mit sechs Jahren bekam sie Blinddarmentzündung, die – ihre Mutter war Christian Scientist – nicht ärztlich behandelt wurde. In letzter Minute brachte der Vater sie ins Krankenhaus und bestand auf ihrer Behandlung – man hatte sie schon für tot gehalten. Vier Monate mußte sie im Krankenhaus bleiben. Kaum zu Hause, bekam sie Mittelohrentzündung und war danach zwei Jahre lang taub. Wahrscheinlich lernte sie damals auf andere als verbale Signale zu achten und »mit dem Körper zu hören«. Auch danach blieb sie noch lange infektionsanfällig, hatte Magenprobleme. Das alles hinderte sie nicht, stets Klassenerste zu sein und Schul-

und Collegejahre mit Rekordgeschwindigkeit zu durchlaufen. »Ich habe nie konkurriert, ich war ohnehin immer die erste.« An Selbstwertgefühl hat es ihr offenbar schon damals nicht gefehlt.

Nach dem College arbeitete sie sechs Jahre lang als Lehrerin an verschiedenen Schulen, absolvierte dann neben der Arbeit ein Graduate-Studium in Sozialarbeit und eine psychoanalytische Ausbildung, einschließlich eigener Lehranalyse. Schließlich machte sie sich in Chicago mit einer eigenen Praxis selbständig.

Das war sehr ungewöhnlich für eine Sozialarbeiterin. Sie bekam zunächst auch nur Klienten, mit denen die Fachleute, Ärzte und Psychoanalytiker, nicht fertig wurden. Es war schwer, die Sonderstellung gab ihr aber auch die Freiheit, ohne Rücksicht auf Standes- und Institutionsnormen ausprobieren zu können, was für die Klienten am nützlichsten war. Eine dieser Klienten war eine junge Frau, deren Diagnose »Schizophrenie« lautete. Sie kam ganz gut mit ihr zurecht, bis eines Tages die Mutter der Klientin anrief und Virginia Satir mit einer Klage bedrohte wegen »Entfremdung der Gefühle ihrer Tochter«. Virginia hörte – und das ist bezeichnend für sie – nicht nur die Drohung, sondern auch die Angst und den Hilferuf dieser Frau und lud sie ein, mit ihrer Tochter zu kommen. In diesen Dreiergesprächen brach alles zusammen, was sie bisher mit der Tochter therapeutisch erreicht hatte, und Virginia Satir mußte von neuem beginnen. Dasselbe wiederholte sich, als ein halbes Jahr später der Vater dazukam und schließlich noch einmal, als nach einem weiteren halben Jahr auch noch der Bruder in den Therapiesitzungen auftauchte. Schließlich konnten die Angehörigen jedoch wieder miteinander reden, und die junge Frau wurde gesund. Virginia Satir hatte den Einfluß einer bestimmten vertrackten Art, miteinander umzugehen, entdeckt, der dann bei einem Familienmitglied Schizophrenie erzeugt. Und sie hatte auch entdeckt, wie dies in der Familie zu therapieren ist.

Das war 1951. Vier Jahre später war sie schon so bekannt, daß man sie aufforderte, am Illinois-State-Psychiatric-Institute für

angehende Mediziner den ersten Kurs der Welt in Familiendynamik zu halten. Wenig später fand sie zu ihrer großen Überraschung in einem Artikel von Don Jackson eine Theorie über die Kommunikationsstruktur in den Familien Schizophrener. Das war, was sie in der praktischen Arbeit mit vielen Familien selbst entdeckt hatte, was sie nun – mit anderen Worten – lehrte. 1958 zog sie nach Kalifornien. 1959 gründete sie, zusammen mit Don Jackson und John Riskin, das Mental Research Institute in Palo Alto, Kalifornien. Hier, in engem Kontakt mit der Forschergruppe um Gregory Bateson, erlebte sie »goldene Jahre«. Sie war dort vor allem für die Ausbildung angehender Familientherapeuten zuständig. Später, von 1964–1969, war sie Direktorin am Esalen Institute. Seitdem bereist sie mit ihren Seminaren die Welt.
Eine steile Karriere für eine Frau und Sozialarbeiterin. Sie hat ihren Preis. Zwei Ehen wurden nach jeweils neun Jahren wieder geschieden. Ihre Adoptivtöchter und deren Familien sieht sie fast so selten wie ihr Haus in Palo Alto. Privatleben wird bei Virginia Satir kleingeschrieben. Sie lebt in ihren Seminaren für ihr Ziel, Familien offener, Menschen menschlicher zu machen.
Vor kurzem hatte Virginia Satir eine Krebs- und eine Gallenoperation und war fast blind geworden. Davon merkt man diesem neunundsechzigjährigen Energiebündel nichts an. Befragt, wie sie es schafft, zehn Tage lang »Alleinunterhalterin« für 75 Seminarteilnehmer zu sein und dabei therapeutische Schwerarbeit zu leisten (auch in den Pausen und abends ist sie belagert), sagt sie: »Früher habe ich vielleicht fünfzig oder sechzig Prozent meiner Energie wirklich genutzt, das andere verbrauchte ich mit Streß, Ärger und Ähnlichem. Heute nutze ich achtzig bis neunzig Prozent.« Sie möchte auf hundert kommen. Das wäre für sie »Einswerden mit der universellen Lebenskraft«, Einswerden mit ihrem Gott.
Virginia Satir ist am 10. September 1988 gestorben.

Ausgewählte Publikationen
Familienbehandlung. Kommunikation und Beziehung in Theorie, Erleben und Therapie. Freiburg i. Br.: Lambertus ^{5}1985. – Selbstwert und Kommunikation. Familientherapie für Berater und zur Selbsthilfe. München: Pfeiffer ^{6}1985. – Satir, V./Baldwin, M.: Step by Step. A Guide to Create Change in Families. Palo Alto: Science and Behaviour Books 1983.

Mara Selvini-Palazzoli

Systemische Familientherapie

In Mailand fahren die Züge pünktlich. Aber die ›Preußen Italiens‹ nehmen sich auch südländisch freundlich und hilfsbereit einer radebrechenden Ausländerin an. Man ist elegant in der industriellen Hauptstadt Italiens. Die Schöpfer der Alta Moda residieren in alten Adelspalästen mit wunderschönen Innenhöfen im ›Goldenen Dreieck‹ und geben Feste, die denen ihrer Vorgänger nicht nachstehen. Man hat viel Sinn für Darstellung und Selbstdarstellung in der Stadt der Scala, viel Sinn auch für Macht. Mailand war schon Zentrum der Lombardei, als die Gegend noch Gallia Cisalpina hieß und der Stadtheilige Ambrosius mit den traurigen Augen sein Christentum als alleinseligmachende Lehre etablierte; er zwang sogar einen Kaiser zum Kniefall. In Mailand schlug auch die Studentenbewegung der sechziger und siebziger Jahre hohe Wogen. Und die Stadt liegt in dem Land, in dem der Psychiater Basaglia mit dem Schlachtruf ›Freiheit heilt‹ die Schließung der großen psychiatrischen Anstalten bewirkte. Schließlich ist Mailand, trotz Nebel, Regen und Smog, eine Stadt von lateinischer Klarheit.

Von all dem ist etwas in der systemischen Familientherapie, wie sie Mara Selvini Palazzoli zusammen mit Luigi Boscolo, Gianfranco Cecchin und Giuliana Prata in Mailand entwickelt hat: Präzision, rationale Klarheit, Freude an der Darstellung, Emanzipation und gewiß das Spiel mit der Macht. Es ist eine Therapie, in der die psychische Störung eines Familienmitglieds als Anpassung an ein gestörtes Umfeld, meist an die Familie, gilt. Die Heilung wird durch eine Veränderung der Verhaltensregeln dieses Systems bewirkt. Elemente systemischen Denkens finden sich in allen Formen der Familientherapie; so konsequent und ausschließlich wie die Mailänder arbeitet in Europa jedoch niemand damit.

Es ist eine umstrittene Therapie. »Die Entstehungsgeschichte psychischer Störungen ist den Systemikern uninteressant, schlimmer noch, psychische Krankheit eines einzelnen gibt es für sie eigentlich überhaupt nicht, sondern nur gestörte Systeme, pathologische Verhaltens- und Kommunikationsmuster. Die Psyche des einzelnen kommt dabei entschieden zu kurz«, sagen die Analytiker und die Humanisten und sie tadeln: »Man bringt die Klienten damit nicht zur Einsicht und zu eigenständiger Verhaltensänderung, sondern bearbeitet sie ›hinterrücks‹ mit paradoxen Interventionen. Was kann dabei anderes herauskommen als ›Funktionieren‹?«

Meine erste Begegnung mit der Praxis der Systemiker hatte ich bei einem Ausbildungsseminar für Fortgeschrittene der ›Internationalen Gesellschaft für Systemische Therapie‹ in Wiesloch bei Heidelberg. Es war schon merkwürdig, mit einer Gruppe von Ausbildungskandidaten hinter einem Einwegspiegel zu sitzen – das Geschehen wird außerdem noch auf Video aufgenommen und von einem Monitor übertragen – und im Nebenraum die Therapie einer Familie zu beobachten. Die Regeln der Kunst, wie man sie bei Rogers oder den Freudianern lernt, beachtete der Therapeut so gut wie gar nicht. Wenn einer weinte, achtet er vor allem auf die Reaktionen der anderen Familienangehörigen. Statt nach Gefühlen fragte er nach Verhalten: »Was macht Deine Mutter, wenn Dein Vater betrunken nach Hause kommt? Was macht Dein Bruder? Was machst Du selbst?« Erst langsam begriff ich, welche Gesetze hier gelten: Die Neutralität des Therapeuten – er ist unparteiisch und vermeidet nach Kräften, sich in das Familienspiel verwickeln zu lassen; die Zirkularität der Fragen – erst wenn die gleichen Fragen allen Familienmitgliedern gestellt werden, entdeckt man Unterschiede, Muster; und schließlich die Bildung von Hypothesen – ohne diese geht hier gar nichts.

Als der Therapeut herauskam, entstand in der beobachtenden Gruppe, überwiegend jüngere Männer, ein Wettstreit um die klügste und treffendste Hypothese, was denn nun die pathologi-

schen Spielregeln eben dieser Familie seien und wie ihnen zu begegnen sei. Die Familie wartete indessen im Behandlungsraum, Mutter und Tochter eng beieinander, der Vater, zum Platzen geladen, im Raum hin- und hertigernd. – Eine kühle, intellektuelle Methode?
An Intelligenz fehlt es Mara Selvini Palazzoli gewiß nicht, intellektuell aber wirkt sie nicht. In ihrem ›Nuovo Centro per lo Studio della Famiglia‹ in Mailand empfängt sie mich auf die Minute pünktlich in eleganter, modisch grüner Seidenbluse und schick aufgestecktem graumelierten Haar. Lebhaft zeigt sie mir das ›Centro‹, dann verschwindet die kleine Dame fast in dem tiefen Sessel hinter einem riesigen Barockschreibtisch.
Mara Selvini Palazzoli stammt aus einer sehr wohlhabenden Mailänder Familie. Sie wurde, wie es damals in der Oberschicht Italiens noch üblich war, nach der Geburt einer Amme übergeben, die – ihre eigenen Kinder waren gestorben – ihre ganzen Gefühle auf die kleine Mara konzentrierte. Es war gegen Ende des Ersten Weltkriegs. »Meine Eltern haben mich dann fast vergessen«; die kleine Mara kannte sie kaum. Als die Dreijährige zurückgeholt wurde, verkroch sie sich in der elterlichen Wohnung unter einem Schreibpult und war mehrere Tage lang nicht zu bewegen, diesen Zufluchtsort zu verlassen. In einem unbeobachteten Moment brannte sie durch und flehte vom Balkon aus die Leute auf der Straße an, sie zu ihrer ›Balia Rosa‹ zurückzubringen. Das taten die Eltern dann auch. Es blieb ihnen nichts anderes übrig.
Als Sechsjährige begriff Mara dann schon, wieviele Vorteile es brachte, die Tochter reicher Eltern zu sein, und sie wurde eine stolze Mailänder Schülerin. Reuig erzählt sie, wie sie sich als Teenager ihrer bäuerlichen Balia schämte und sie zurückwies, als diese sie von der Schule abholen wollte. »Ich habe dann erst wieder Kontakt zu ihr gesucht und gefunden, als ich selber Kinder kriegte. Sie war meine wichtigste Bezugsperson.«
Zur eigenen Familie behielt sie immer etwas Distanz. Sie und ihre drei älteren Geschwister wurden meist einer wechselnden Reihe von Gouvernanten überlassen. Es gab auch Klavier-,

Tanz- und Tennislehrer und eine Menge Dienstboten. Aber »unsere Familie war nicht glücklich«: Die Mutter war streng religiös, dem Vater waren seine Rennpferde wichtiger als Frau und Kinder; beide hatten in ihren Geschäften zu tun und waren viel weg. »Ich denke oft an diese Familie, wenn ich therapiere.«

Ihre eigentliche Heimat wurde die Klosterschule, in die man sie schickte, ein Institut für die Töchter reicher Familien. Die Lehrerinnen dort, alle Nonnen, wurden zu Maras wichtigsten Vertrauten. Umgekehrt war das brillante kleine Mädel für die Nonnen der Star. Die Prüfungen mußten an staatlichen Schulen absolviert werden, und die kleine Mara glänzte dort sozusagen für die ganze Klosterschule. Auch die Klassenkameradinnen mochten sie, denn »ich ließ großzügig abschreiben und half ihnen bei den Schulaufgaben«.

Eigentlich wollte sie dann – nicht umsonst in der Stadt der Scala geboren – Ballerina werden. Das scheiterte natürlich am Veto der Eltern. Für die Mutter war Ballerina sein gleichbedeutend mit Prostitution. So beschloß sie, alte Sprachen zu studieren. Die Mutter erlaubte aber nur den Besuch der katholischen Universität. Dort gab es auf hundert Frauen einen Mann – eine sehr langweilige Angelegenheit für eine Neunzehnjährige. Im Kriegsrat mit dem älteren Bruder entstand darum der Plan, Medizin zu studieren, denn das ging nur an der staatlichen Universität. Mit funkelnden Augen beschreibt sie, wie sie der Mutter in bewegten Worten von ihrer Berufung berichtete, der leidenden Menschheit zu dienen, und wie sie daraufhin mit der Mutter und Gottes Segen die staatliche Universität bezog. Fortan gab es für Mara Palazzoli unter hundert Studenten nur vier Frauen, von den Professoren gar nicht zu reden. »So kam ich zur Medizin; von Berufung keine Spur.«

Bei den Medizinern hat sie auch ihren Mann kennengelernt. Er ist drei Jahre älter und war damals Stationsarzt an einer ihrer Praxisstellen. Als Kardiologe wurde er später Klinikchef, mittlerweile ist er pensioniert – ein ›gentiluomo‹ der alten Schule. Mit mir unterhält er sich in gutem Deutsch – er hat es noch aus

Studientagen in München behalten. Die beiden haben drei Kinder; zwei haben Medizin studiert, der Jüngste Philosophie. Er engagierte sich sehr in der Studentenbewegung und arbeitet jetzt im Therapeutenteam mit seiner Mutter zusammen.
Mit ihrer eigenen Familie war und ist Mara Selvini Palazzoli sehr glücklich. Anders als ihre Mutter hat sie sich Zeit dafür genommen. Solange die Kinder klein waren, arbeitete sie nur, wenn diese in der Schule waren. Das bedeutete Verzicht auf eine Tätigkeit in der Klinik, Verzicht auch auf eine reguläre Universitätskarriere.
In der Klinik hatte sie das Problem der Magersucht kennengelernt. Es sollte sie ein Leben lang nicht mehr loslassen. Nicht weil sie selbst dazu tendierte. Schmunzelnd weist sie auf ihre angenehme Molligkeit: »Ich esse gern und trinke auch gern mal eine gute Flasche Wein.« Zunächst brachten sie ihre frustrierenden Erfahrungen mit den Magersüchtigen in der Klinik zur Psychiatrie und zur Psychoanalyse. »Ich weiß nicht, ob mich ein echter Wunsch, diesen Patientinnen zu helfen, dazu getrieben hat, oder eher das Bedürfnis, das Gefühl der Ohnmacht zu überwinden.«
Ihre Lehranalytiker waren Benedetti, Cremerius und Medard Boss, der spätere Daseinsanalytiker. Sie ist eine sehr gute Psychoanalytikerin geworden und eine anerkannte Kapazität auf dem Gebiet der Anorexia nervosa, der Magersucht. Dogmatisch war sie allerdings nie. Schon Anfang der sechziger Jahre entwikkelte sie für ihre Magersüchtigen Therapieformen, wie sie moderne Autoren heute für die Störungen der Ichentwicklung und die Grenzfälle zwischen Psychose und Neurose vorschlagen.
Mit unendlicher Geduld warb sie um das Vertrauen ihrer Patientinnen, suchte sie von innen her zu verstehen; in schweren Fällen bis zu fünf Jahre lang. Ihr Buch über die Magersucht enthält bewegende Selbstschilderungen dieser meist hochintelligenten jungen Frauen und eine neue Sicht ihrer Störung: Magersüchtige leben, als ob alle Schwierigkeiten, alles Mißgeschick ihres Daseins einzig und allein ihrem Körper anzulasten seien. Unterdrückt man den Körper, indem man seine Nahrung aufs Äußerste

reduziert, stärkt man den Geist und gewinnt Sicherheit und Macht, Macht auch über die Familie.
Von den 13 Patientinnen, die in einem frühen Stadium zu ihr kamen, konnte sie neun heilen, von den neun chronischen drei. Das ist eine stolze Bilanz. Sie selbst jedoch fand das Verhältnis zwischen Aufwand und Erfolg unbefriedigend. »Es gab stürmische Sitzungen über lange Zeitspannen hinweg und es bedurfte heroischer Anstrengungen. Solche Anstrengungen, die in der frühen, enthusiastischen Phase der beruflichen Laufbahn häufig sind, lassen sich auf lange Sicht schwer aufrecht erhalten.« Und so wies sie eines Tages ihre Haushälterin an, falls sich jemand bei ihr zur Therapie neu anmelden wolle zu sagen: »Frau Selvini hat ihren Beruf aufgegeben.« Sie suchte nach neuen Methoden.
Zunächst hatte Wynne und Singers ›Denkstörung und Familienbeziehung bei Schizophrenen‹ bei ihr ›eingeschlagen‹. Dann entdeckte sie Haley (›Die Familie des Schizophrenen‹) und Watzlawick (›Menschliche Kommunikation‹) und über die beiden Gregory Bateson, einen universellen Forscher, den nicht nur systemische Familientherapeuten zu den bedeutendsten Denkern unseres Jahrhunderts zählen. Persönlich hat Mara Selvini Palazzoli ihn nie getroffen, aber: »Er wurde zu meinem Mentor«, manchmal sagt sie sogar »zu meinem Gott.« Einige Grundannahmen Batesons und der Gruppe von Wissenschaftlern und Therapeuten, die sich in Palo Alto/Kalifornien um ihn versammelt hatten:

– Die Bedeutung ergibt sich aus dem Kontext; ist eine Kranke wie zum Beispiel eine Magersüchtige schwer zu verstehen und zu behandeln, betrachte man den größeren Zusammenhang, in diesem Fall die Familie.
– Die Familie ist ein selbstregulierendes System, das von eigenen Gesetzen regiert wird, die es sich im Lauf der Zeit durch Versuch und Irrtum erarbeitet hat. Die Regeln betreffen verbale und nonverbale Transaktionen (Beziehungsmuster).
– Familien, die Angehörige mit pathologischem Verhalten haben,

regulieren sich durch Transaktionen, die genau auf die Art dieser Störung zugeschnitten sind. Sie halten die Störung damit aufrecht.
– Lebendige Systeme wie die Familie haben zwei sich widersprechende Tendenzen, einmal die zur Homöostase, zum Gleichgewicht, zum andern die zur Veränderung. Normalerweise hält das Zusammenspiel dieser beiden Tendenzen das Familiensystem im provisorischen Gleichgewicht. Pathologische Systeme jedoch haben sehr starre Regeln und ständig sich wiederholende Verhaltensweisen.
– Therapie muß diese starren Verhaltensweisen und Regeln ausfindig machen und den Punkt finden, von dem aus sie sich verändern lassen.

Es ist ein völlig anderes Bezugssystem als das der Psychoanalyse. Das Individuum wird darin behandelt wie die ›Black Box‹ der Fernmeldetechnik, ein Apparat, der so kompliziert ist, daß man sich nur noch mit dem beschäftigt, was er aufnimmt und von sich gibt, mit der Funktion also. Auf die Familientherapie übertragen: nicht mehr die Psyche des Individuums steht im Mittelpunkt, sondern die Kommunikation verschiedener Individuen im System Familie. Dabei ist jedes Verhalten eines einzelnen gleichzeitig Reaktion auf ein Verhalten und Anstoß eines anderen. Statt einliniger Ursache-Wirkungsverhältnisse gibt es nur noch Wechselwirkungen, statt linearem Denken zirkuläres. »Wie konnte der Mann bloß eine so schreckliche Frau heiraten?«, denkt man und merkt nicht, wie er sie provoziert, sieht nicht den Kreislauf von Provokation und Gegenprovokation. Es ist kein einfaches Bezugssystem, zumal unsere Sprache eigentlich nicht dafür geschaffen ist. Nach vielen Jahren der Übung meint Mara Selvini Palazzoli: »Man kann eigentlich nur für Momente systemisch denken.«
1967 gründete sie das erste familientherapeutische Zentrum in Italien. Nach einigem Hin und Her fand sie auch ein Team, Boscolo, Cecchin und Prata; als Analytiker ausgebildet wie sie selbst und bereit, dieses Bezugssystem hinter sich zu lassen und

Neues zu erarbeiten, bereit auch, dieses auf eigene Kosten und in eigener Regie zu tun. Sie verzichteten bewußt auf eine Finanzierung ihrer Forschung von außen. Unabhängigkeit war allen Beteiligten wichtig. Sie verschrieben sich auch keinen der neuen amerikanischen Familientherapeuten als Lehrer (Watzlawick hat sie nur kurz ein paarmal besucht). »Wir wollten aus eigenen Erfahrungen, aus eigenen Fehlern lernen und dazu unser eigenes Gehirn benutzen.« So haben sie fast zehn Jahre miteinander gearbeitet und sehr lebendig und ehrlich darüber berichtet. »Diese Freiheit hat man nur in Italien«, sagt Guilana Prata.

Zunächst untersuchten sie Familien mit einem magersüchtigen Mitglied. Sie haben oft die Normen von Bauernfamilien, die in der ersten Generation in der Stadt wohnen und das Gefühl haben, um jeden Preis zusammenhalten zu müssen. Ihre Kommunikation ist schwierig. Man sagt, was man denkt, aber das Gesagte wird mit schöner Regelmäßigkeit vom Gegenüber abgelehnt. Die Eltern pflegen die Führung nicht zu übernehmen. Man handelt stets voller Rücksichtnahme auf die Bedürfnisse anderer (»Ich lasse sie keine Miniröcke tragen, ihr Vater kann das nicht leiden«) und vermeidet damit eigene Verantwortung. Oft eskaliert beim Elternpaar ein Wettstreit der Selbstaufopferung. Nur von der Patientin ist diese Rücksichtnahme nicht zu erwarten, die Symptome ihrer Krankheit sind zu gefährlich und überwältigend. Das gibt ihr viel Macht in der Familie und macht sie zum gesuchten Bündnispartner. Diese Bündnisse sind das zentrale und wichtigste Problem und Gegenstand vieler geheimer Regeln, denn die Liaison zwischen Zweien gilt als Verrat am Dritten und als Bedrohung der Pseudosolidarität der Familie.

Wenn eine solche Familie behandelt werden will, muß man sie sehr genau kennen. Schon bei der Anmeldung sitzt deshalb grundsätzlich einer der Therapeuten am Telefon. Er nimmt nicht nur die Daten der Familie auf und erfragt die Beziehungen zwischen den einzelnen Familienangehörigen, sondern achtet auch auf die Art, wie das Problem präsentiert wird, von wem und warum. Das Team liest vor der ersten Sitzung mit der Familie dieses Aufnahmeformular durch und bildet eine erste Hypothese

über das Regelspiel der Familie. Die eigentliche Sitzung dauert dann etwa zwei Stunden. Das Gespräch wird von einem Therapeutenpaar geführt, das andere beobachtet hinter dem Einwegspiegel. Nach der Stunde diskutieren Therapeuten und Beobachter Regeln und Hypothesen und formulieren den Kommentar oder die Verschreibung, die der wartenden Familie zum Schluß mitgeteilt wird.
Rechnet man für diese Prozedur drei Arbeitsstunden von vier Therapeuten, so ergeben sich pro Sitzung 12 Therapeutenstunden, für 15 Sitzungen also 180. Nach der Forschungsphase wurde dieser Aufwand etwas reduziert, meist arbeitet jetzt nur ein Therapeut und ein Beobachter mit der Familie. Sehr wesentlich ist aber noch immer die Arbeit vor und nach den Sitzungen. Selvini selbst sieht sich noch heute stundenlang Videobänder an und besteht auf peinlich genau ausgefüllten Anmeldungsformularen und Sitzungsprotokollen: »Da bin ich preußisch.«
Die praktische Arbeit mit einer Magersuchtsfamilie sieht dann so aus:

Der Familienclan Casanti besteht aus fünf Söhnen eines Halbpächters in Mittelitalien. Dort hingen Überleben, Sicherheit und Würde des einzelnen von der Familie ab. Wer sich absetzte, war verloren. »Es gibt keine Familie in der ganzen Region, die so zusammenhält wie die Casanti, eine so große Familie, in der sich alle gern haben, ohne je zu streiten!« hieß denn auch der Familienmythos, den die ›wahren Casanti‹, die Männer, gegen etwaige Klagen und Streitereien der Frauen durchzusetzen hatten. Auch die Kinder ›waren alle gleich‹ und mußten gleich behandelt werden. In den sechziger Jahren waren die Brüder in die Stadt gezogen und hatten mit ihrem – natürlich gemeinsam geführten – Transportgeschäft vom Bauboom profitiert. Der Clan wohnte jedoch auch hier in einem großen Haus zusammen, zwar in getrennten Appartements, aber die Tür mußte stets allen Verwandten offenstehen. Der Mythos wurde extrem starr.
Die Tochter des jüngsten Bruders Siro und seiner Frau Pia, Nora, hatte wenig Interesse an der Schule, entwickelte sich aber mit

13 Jahren zu einer Schönheit. Bald reagierte sie jedoch auf alle Bemerkungen darüber nervös, begann, Nahrung zurückzuweisen und war nach einigen Monaten zum Skelett abgemagert. Krankenhausaufenthalte und Individualtherapie blieben ohne Erfolg. Als sie mit Eltern und Schwester ins Mailänder Zentrum kommt – sie müssen dafür eine ganze Nacht fahren und nach der Sitzung direkt wieder zurück – wiegt sie 33 kg (sie ist 175 cm groß) und stöhnt nur noch: »Ihr müßt mir zu mehr Gewicht verhelfen, aber Ihr dürft mich nicht zum Essen zwingen.« Es wird, wie üblich, ein Maximum von 20 Sitzungen in Abständen von 3–4 Wochen vereinbart.

In den ersten Stunden versucht das Team, die Beziehung zwischen der Kernfamilie und dem Clan zu erforschen und dem Mythos zu Leibe zu rücken. Das Symptom verschwindet, aber der Erfolg bleibt äußerlich. Nach einem dramatischen Suicidversuch Noras, erscheint die Familie etwas offener. Noras Schwester verrät, Nora habe ihr gestanden, daß sie sich seit Jahren von Luciana, ihrer gleichaltrigen, ehrgeizigen aber wenig hübschen Cousine, verfolgt fühle. Sie verwischt das aber gleich wieder: »Vielleicht ist das nur so eine Einbildung.« Und die Eltern verteidigen die Cousine: »Sie ist wie eine Schwester zu Nora.« Nora selbst schweigt.

Das Team verschreibt ein Ritual, das die Treue zum Mythos wahrt und zugleich die Familie in eine paradoxe Situation versetzt: In den 14 Tagen bis zur nächsten Sitzung soll sich die Familie bei verschlossener Wohnungstür jeden Abend an den Eßtisch setzen, einen Wecker in der Mitte, und jeder bekommt, in der Reihenfolge des Alters, eine Viertelstunde Zeit, ohne Unterbrechungen und Kommentare über die anderen Clanmitglieder zu reden. Außerhalb der Sitzungen soll Stillschweigen bewahrt und die Clanmitglieder sollen mit verdoppelter Höflichkeit und Hilfsbereitschaft behandelt werden.

In der nächsten Sitzung war die Familie kaum wiederzuerkennen. Nora berichtete von den massiven Schuldgefühlen, in die sie ihre Cousine Luciana ständig gestürzt habe, die Mutter Pia hatte entdeckt, wie das Konkurrenzdenken und der Neid von Tante

Emma, Lucianas Mutter, allen das Leben unerträglich mache, und Vater Siro fügte hinzu, es handle sich hier mehr um Dummheit als um böse Absicht. Nachdem die Regel zerbrochen war, konnte man endlich über sie reden und sie definieren: »Wer schlecht über Verwandte redet, ist böse.« Das öffnete den Weg für umfangreiche und diesmal effektive Veränderungen.

Die eigentliche Herausforderung für das Team waren jedoch die Familien Schizophrener. Ihre ›Spiele‹ sind wesentlich komplizierter, ihre Widerstände gegen Veränderung viel einfallsreicher und effektiver als bei Magersuchtfamilien. Es dauerte eine ganze Weile, bis das Team in der Lage war, nicht mehr mit Frustration und internen Auseinandersetzungen auf sie zu reagieren, sondern ihnen gegenübertrat wie ein Schachspieler einem versierten Gegner; bis es Zorn, Depression oder Gleichgültigkeit von Familienmitgliedern als Schachzüge erkennen und aus den Reaktionen der anderen ihre Bedeutung erschließen konnte.

Der Hauptwiderstand bei Schizophreniefamilien ist die Weigerung jedes Mitglieds, anzuerkennen, daß andere sein Verhalten beeinflussen und umgekehrt; ihr Spiel ist ein unterschwelliger, erbitterter Wettbewerb um die Definition der Beziehungen, wobei jeder Partner die Definition des anderen abweist. Noch so schmerzhafte Niederlagen führen nicht zur Aufgabe des Spiels, sondern dienen als Stimulans zu Gegenschlägen. Nur eines ist unerträglich: das Ende des Spiels. Es ist ein Spiel, bei dem es weder Sieger noch Besiegte geben kann. Würde sich einer als Verlierer definieren – wie ein Wolf zum Beispiel, der dem andern seine Kehle darbietet und damit die Verhältnisse ein für allemal klärt – würden die andern diese Definition der Beziehung sofort verwerfen und entwerten. Das Verrückte ist, daß jeder das Spiel aufrechterhält in der uneingestandenen Hoffnung, schließlich doch Sieger zu bleiben.

Es gibt viele taktische Züge in diesem Spiel: Bitten um Hilfe, denen man mit keiner Handlung genügen kann, Unbeteiligtsein, Depression, Vergessen oder das berühmte ›Double Bind‹. Eine vergleichsweise harmlose Form dieser ›Beziehungsfalle‹: Ein

Psychologe fordert eine Gruppe auf, spontan zu sein. Die Gruppe kann versuchen, diese Aufforderung zu befolgen oder auch nicht, auf keinen Fall kann sie dabei spontan sein. Oft verwirren auch Widersprüche zwischen verbalen Aussagen und Verhalten. Wie soll man reagieren, wenn einer sagt: »Ich hasse Dich« und gleichzeitig durch Tonfall, Blicke oder Gesten das Gegenteil zu verstehen gibt? Wenn man über eine solche Kommunikation nicht sprechen und auch das Feld nicht verlassen kann – das ist oft die Situation von Kindern ihren Eltern gegenüber – ist das ›zum Verrücktwerden‹. Tatsächlich findet sich diese Art der Fehlkommunikation häufig in Familien Schizophrener.

Das Mailänder Team nahm die Herausforderung an, lernte die Spiele begreifen und den Punkt finden, von dem aus die Regeln zu zerbrechen waren. »Mitleid hilft keinem, man muß etwas Nützlicheres tun!« Etwas Nützlicheres – das hieß, Interventionsstrategien zu finden. Mit diesen Strategien sind die Mailänder berühmt geworden.

Ihr Grundprinzip: sie kontern das paradoxe Verhalten mit einer paradoxen Verschreibung. Paradebeispiel dafür ist die Symptomverschreibung: Der designierte Patient (so vorsichtig wird im systemischen Bereich der Symptomträger umschrieben) bekommt viel Anerkennung dafür, mit welcher Sensibilität für die Bedürfnisse der Familie und mit welcher Opferbereitschaft er sein Symptom auf sich genommen habe. Es wäre gut, wenn er noch eine Weile so weitermache. De facto ist das nach einer solchen Verschreibung kaum mehr möglich. Andere Methoden sind Rituale, wie sie etwa bei der Familie Casanti angewandt wurden oder Briefe wie diese (ein Ehepaar soll sie sich zu Hause gegenseitig vorlesen).

Die Frau:

Luigi, ich sehe Dich nicht, ich höre Dich nicht, ich bin nicht da, weil ich bei S. bin. Das tue ich für Dich, denn wenn ich Dir sagen würde, wie sehr ich Dich liebe, würde ich Dich in eine unerträgliche Situation bringen.

Der Mann:
Jolanda, ich darf nicht sagen, daß ich feindliche Gefühle gegen S. habe. Falls ich sie hätte und sie aussprechen würde, wäre das, als ob ich Dir sagen würde, ich liebe Dich. Das würde Dich in eine unerträgliche Situation bringen.

Manchmal erklären die Therapeuten sogar ihre Unfähigkeit, eine Familie zu therapieren und bewegen sie damit nicht etwa zum Widerspruch, sondern zum Zuwiderhandeln. Diese und andere Strategien sind im bekanntesten Buch Selvinis und ihres Teams ›Paradoxon und Gegenparadoxon‹ zusammengefaßt. Eine Warnung: sie funktionieren nur, wenn sie für die Familien maßgeschneidert sind und ein therapeutischer Zusammenhang gegeben ist. Eines haben die Mailänder jedoch niemals verschrieben: wie die Familien sich verhalten sollten. Waren die krankmachenden Regeln erst einmal erledigt, fanden sie allein neue, kreativer als jeder Therapeut.
Mara Selvini Palazzoli hat die Einzeltherapie nie ganz aufgegeben. Nun eroberte sie sich noch ein neues Gebiet. Eine Professur an der Università Cattolica, der sie in ihrer Jugend wegen des damaligen Männermangels den Rücken gekehrt hatte, führte zur Supervision einer Gruppe junger Schulpsychologen, die systemisch arbeiten wollten. Die Institution Schule war sehr anders als die private therapeutische Praxis, die sie gewohnt war: Man konnte Schüler ausweisen, Lehrer entlassen, ohne daß die Institution dadurch Schaden litt. Wer oder welches System war hier eigentlich Klient? Und was waren die Psychologen: Therapeuten, Schiedsrichter, pädagogische Berater? Systemisch dachte hier niemand; und ganz sicher hatten die Schulpsychologen nicht die selbstverständliche Autorität des Teams in der Familientherapie.
Mara Selvini Palazzoli ließ sich von all dem nicht schrecken, verband wieder Forschen mit Tun und lernte aus Fehlern. Fast irreparabel war zum Beispiel das Versäumnis, den Tätigkeitsbereich der Psychologen in der Institution gleich zu Anfang vertraglich festzulegen; einmal eingefahrene Spielregeln ließen sich kaum noch verändern. Wichtig war auch, daß die Psychologen

sich kooperationsbereit zeigten und nicht als überlegene Fachleute. Und: Als Klient gilt, wer ein Problem meldet – meist die Vertreter der Institution, nicht der gemeldete schwierige Schüler. Vor allem aber wurde das Ziel klar definiert: Aufgabe des Psychologen ist es, funktionale Kommunikation zu schaffen.
Diesem Ziel diente sicher nicht die Abwertung der Institution, die den radikalen Reformern der sechziger und siebziger Jahre nahe lag. Wie bei der Familie erzeugte sie auch in den Institutionen nur Abwehr. Ähnlich schlechte Erfahrungen machte man mit den paradoxen Symptomverschreibungen, die in der Familie so wirksam waren. Insgesamt war es in der Institution nicht nur viel schwieriger als in der Familie, den Punkt zu finden, von dem aus ein schlecht funktionierendes System aus den Angeln zu heben war; dasselbe galt auch für die Interventionsstrategien. Aber Mara Selvini Palazzoli und ihre Gruppen lernten, nicht nur in Schulen, auch in anderen Institutionen. Sie taten hier eine neue Dimension systemischen Denkens und Tuns auf, die ihrerseits wieder auf die Arbeit mit den Familien zurückwirkte.
Das ursprüngliche Viererteam hat sich nach fast zehn Jahren der Zusammenarbeit getrennt. Boscolo und Czechin bilden im alten Centro Milanese Di Terapia Della Famiglia zusammen mit sechzehn weiteren Trainern junge Familientherapeuten aus. Es gibt interessante neue Theorieansätze in diesem Institut; was praktisch gemacht wird, könnte man – das liegt in der Natur der Situation – ›prét-à-porter‹ nennen, während Mara Selvini Palazzoli sich noch immer mit haute couture beschäftigt.
»Sie ist sehr wißbegierig«, sagt Boscolo von ihr, »sie muß immer etwas Neues machen.« Das Lehren hat sie nie sonderlich interessiert. Sie gründete mit Giuliana Prata zusammen ein neues Institut. Ihre Form, dort mit Familien zu arbeiten und dabei zu lernen, begreift sie als differenzierteste klinische Forschung – als Schizophrenieforschung bitter nötig in einem Land, in dem die psychiatrischen Kliniken geschlossen wurden und die Versorgung ihrer ehemaligen Insassen anderswo keineswegs überall gesichert ist.
Das Neue ist zunächst die ›unveränderliche Verschreibung‹: Jede

Familie präsentiert eine neue Welt, und es war immer sehr anstrengend gewesen, das jeweilige Familienspiel gut genug zu begreifen, um Wirksames verschreiben zu können. Familie Marsi war besonders schwierig. Klar war hier nur, daß die drei Töchter, darunter auch die 21jährige Maria, magersüchtig seit ihrem 16. Lebensjahr und schwer psychotisch, die Eltern kräftig tyrannisierten. In einer Sitzung ohne die Töchter bekamen die Eltern die geheimzuhaltende Verschreibung, hin und wieder abends auszugehen und nur einen Zettel zurückzulassen »Wir sind heute abend nicht zu Hause.« Über die Reaktionen der anderen Familienmitglieder sollten sie geheime Notizen machen. Die Folgen dieser Verschreibung waren umwerfend. Nach einigen Wochen gab die Patientin ihre Symptome auf, besuchte eine Krankenpflegerinnenschule und wurde sehr sportlich. Mittlerweile ist sie glücklich verheiratet. Das Team war frappiert. Es hatte ein chronisch psychotisches Spiel aufgebrochen, ohne es zuvor verstanden zu haben. Natürlich experimentierte man weiter mit dieser unveränderlichen Verschreibung. Die ›Versuchsanordnung‹ brachte stets wertvolles Material und, wo die Verschreibung befolgt wurde, gab es regelmäßig Erfolge.

Inzwischen gibt es ein neues, junges Team im Nuovo Centro. Es half, die ›schmutzigen Spiele‹ entdecken: Lügen, Rache, Manipulation, dubiose Versprechen und Verrat; und das alles in soliden, meist mittelständischen Familien, deren Mitglieder sich allem Anschein nach sehr zugetan waren. Solche schmutzigen Spiele finden sich in der Umgebung psychotischen Verhaltens offenbar immer.

Und bei der Beschäftigung mit den Familienspielen wurde fast unmerklich etwas Altes wiederentdeckt: das Individuum. Die Spiele haben nicht nur Regeln, sondern jeder Spieler hat auch eine Rolle und einigen Spielraum für ihre Interpretation. Das gilt vor allem für die Hauptrolle, die in der Regel dem Patienten zufällt. »Wir waren, wie alle Neubekehrten, zunächst katholischer gewesen als der Papst«, sagt Mara Selvini Palazzoli und nennt die neue Verbindung von systemischem und individualpsychologischem Denken den ›komplexen Ansatz‹.

Ihre neue, *vorläufig* (das betont sie lachend) letzte Theorie zur Entstehung von Psychosen sieht so aus: Es begann mit Giusi, einem chronisch magersüchtigen, psychotischen Mädchen von 20 Jahren, die ihre Mutter mit so ausgesuchter Grausamkeit quälte, daß Mara Selvini Palazzoli fand: da muß noch jemand dahinter stecken. Giusis Mutter, war stolz auf ihre Karriere als Geschäftsfrau; der Vater, beruflich weniger erfolgreich, rächte sich mit beharrlichem Schweigen – eine Pattsituation gegenseitiger Provokation. Das ist gewöhnlich die Ausgangssituation. Das Kind beobachtet sie, liiert sich mit dem vermeintlichen ›Verlierer‹ gegen den vermeintlichen ›Gewinner‹. Es fängt an, sich auffällig zu benehmen, macht zum Beispiel keine Schulaufgaben mehr, um die Mutter zu zwingen, früher nach Hause zu kommen. Der ›Verlierer‹ versteht das in der Regel nicht, verbündet sich mit dem ›Gewinner‹ und beide bestrafen das Kind. Dies, mißverstanden und zurückgewiesen, verstärkt sein abweichendes Verhalten zur Psychose, von der zum Schluß alle Familienmitglieder annehmen, daß sie unheilbar sei. Damit wird sie zementiert.
Auf meine Bitte zeigt mir Mara Selvini Palazzoli das Videoband einer Familiensitzung vom Vortag. Designierte Patientin ist die dreizehnjährige Federica, ein dunkellockiges Mädchen mit stumpfem Gesichtsausdruck und albernem Gehaben. Sie gilt seit ihrer Kindheit als schizophren. In der ersten Sitzung erforschte Selvini das Familienspiel. Sie definiert es so:
1. Die Familie ist glücklich auf einem Sonntagsausflug. 2. Federica ist beim Picknick provokativ albern. 3. Der Vater schimpft mit Federica. 4. Die Mutter schimpft mit dem Vater, weil er mit der armen Federica schimpft, die ja nichts für ihren Zustand kann.
In der zweiten Stunde geht es um die Familiengeschichte. Der Vater ist körperbehindert und erheblich älter als seine hübsche Frau, für die diese Heirat ein sozialer Aufstieg war. Sie hat, selbst noch ein halbes Kind, schnell hintereinander zwei Mädchen geboren, Anna und Federica, und war mit ihnen und dem Haushalt überfordert. Die Beziehung zu ihren eigenen Eltern war schlecht, ihre Schwiegereltern kritisierten ihre Haushaltführung,

obwohl sie sich viel Mühe gab, ihnen alles recht zu machen. Sie wurde nervös, bekam Schlafstörungen. Der Mann, anstatt zu helfen, machte Vorwürfe, daß das jüngste Kind nicht normal sei. Der eheliche Kampf begann und Federica wurde langsam wirklich verrückt.

Dann führt Mara Selvini Palazzoli ihre Schlußintervention vor. Dramatisch, sarkastisch aber ohne alle Umschweife und Kniffe macht sie Federica im Beisein ihrer Eltern klar: »Deine Mutter benimmt sich fast wie eine Heilige, um Deinen Großeltern zu gefallen. Sie haßt Deinen Vater, aber sie kann's ihm nur sagen, wenn Du die Blöde spielst und er Dich schimpft; dann kann sie Dampf ablassen. – Und für Deinen Vater tust Du auch etwas ganz Wichtiges. Deine Mutter ist eine schöne Frau und Dein Vater ein Krüppel, alt und eifersüchtig. Deine Mutter würde so gern mal rauskommen und Freunde haben, aber sie muß zu Hause bleiben, weil sie ein verrücktes Kind hat. – Du bist ja so dumm, daß Du Dich in die Probleme Deiner Eltern mischst. Du bist dumm, nicht, weil Dir ein Psychiater gesagt hat, Du seist verrückt, sondern weil Du beschlossen hast, verrückt zu sein, um so mächtig zu sein. – Deine Schwester wird bald einen Freund haben und dann in einem weißen Schleier mit ihm in der Kirche stehen. Und Du? Machst Du dann immer noch ein blödes Gesicht und ›äh, äh‹?«

Federica wirkt auf einmal ganz wach, ein hübsches kleines Teufelchen neben der engelhaften blonden Schwester. Sie sieht den Vater an. »Sehen Sie die Liaison zwischen den beiden?« sagt Mara Selvini Palazzoli, »so etwas ist immer sehr wichtig«, und: »Ich würde mich wundern, wenn sich bei denen nicht einiges verändert.« Zur nächsten Sitzung will sie die Eltern allein bestellen, vermutlich bekommen sie dann die ›unveränderliche Verschreibung‹. Wenn es sich nicht um Mara Selvini Palazzoli handelte, könnte man sagen: sie schnurrt über diesem Fall wie eine sehr zufriedene Katze. »Unglaublich, daß die Familie diese Direktheit nicht übelnimmt. Der Vater hat mich in der ersten Stunde völlig abgelehnt. Jetzt ›liebt‹ er mich!«

Mir wird schwindelig bei der Vorstellung, daß diese Schizophre-

nie in zwei Sitzungen fast geheilt sein soll. Mara Selvini Palazzoli sagt: »Bei Magersuchtsfamilien gelingt mir die Heilung jetzt meist in ein bis zwei Stunden, bei Schizophrenie dauert es manchmal etwas länger.« Wie lange halten solche Heilerfolge an? Guiliana Prata hat eine ganze Reihe von Familien einige Jahre nach der Behandlung angerufen. Mara Selvini Palazzoli hat jedoch Bedenken wegen der Methode: »Es kommt sehr darauf an, wen man am Telefon erwischt; eigentlich müßte man die ganze Familie noch einmal da haben. Aber das wäre zu aufwendig.«
Guiliana Prata hat inzwischen ein eigenes Zentrum: »Es war an der Zeit; aber Mara Selvini und ich kommen nach wie vor gut miteinander aus.« Auch von ihr bekomme ich keine Zahlen. In Einzelfällen ist jedoch dokumentiert, daß die Heilerfolge erstaunlich beständig sind, selbst bei manchen zunächst als ungeheilt entlassenen Familien. Giuliana Prata supervisiert unter anderem eine Berliner Therapeutengruppe, die systemisch arbeitet. Sie findet keine prinzipiellen Unterschiede zwischen italienischen und deutschen Familien. Allerdings sind die Verhältnisse wesentlich verwickelter, wo Scheidungen und Neuheiraten möglich sind. (In Italien kann man sich erst seit kurzem scheiden lassen).

Ballerina wollte sie einmal werden. Eine Ballerina der Familientherapie ist Mara Selvini Palazzoli gewiß geworden; »Man muß sie sehen«, sagt ihr Publikum, nicht »man muß sie hören«. Aber sie schreibt ihre Erfolge nicht ihrem Charisma zu, sondern erzählt von Mitarbeitern, die »ganz aristokratisch ruhig« dasselbe bewirken. »Es reicht auch durchaus nicht, kreativ und erfinderisch zu sein. Das richtige Bezugssystem ist wichtig, dann die Methode und Technik und vor allem Disziplin und Genauigkeit. Es ist ein schwieriger Beruf. Nach zwei Sitzungen ist man erschöpft. Aber man kann tief in die Geheimnisse der Familien, der Menschheit eindringen. Ich habe meine moralistische Haltung dabei verloren. Menschliche Existenz ist manchmal sehr tragisch.«
In einem Punkt ist Maria Selvini Palazzoli mit Gregory Bateson nicht einig. Er hält Macht für eine Illusion. Sie hatte immer einen

Blick für Machtverhältnisse in Familien, bei ihren Magersüchtigen, in Institutionen; der Kampf um Macht ist für sie etwas höchst Reales. Vielleicht liegt die menschliche Tragik darin, daß beide recht haben.

Ausgewählte Publikationen

Magersucht. Von der Behandlung einzelner zur Familientherapie. (Ital. 1963) Stuttgart: Klett/Cotta ^{2}1984. – Selvini-Palazzoli, M., et al.: Paradoxon und Gegenparadoxon. (Ital. 1975) Stuttgart: Klett/Cotta ^{4}1985. – Selvini-Palazzoli, M., et al.: Der entzauberte Magier. (Ital. 1981) Stuttgart: Klett/Cotta 1978. – Selvini-Palazzoli, M., et al.: Hinter den Kulissen der Organisation. (Ital. 1981) Stuttgart: Klett/Cotta ^{2}1985.

Gerda Boyesen

Biodynamische Psychotherapie

Die Klinik liegt im Westen Londons, in einem Vorort, wo sich das Hauptstädtische im Alltäglichen verliert: einfache Restaurants und kleine Geschäfte, meist von Indern betrieben, säumen die Hauptstraße auf der einen Seite, Wohnblocks mit farbigen Mietern auf der anderen. Wo die Straßen stiller werden, beginnen die Reihen kleiner Häuser, in denen hinter winzigen Vorgärten der Mittelstand etwas Distanz und Sicherheit sucht, nicht immer erfolgreich. Viele Wohnungen stehen zum Verkauf. Die Klinik liegt nicht an einem herausragenden Ort, eher an einem durchschnittlichen Umschlagplatz des Lebens, der überall und nirgendwo sein könnte. Kein schlechter Platz für Gerda Boyesen, die sich kaum in eine vorgegebene Struktur einordnen läßt.

Klinik: auch das Wort führt in die Irre. Nichts von chromblitzender Zweckmäßigkeit, von langen und leeren Gängen. Da steht, etwas abgesetzt von der Hauptstraße, ein schmales Zweistockwerk-Gebäude mit grau gewordenen Mauern; die Versuche, Fenster und Simse weiß und blau aufzumuntern, liegen offenbar lange zurück. Innen ist das Haus verwinkelt, das Mobiliar zum Teil reichlich gebraucht. Im Emfangsraum warten Menschen, deren soziale Herkunft schwer zu bestimmen ist, die meisten jung, Männer sind in der Minderzahl. Der Ton ist locker, fast familiär. Die Zeitschriften und Broschüren auf den Tischen handeln viel von Ökologie und New Age.

Auf zwei Seiten gehen die Fenster zu einem Park, wo Kinder spielen und Hunde aller Rassen ausgeführt werden. Ein Pärchen liegt unter einem alten Baum, und auf einem gesonderten Stück kurzgeschorenen Rasens befolgen weißgekleidete Leute mit gesammeltem Ernst das Ritual des Bowling.

Acacia House heißt die Klinik, benannt nach einem Akazienbaum neben dem Eingang. Sie ist, auf ihre Weise, dennoch ein besonderer Platz. Als Gerda Boyesen Anfang der siebziger Jahre ein Haus in London suchte, hatte ihr jemand prophezeit, es würde einen seltenen Baum und einen kleinen Teich im Garten haben. Auf einer Party war ihr dann Sean Connery begegnet, der James-Bond-Darsteller, und hatte ihr sein Haus angeboten. Sie hatte, etwas überrascht von so viel Großzügigkeit, abgelehnt. Jahre später erhielt sie eine Offerte. Als sie sich das Haus ansah, war alles so, wie ihr vorausgesagt worden war: der Baum stand davor, im Garten plätscherte ein kleiner Brunnen. Sie kaufte es von einem Mann, der es von Sean Connery übernommen hatte.
Es ist eine der vielen seltsamen Geschichten Gerdas; in Wirklichkeit ist sie natürlich noch komplizierter und komischer. Gerda erzählt sie in einer eigentümlichen Zwischenlage, die offenläßt, ob die vergnüglichen Zufälle eine hintersinnige Bedeutung haben. Die Zuhörer schmunzeln, kichern, und sind sich doch nicht ganz sicher, ob sie nicht in eine neue und zugleich uralte Landschaft menschlichen Daseins gelockt worden sind.
Am deutlichsten habe ich Gerda so in Erinnerung: lässig, mit übereinandergeschlagenen Beinen in einem Feldstuhl sitzend (alle Versuche, ihr eine gleichbleibend eindrucksvolle Haltung einzureden, sind kläglich gescheitert), in einem himmelblauen Kleid, das ihren schwergewordenen Körper umwallt (ein rosafarbenes der gleichen Machart steckt in der großen Handtasche, die neben den schwarzen Pumps steht, die Gerda abgestreift hat), die Augen halb geschlossen, den Mund etwas vorgestülpt wie bei einem Fisch: das natürlichste Unikum, das ich je erlebt habe.
Und ich erinnere mich auch, wie ich mich durch ihre Aufsätze und durch ihr Buch hindurchgequält habe. Vieles fand ich amüsant, erstaunlich auch die Ehrlichkeit, in der sie ihre persönlichen Erlebnisse beschreibt, aus denen sie gelernt hat, Erfahrungen vor allem mit ihrem Körper. Wer erzählt schon von sich selbst, daß Angst und Zorn in schrecklichen Gestank verwandelt dem Körper entwichen (das Zimmer mußte zwei Stunden lang gelüftet werden). Aber immer wenn ich dachte, ich hätte das

System begriffen, kam eine unerwartete Wendung, etwas Neues. Ihr Buch ist alles andere als eine wissenschaftliche Abhandlung, so präzise sie sich an manchen Stellen ausdrückt, vielmehr ein Entwicklungsroman ohne Ende.

Manchmal dachte ich auch, was um Himmels willen sollen diese Geschichten? Nun gut, wenn sie von früheren Inkarnationen berichtete wie unsereiner vom Aufenthalt in Hamburg oder München, lustig war das ja schon: etwa als sie erzählte, wie sie vor Jahren plötzlich den unwiderstehlichen Drang hatte, tief dekolletierte Kleider zu tragen, bis ihr aufging, und diese Erkenntnis hatte schon vorher in ihr rumort, daß sie im Mittelalter ein Leben als Kurtisane in Florenz gelebt hatte. Die Stadt ist ihr anscheinend auch heute noch nicht sehr sympathisch. Aber was bringt das für den psychologischen Prozeß einer Gruppe?

Es dauerte einige Zeit, bis ich begriff, daß diese ausgefallenen Geschichten ihre therapeutische Bedeutung hatten. Wo der Erzähler so viel von sich preisgibt, sogar Erfahrungen, die für viele abstrus klingen, öffnet auch der Zuhörer sein Herz, gewinnt Vertrauen und wagt sich in jenen Bereich, wo auch ihm Seltsames und Schwieriges geschehen ist. Und auch das Unbewußte mit seinen Inhalten beginnt sich zu regen, sich zu äußern, muß nicht mehr Angst haben, vom Zensor des Über-Ichs mit Gebot und Verbot verwiesen zu werden. Es entsteht eine ähnliche Wirkung, wie wenn jemand Märchen erzählt. Und nebenbei bemerkt: auf vertrackte Weise sind Märchen ja wahr.

Diese erste Phase jeder guten Therapie (und jedes glücklichen Lebens), in der ein Mensch vertrauensgesättigt wagt, er selber zu werden, ist für Gerda Boyesen sehr wichtig. Einer ihrer Schüler nannte sie das weibliche Pendant zu Carl Rogers, weil auch sie die Fähigkeit besitzt, den Klienten zu akzeptieren, und in ihm damit die Fähigkeiten freisetzt, die zur eigenen Entwicklung und zur Heilung nötig sind. Tatsächlich sind manche ihrer Veranstaltungen erklärtermaßen »Gesellschaften zur gegenseitigen Bewunderung«. Nicht selten benutzt sie die Übung, bei der die Gruppenmitglieder aufgefordert werden, sich in eine kuschelige Ecke zurückzuziehen und ihre Lebensgeschichte zu erzählen,

und zwar nach dem Motto: ich versuche, mich an all das zu erinnern, was mich glücklich und froh gemacht hat. Und zuweilen verkündet sie auch in drolligem Deutsch: »Ich denke, wir sollen uns zuerst etwas verwöhnen.«
Kritiker räumen ein, diese Art von Therapie sei gut für sehr frühe Störungen, was zugleich freilich auch heißen soll, daß Gerda die Konfrontation nicht oder zu wenig provoziert. Und das Urbild dieser Konfrontation, auch die Ursache vieler Neurosen, ist für Psychoanalytiker die erste Auseinandersetzung mit den Eltern, das Erlebnis des Dreieck-Verhältnisses. Mit dieser »ödipalen Phase« vor allem hatte sich Freud beschäftigt. Was davor liegt, kam zuerst nur ungenau in den Blick – auch jene Störungen, die ihre Wurzel in vorenthaltener Liebe, in Mangel an Zuwendung und Wärme und zu früher Dressur haben, und die ein selbstsicheres Ich, das zur fruchtbaren Auseinandersetzung mit der Welt fähig ist, gar nicht erst entstehen ließen.
Es klingt in der Tat wie ein Programm, wenn Gerda das Diktum von Freud »Wo Es war, muß Ich werden« auf den Kopf stellt und verkündet: »Wo das Ich war, muß das Es erscheinen.« Jenes »ozeanische Gefühl«, das Freud, wie er behauptete, nie in sich entdecken konnte, und das er für eine Illusion hielt, eine Selbsttäuschung in frommer Absicht, ist für Gerda eine Selbstverständlichkeit. Neugeborene leben in diesem Gefühl, Erwachsene, wenn sie glücklich sein wollen, versuchen, wieder den Zugang zu ihm zu finden – und der Rückweg führt für Gerda über die Körpererfahrung. Biodynamisch nennt sie ihre Therapie.
Dieses Verfahren, ebenso wie die verwandte Bioenergetik, geht auf Wilhelm Reich zurück, den genialen, später verfemten und am Ende an seinen Ansprüchen zerbrochenen Schüler von Freud. Die grundlegende These Reichs lautet: Es besteht eine funktionale Identität zwischen Körper und Psyche, zwischen Muskelpanzer und Charakterpanzer, zwischen Körperhaltung und Ich-Struktur. Die Umgangssprache weiß darüber noch Bescheid. Das eine bleibt im Halse stecken, das andere liegt im Magen, jemand ist niedergedrückt. Auch im Körper drückt sich die Lebensgeschichte aus, samt den Niederlagen. Körperform, Bewegungs-

weise, Gestik und Sprache sind Diagnosemittel, und das Wie der Sprache ist nicht selten aufschlußreicher als deren Inhalt, das Was. Über den Körper lassen sich deshalb, mindestens zu einem Teil, auch psychologische Störungen heilen.

Eine zweite grundlegende Idee Reichs verbindet Atem und Emotion: Gehemmter Atem und gehemmte Emotion entsprechen sich. Reich hatte beobachtet, daß bei tiefem unbewußtem Atmen verdrängtes Material und die es begleitenden Gefühle wieder auftauchen. Wo chronische Muskelspannung vorherrscht, Erstarrung, kann der Atem nicht frei fließen, werden Gefühle zurückgehalten. Emotionale Hemmungen und Blockaden im Körper haben dieselbe Wurzel.

Ein dritter Gedanke Reichs, der ihm viel Spott und noch mehr moralische Verdammnis eingetragen hat, ist bekanntgeworden unter dem Begriff »Orgasmusfähigkeit«. Reich glaubte, daß die sexuelle Erfüllung alle überschüssige Energie im Organismus abbaue, so daß nichts mehr übrigbleibe zum Aufbau neurotischer Verhaltensmuster. Etwas weniger technisch und freundlicher ausgedrückt: Volle Erlebnisfähigkeit in der Liebe war für ihn ein Hinweis darauf, daß diese Fähigkeit auch in anderen Situationen vorhanden war.

Gerda Boyesen ist erst spät mit den Gedanken Reichs direkt bekanntgeworden, sie hat Ähnliches wie Reich selber entdeckt, seine Gedanken weitergeführt, auch sich in manchem abgegrenzt. Jedenfalls ist für sie und die anderen von Reich beeinflußten Therapeuten die wichtigste Erkenntnis: Je gestörter ein Mensch in seinen Gefühlen ist, desto weniger ist er im Kontakt mit seinem Körper. Den Kontakt mit dem eigenen Körper zu suchen, ist das leitende Prinzip. Tatsächlich läßt sich die Lebensgeschichte Gerda Boyesens als ständiger, immer intensiver werdender Kontakt mit dem eigenen Körper beschreiben – und es ist auch die Geschichte der Entdeckung und der Vervollkommnung eines therapeutischen Instruments.

Begonnen hat sie, wie anders könnte das sein, etwas komisch. Gerda lebte 1947 in Oslo, in gutbürgerlichen Verhältnissen, sie hatte ein wenig an der Universität dilettiert, spielte gern und gut

Tennis, hatte eine gute Partie gemacht, war Mutter von zwei kleinen Mädchen. Da fiel ihr ein Buch über Neurosen in die Hände, sie las es und war sofort überzeugt, sie sei neurotisch. Kurz entschlossen ging sie zu dem Autor, um sich von ihm therapieren zu lassen. Der aber war ebenso kurz angebunden und erklärte ihr, er habe keine Zeit, empfahl ihr aber einen Kollegen. Bei seinem Kollegen hatte sie etwas mehr Glück, er nahm sich immerhin eine Stunde Zeit, war aber an einem Gespräch wenig interessiert, sondern ließ sich statt dessen ihre Tennisbewegungen vorführen: Vorhand, Rückhand, Aufschlag. Schließlich teilte er ihr mit, sie sei dickköpfig. Gerda widersprach heftig, sie sei ein braves Kind gewesen, und alle ihre Bekannten bestätigten ihr, sie sei umgänglich und liebenswürdig ... Der Analytiker aber sagte, das sei unwichtig, er sehe doch, wie sie die Kinnbakken zusammenpresse, wenn sie Tennis spiele. Die Stunde war zu Ende, und auf dem Nachhauseweg wiederholte Gerda immer wieder: Er hat Unrecht, ich bin nicht dickköpfig ...

Zu Hause – niemand sonst war da – fühlte sie plötzlich, wie die Kinnbacken sich wieder zusammenpreßten und wie sie zu schluchzen begann. Eine Kindheits-Erinnerung schoß ins Bewußtsein. Die sechsjährige Gerda war nicht folgsam gewesen, hatte Prügel bekommen. Der Vater hatte ihr angedroht: Ich werde dich so lange verdreschen, bis du zu brüllen aufhörst. Und die kleine Gerda hatte ihre Tränen zurückgepreßt und versprochen: Ich werde brav sein. Ich werde nicht mehr weinen, wenn du mich liebhast.

Sie hatte seitdem nie mehr geweint, auch nicht mehr richtig gelacht. Zwei Tage nach dieser Stunde las sie in einem lustigen Buch und ertappte sich plötzlich, wie sie schallend lachte. Und sie spürte, wie sie leichter atmete, wie sich das Zwerchfell entspannte, wie Lachen und Weinen wieder erscheinen konnten.

Diese Episode zeigt, wie sensibel schon damals Gerdas Körper reagierte, wie leicht für sie die psychosomatische Verbindung herzustellen war. Damals jedenfalls hat sich ihr Leben verändert, aus der braven norwegischen Hausfrau wurde eine Art Entdeckungsreisende. Sie studierte Psychologie, lernte Physiotherapie, fand einen Therapeuten, Ola Raknes, einen bekannten Schüler von Reich, und entdeckte bei Aadel Bülow-Hansen eine neue Form der Massagetechnik.

Ohne Reich gekannt zu haben, arbeitete Aadel Bülow-Hansen weitgehend nach seinem Konzept, befreite den Atem, lockerte den Muskelpanzer, und Gerda Boyesen lernte von ihr und noch mehr von ihren eigenen Erfahrungen: Der Körper kapselt Emotionen ein, indem er die Muskeln zur chronischen Starrheit verspannt und eine bestimmte Haltung annimmt. Wird die Haltung verändert, ändert sich auch die Psyche. Gerda Boyesen fand: Es ist möglich, neurotische Personen ohne Psychotherapie zu heilen, allein mit den Händen. Dies geschah freilich nicht nur durch eine mechanische Haltungsveränderung, sondern durch langsames Wiedergewinnen der Beweglichkeit, des rhythmischen Atmens, der Fähigkeit, sich wohlzufühlen.

Mit einigem Vergnügen erzählt sie von Persönlichkeitsveränderungen, die dabei eintraten, bei ihr selbst – aus der ergebenen Gattin wurde eine ziemlich selbständige Frau – und bei Klienten: Ehemänner, die sich bisher auf die Fügsamkeit ihrer Frauen verlassen konnten, erlebten zunächst deren Zorn, später deren Unabhängigkeit. Es muß eine ziemlich glückliche Zeit gewesen sein für Gerda. Sie gab zehn bis vierzehn Massagen am Tag und hatte das Gefühl, nie müde zu werden. Und während am Abend ihr Ehemann schweigend neben ihr saß, dachte sie darüber nach, welches Zusammenspiel der Muskeln die Spannungen hervorrief, warum es möglich war, daß allein die körperliche Entspannung eine emotionale Entlastung hervorrief.

Warum bleiben Menschen trotz Krisen, trotz schweren Schicksals unneurotisch, so fragte sie sich, während bei anderen die Störung in der Psyche und im Körper erhalten blieb? Um dies zu erklären, reichten die Methoden von Aadel Bülow-Hansen und das Konzept von Reich nicht aus. Gab es da einen subtilen biologischen Mechanismus, der für emotionale Abfuhr sorgte, der Streß sozusagen »verdaute«, der die gestaute Energie abfließen ließ? Nicht so drastisch wie bei jemand, der vor Angst in die

Hosen macht, sondern sanfter, gleichmäßiger. Die Theorie der vegetativen Entladung entstand.
Der Weg dorthin führt natürlich über eine Geschichte, es ist die Geschichte von Gerda, die schreien wollte und das Prinzip der Psychoperistaltik entdeckte. Sie war damals in einer Phase ihrer Therapie, wo sie das Gefühl hatte, sie müßte etwas herausschreien. Sie versuchte dies bei ihrem Analytiker, der sie aufforderte, darüber zu sprechen, was sie bedrängte. Er teilte seine Praxis mit zwei anderen Medizinern und fand Schreien genierlich für die anderen Klienten im Nebenzimmer. Gerda aber wollte nicht sprechen, sie wollte schreien.
Darauf ging sie zu Ola Raknes, ihrem ersten Lehrer, der aber war inzwischen alt geworden und ihr sagte: »Ich habe schon so viele Leute schreien gehört, ich kann's nicht mehr hören, bitte verschone mich damit.« Darauf überredete sie ihren Mann, eine Tour in die Wälder zu machen. Dort wollte sie ihren »Primärschrei« loswerden. Als sie am Ziel ankamen, erschienen dort plötzlich Jäger mit Gewehren, Wölfe waren in der Gegend aufgetaucht. Und aus Angst vor den Wölfen und den Gewehren verschob Gerda ihren Versuch und kehrte wieder nach Oslo zurück. Aber der Schrei steckte ihr noch im Hals.
Eines Tages lag sie zu Hause, um sich auszuruhen, als sie plötzlich ein merkwürdiges Körpergefühl in sich entdeckte, sie nennt es die »Bewegung der sanften Libido«. Sie fühlte sich harmonisch, friedlich, die Spannung wich. Dieselbe Energie, die aufsteigend den Schrei und die konvulsive Entladung provozieren konnte, war in absteigender Bewegung besänftigend, harmonisierend, schmolz die Spannung weg. Aber wie?
Die Antwort darauf fand sie, als sie bei Patienten immer wieder, wenn sie in einen harmonischen Zustand gerieten, seltsame, leise gurgelnde Geräusche hörte, die Töne der Darm-Peristaltik. Dies war der Weg, auf dem Spannungen buchstäblich verdaut wurden, jedenfalls jene, die sich nicht als Streß oder nachhaltiger noch als Neurosen oder Psychosen im Körper einlagerten: eine Art der Selbstregulation, der instinktiven Selbstheilung.
Diese Geräusche der Psycho-Peristaltik sind oft so laut, daß man

sie leicht hören kann, manchmal freilich auch leise, vor allem dann, wenn sie nicht eruptiv auftreten. Wie lassen sie sich genau verfolgen? Gerda kam auf den Gedanken, sie mit dem Stethoskop zu verfolgen; das Instrument gehört inzwischen zur Standard-Ausrüstung der Boyesen-Therapeuten.

Gerda entdeckte, daß die Peristaltik eng mit dem Wohlbefinden zusammenhängt. In den Zeiten, wo sie gern und mit Vergnügen arbeitete, funktionierte auch die Peristaltik mit sanftem Geräusch, wenn sie mit sich selber verquer war, blieb der Bauch stumm. Sie entdeckte, daß es zwei Arten von Spannungen gab, die das Funktionieren der Peristaltik beeinflußten: die alten verdrängten Konflikte und den aktuellen Streß. Die zweite Sorte ist relativ leicht zu lösen, oft genügt, sich einfach Ruhe zu gönnen, oder das zu tun, was einem Spaß macht, bei etwas beharrlicheren Spannungen helfen verschiedene Arten von Entspannungsmassage und Entspannungsübungen. Bio-Release ist der Name für diese Technik, die vor allem Mona-Lisa, eine Tochter Gerdas, verwendet.

Die alten Konflikte sind schwer zu lösen; die Lebensgeschichte hat sich ja in verschiedenen Schichten abgelagert. Durch Massage an bestimmten Schlüsselpunkten des Körpers – die Kunst des Therapeuten besteht darin, sie zu finden – werden die körperlichen Spannungen und die dazugehörigen Konflikte, die »reif« geworden sind, provoziert und dann geschmolzen. Im Fachjargon: Durch die Massage wird eine sanfte Regression ausgelöst, und am Ende wird das Verdrängte auch sagbar. Der Klient kann und soll darüber reden.

Was aber ist es, das einen Körper verspannt, die Muskeln und den Charakter panzert? Was kommt wieder in Bewegung, wenn sich ein Mensch entspannt, psychisch und physisch? Was wird in der Biodynamik bewegt? Die allgemeine und etwas vage Antwort der Neoreichianer heißt: Energie.

Dieser Begriff läßt sich schon bei Sigmund Freud aufspüren, jedenfalls in den Schriften seiner früheren Jahre. »Es kann sein, dringen wir weit und tief vor«, so schrieb er 1914, »daß wir entdecken, daß die sexuelle Energie, die Libido, nur verschiedenartiges Produkt einer im Gehirn allgemein arbeitenden Energie ist«. Die Energie, die sich in den Emotionen und Symptomen seiner Patienten zeigte, betrachtete er als »etwas, das in der Lage ist, sich zu steigern, abzunehmen, zu verschieben, zu entladen und das sich selbst auf die Erinnerungsbahnen eines Gedankens ausdehnt, wie eine elektrische Ladung über die Oberfläche eines Körpers«.

Freud hat später von dem Energiekonzept kaum mehr Gebrauch gemacht. Wilhelm Reich hat diesen Ansatz weiterentwickelt: Nicht nur die einzelnen Individuen besitzen ein bestimmtes Energiemuster, der ganze Kosmos ist ein großes Feld pulsierender Energie. Gerda Boyesen ist auf dem Weg ihrer eigenen Erfahrungen zu ähnlichen Vorstellungen gelangt. Bei der Behandlung ihrer Patienten, insbesondere dann, wenn sich die Spannungen lösten, konnte sie beobachten, wie sich das Wohlbefinden im Körper ausbreitete: »Ich habe die Libido tatsächlich gesehen.«

Diese Libido ist freilich etwas anderes als der bloße Sexualtrieb, wie bei Freud, es ist, die Begriffe wechseln, »Lebensenergie«, »kosmische Energie«. Das Merkwürdige passiert: Diese Vorstellung öffnet die Therapie für naturwissenschaftliche Erkenntnisse. Der Stoffwechsel, die Bewegung der Körperflüssigkeit, das Gegeneinander und Miteinander der Muskeln kommen in den Blick. Aber auch Spirituelles rückt näher: alte östliche Weisheit; die Chinesen sprechen von der Ki-Energie, die Akkupunktur versucht auf diese Energiebahnen einzuwirken, in der indischen Psychologie und auch bei den Techniken der Erleuchtung werden diese Energien benutzt.

Ähnlich wie die Bioenergetiker erklärt auch Gerda Boyesen die Störungen als gestörten Energiefluß, und auch die verschiedenen psychischen und physischen Deformationen werden als verschiedene Formen der Blockierung dieses Flusses dargestellt. Für jede Störung gibt es da regelhafte Muster. Erfolgreiche Therapie setzt hier an und versucht, die spezifischen Blockaden abzubauen.

Im Unterschied zur Primärtherapie (etwa der Urschrei-Technik), die zum Teil mit harten Eingriffen arbeitet und nach Gerda

Boyesens Meinung oft dem Klienten mehr zumutet, als er verarbeiten und integrieren kann, forciert die Biodynamik den Prozeß nicht gewaltsam. Sie beschäftigt sich mit dem, was »reif« wird. Sie zerstört nicht abrupt alte Widerstände, die ja zugleich Schutz geben, Teil einer in vielen Jahren gewachsenen Persönlichkeitsstruktur sind, sondern geht behutsam Schritt für Schritt vor, sie zertrümmert nicht, sie »schmilzt«. Im Unterschied zu dem Bioenergetiker Lowen legt Gerda Boyesen weit größeres Gewicht auf die Regression, bleibt nicht im Hier und Jetzt, sondern versucht zurückzugehen in der Lebensgeschichte: »Wir helfen dem Patienten, das zum Vorschein zu bringen, was in seinem Unterbewußtsein und in seinem Körper eingeschlossen ist.«
Die Energiestruktur alles Lebendigen, so ist Gerdas Erfahrung, endet nicht an der stofflichen Grenze, etwa an der Haut eines Menschen. Sie geht, in verschiedenen Schichten, darüber hinaus, ist besonders Begabten als »Aura« erkennbar. Die Aura-Massage, für den Laien nur als eine Folge von seltsamen Handbewegungen erkennbar, ganz nahe am Körper oder in einer gewissen Distanz, ist Teil der Boyesen-Therapie. Auch in der Aura, und für den Kundigen wohl noch deutlicher als im Körper, bildet sich die Lebens- und Krankheitsgeschichte eines Menschen ab.
So gesehen wird Therapie zur Befreiung und Reinigung des Energieflusses (ein ziemlich pauschaler Begriff für ein sehr subtiles und kompliziertes Strömungssystem). Der glückliche Mensch hat einen harmonischen Energiefluß, »libidinale Zirkulation«, wie Gerda Boyesen das nennt. »Ich erinnere mich«, schreibt Gerda Boyesen, »wie ich meine libidinale Zirkulation wiederentdeckte. Die Vorhänge, das Fenster, die Tapete – alles hatte den Charakter des Außerordentlichen, war wie ein lebendiges Bild. Nichts hatte sich geändert im Zimmer, nur mein Auge hatte seine Leuchtkraft wiedergefunden.«
Wiederfinden, wiederentdecken? Gerda Boyesen glaubt, daß Kinder, wenn sie auf die Welt kommen, jene Offenheit (und zugleich Verletzlichkeit) mitbringen, und nur langsam (unter Schmerzen, sehr oft mit schweren Störungen) aus dieser Welt des

Glücks, der Liebe, der Zeitlosigkeit in die weniger freundliche Realität hineinfinden. Sie schreibt ihnen eine »Primärpersönlichkeit« zu, im Unterschied zu jenem Dressurergebnis, was sie später ausmacht, der »Sekundärpersönlichkeit«. Der Unterschied zu Freud, dessen pessimistisches Menschenbild auch und gerade das Kleinkind nicht ausspart, wird hier sehr deutlich.

Das Konzept der Primärpersönlichkeit läßt sich auf mancherlei Weise mißverstehen. Sie ist nicht das Produkt eines erzieherischen Laissez-faire. Gerda beschreibt mit drastischer Deutlichkeit, wie sie damit bei ihren eigenen Kindern scheiterte. Wohl aber hat es etwas damit zu tun, daß die Bedürfnisse der Kinder ernstgenommen werden: das Bedürfnis nach Zärtlichkeit, Körperwärme ganz zu Beginn, aber auch später, im Trotzalter, der Drang, nein zu sagen. Wo hier der Wille gebrochen wird, in der Dressur erstickt, wird auch ein Teil der Fähigkeit zur Lebensbewältigung zerbrochen, werden die Strukturen der Sekundären Persönlichkeit gelegt, die unsicher in sich selbst, auf äußere Befriedigung und Belohnung angewiesen ist.

Im Grunde beschäftigen sich viele Therapien mit der Primärpersönlichkeit, auch wenn sie etwas anders benannt und definiert wird. Die humanistische Psychologie spricht von »human potential«, vom Entwicklungspotential des Menschen; die Bearbeitung der Neurosen ist ein Weg, um an sie heranzukommen, jungianisch ausgedrückt: der Schatten wird integriert. Auch die Mystik hat, auf spiritueller Ebene, ein verwandtes Konzept: Meister Eckeharts Gottesfunken, der in allen Menschen zu finden ist, oder die Buddha-Natur in allen Lebewesen.

In der Beschreibung Gerdas hat ein Mensch zur Primären Persönlichkeit gefunden, dessen Lebensenergie frei fließt, der Freude am Leben hat, über eine fundamentale Sicherheit und Ehrlichkeit verfügt. Er weiß, was er will und nicht will, kann Ja oder Nein sagen, aber ohne sich aufzuplustern oder rigide zu werden. Er lebt (hier gibt es Analogien zur Zen-Praxis und zur Gestaltpsychologie) voll im Hier und Jetzt und kann sich deshalb auch von einer erledigten Situation trennen.

Wir werden, das ist die Überzeugung von Gerda Boyesen,

geboren als Primärpersönlichkeit, mit der Fähigkeit zu Glück, innerer Sicherheit, zum staunenden Wundern und Begreifen der Welt um uns. »Für mich ist das wesentliche Ziel«, erklärt Gerda, »den Menschen zu helfen, auf diese Ebene des Bewußtseins der libidinalen Zirkulation zurückzukehren.«

Boshafte Kritiker sagen, Gerdas Neurose besteht in ihrem Harmoniestreben. Andere fragen, kommt bei ihr das Ich nicht zu kurz, löst es sich nicht in Wohlgefallen auf oder verflüchtigt sich in einem ozeanischen Mystizismus, ehe es noch zu Bewußtsein gekommen ist? Manches scheint auf den ersten Blick dafür zu sprechen, so auch der Satz: »Ich bin grundsätzlich gegen den Schmerz in der Psychotherapie.« Und sie zitiert zustimmend die Tochter Wilhelm Reichs: »Mein Vater hat nie gewollt, daß jemand leidet, damit es ihm später gut geht.« Die Sätze richten sich vordergründig gegen die Methode von manchen Bioenergetikern, die bei ihren Übungen oft bewußt ihre Klienten in den Schmerz treiben. Da kann Gerda auch spitz werden: »Es ist doch selbstverständlich, wenn mir jemand wehtut, dann schreie ich.« Aber dabei handle es sich um eine normale Abreaktion, ohne Zusammenhang mit der Lebensgeschichte eines Klienten. »Ich bin gegen jede Manipulation des Körpers, die Schmerz zur Folge hat«, lautet Gerdas Credo. Dies bedeutet allerdings nicht, daß sie ihren Klienten den Schmerz immer ersparen kann. Regressionen, also das Wiedererleben früher traumatischer Erfahrungen, gehen nicht ohne Schmerz ab, und manche, die an den Intensivgruppen bei Gerda mitgemacht haben, berichten, daß sie in dieser Zeit allerlei, wenn auch kurze Krankheiten erwischt haben: Kopfweh, Zahnweh, Grippe, Bronchitis.

So ganz harmonisch ist das »Abschmelzen« nicht immer. Wo alte Angst, alter Zorn freigelegt wird und sich einen Durchbruch im Bewußtsein verschafft, kann es nicht immer gemütlich zugehen, da entsteht Konfrontation, geht mancher durch eine Art Katharsis. Richtig ist allerdings, Gerda forciert selten den Prozeß, sie ist, auch da ist eine Ähnlichkeit zu Carl Rogers, nondirektiv, sie läßt geschehen. Und sie legt auch großen Wert darauf, das ist eine feste Regel in der Biodynamik, den oder die Klienten mit einer

Art »happy ending« zu entlassen, soweit dies immer möglich ist.
Preisgabe des Ich? Die Gruppensitzungen, die ich mit Gerda erlebt habe, vermitteln eher den Eindruck, daß die Teilnehmer ein größeres Zutrauen zu sich selbst gefunden haben, mehr wagten, sie selbst zu sein. Aber steht dagegen nicht ihr Credo: Wo Ich war, muß das Es erscheinen? Der Satz ist wahr und zugleich irreführend. Wahr ist er auf der Ebene einer bestimmten Spiritualität, die weiß, daß so ziemlich alles von dem, was wir Ich nennen, ein Konstrukt ist, Selbstversicherung gegen die Existenzangst, und daß die Angst nur aufhört, wo dieses Ich in dem aufgeht, was Jung als das Selbst bezeichnet und was die alten Philosophen das Sein nennen. Irreführend ist der Satz auf der Ebene der normalen Psychologie, wo das bewußte Ich ein durchaus erwünschter Zustand ist. Was Gerda hier zum Verschwinden bringen möchte, ist nicht das Ich, sondern das Über-Ich, jener Teil des Ich also, der – unfrei, in Geboten und Verboten gefangen – den Zugang zum Hier und Jetzt nicht findet.
Das Mädchen hieß Sandra. Sie war tüchtig im Beruf, schick gekleidet, hatte jene praktische soziale Intelligenz, die sie fast immer als erste das richtige Wort, den richtigen Vorschlag finden ließ. Eigentlich konnte man sich gar nicht vorstellen, daß sie Probleme hatte: die ideale Ehefrau für einen klugen und großzügigen Menschen. Und das wäre sie wohl auch gerne gewesen. Sie hatte nur eine Obsession: sie wollte gerne die spirituellen Gesetze befolgen, und die definierte sie sehr rigide.
Gerda hörte sich ihre Geschichte ruhig an und fing an zu erzählen, wie sie einmal Gesangsunterricht genommen hatte. Sehr weit habe sie es nicht gebracht dabei, aber immerhin habe sie damals ihren ersten Mann kennengelernt. Und dann begann sie zu singen, mit einer tiefen, gutturalen Stimme: the man I love, alle Strophen, die ihr einfielen. Gelächter, das drückende Über-Ich, das in der Form spiritueller Gesetze Sandra heimgesucht hatte, löste sich in Heiterkeit auf. Nebenbei: Dies war, wenn auch auf etwas ungewöhnliche Weise, eine ziemlich direkte Intervention.

Es mag sein, daß sich manche in die von Gerda verbreitete Harmonie wie in ein wunderbares Kindheitsparadies flüchten, ich selber habe eher das Gegenteil erlebt: Menschen, die ein Stück selbstbewußter, freier wurden. Sie mußten sich ihre Freiheit allerdings nehmen, mußten dafür bereit sein. Wenn dies aber geschah, gab sie Gerda ihnen ohne Vorbehalt.
Ich kann nicht alle Theorien Gerdas nachvollziehen, teils, weil sie viel anatomische und physiologische Kenntnisse verlangen, teils, weil mir Gerdas Erfahrungen fehlen. Vielleicht auch, weil Systematik und ein exaktes Konzept tatsächlich nicht ihre Stärken sind. Vielleicht weicht sie auch mancher Konfrontation aus, da fordert ihre Tochter Ebah mehr. Aber ich habe bisher niemand mit so viel therapeutischer Intuition getroffen. Ich habe es manchmal erlebt: sie fühlt, sie nimmt wahr (ich vermute, sehr oft im eigenen Körper), was in einem Klienten vor sich geht, und sie findet genau das richtige Wort, die passende Massage, um den Prozeß voran- und zu einem guten Ende zu bringen. Gerda Boyesen ist im alten Sinn des Wortes und auf sehr moderne Art eine weise Frau.

Aus den Publikationen
Über den Körper die Seele heilen. Biodynamische Psychologie und Psychotherapie. Eine Einführung. München: Kösel 1987.

Karlfried Graf Dürckheim, Maria Hippius – Gräfin Dürckheim

Initiatische Therapie

Ein Stück weit ins Ungewöhnliche muß man sich schon vorwagen, um Karlfried Graf Dürckheim zu beschreiben. Und so mag denn – als Beispiel für die schwierige Annäherung an eine solche Gestalt – eine Geschichte aus der Sufi-Literatur am Anfang stehen, eines jener vertrackten Zeugnisse mohammedanischer Mystik. Ein Derwisch aus der konservativen Schule, eifrig im Dienste seiner Religion, bedacht auf die richtige Form, ging eines Tages am Wasser entlang. Da hört er von einer Insel den Derwisch-Ruf – nur leider falsch intoniert. Der Derwisch ruderte mit einem Boot zur Insel, traf einen alten Mann und belehrte ihn über seinen Irrtum. Auf der Rückfahrt war er sehr mit sich zufrieden, er hatte ein gutes Werk getan. Und lautete die Verheißung nicht, wer den Derwisch-Ruf richtig zu intonieren vermöge, könne sogar auf dem Wasser wandeln?
Von der Insel kam wiederum der Ruf – und abermals falsch. Der Derwisch erging sich in Betrachtungen über die Dauerhaftigkeit menschlichen Irrtums, als er plötzlich eine Figur übers Wasser schreiten sah. Er hielt inne mit Rudern, der alte Mann kam zu ihm und fragte bescheiden, ob der Derwisch den Ruf nicht noch einmal wiederholen wolle, ihm fiele es schwer, die richtige Tonfolge im Gedächtnis zu behalten.
Nein, leicht ist mir die Begegnung mit Dürckheim nicht gefallen. Da gab es ungefähr ein Dutzend Bücher von ihm, die alle mehr oder weniger um ein Thema kreisten: Das »Innewerden des Wesens«, populärer ausgedrückt: »Wie kommt der Karlfried durch den Dürckheim durch?« Diese Mischung aus Mystik und Wort zum Sonntag, in etwas zuviel Wiederholungen herabrieselnd wie eine endlose Flut; diese Menschen, die von ihm

erzählten: wenn sie nicht in Gefühlen der Verehrung schwelgten, waren sie auf seltsame Weise sprachlos, fanden immer nur das eine Wort »Präsenz« – was sollte ein in protestantischer Religionsdürre und sachgerechtem Denken Aufgewachsener damit anfangen? Was mit einem Mann, der ohne Umschweife berichtete, wie er als Vierundzwanzigjähriger ein Satori-Erlebnis hatte, wie im Zen-Buddhismus die Erleuchtung genannt wird.
Beim Hören des 11. Spruchs aus Laotses Tao-te-king – »Dreißig Speichen treffen die Nabe, aber das Leere erwirkt das Wesen des Rades, aus Ton entstehen Töpfe, aber das Leere in ihnen wirkt das Wesen des Topfes« – da geschah es: »Der Vorhang zerriß, und ich war erwacht. Ich hatte Es erfahren.«
Ich konnte mir nur zu gut vorstellen, wie ein Besucher, der von ihm mit der Frage empfangen wurde: »Haben Sie schon einmal Seinsfühlung gehabt?«, auf innere Distanz ging. Und dennoch: ich habe niemanden erlebt, der durch die Therapie im Schwarzwalddorf Rütte ging und nicht angerührt wurde, betroffen noch im Aufbegehren. Und manche waren wohl – das überständige Wort ist da am Platze – verwandelt.
Auf zwei Lebenswegen ist nach Rütte gebracht worden, was heute die Institution der »Existentialpsychologischen Bildungs- und Begegnungsstätte Todtmoos-Rütte« ausmacht: auf dem einen kam Graf Dürckheim, auf dem anderen Maria Hippius. Spannungslos ist ihr Verhältnis heute noch nicht, obwohl sie beide inzwischen ein biblisches Alter erreicht haben. Nicht weil sie unverträgliche Charaktere wären, sondern weil sie verschiedene Prinzipien verkörpern. »Sie schenkten sich nichts«, so drückte es, etwas salopp, einer ihrer Mitarbeiter aus.
Dürckheim, aus altem bayerischen Adel, im Ersten Weltkrieg als Fahnenjunker eingerückt und vier Jahre an der Front, gewiß ein tapferer und lange wohl ein traditionell konservativer Offizier, versuchte nach der Rückkehr aus dem Kriege, alte Ordnungsprinzipien gegen die Revolution durchzusetzen. Verhaftung, Todesurteil wegen angeblichen Hochverrats, Rettung durch einen alten Diener, der zu den neuen Herren gehörte, und dann plötzlich der Entschluß: Du darfst nicht mehr Soldat sein. Ein Ent-

schluß, bei dem fast alles zurückblieb, was bisher überkommene Gewißheit ausmachte. Ein zweites Leben begann: Studium der Philosophie, Assistent in Leipzig bei Krüger (Ganzheitspsychologie). Einer der ersten Hochschullehrer, die Vorlesungen über Freud, Adler und Jung hielten (etwa zur selben Zeit promovierte dort Maria Hippius mit einer Arbeit über den »Graphischen Ausdruck von Gefühlen«), Professur in Kiel. Freier Mitarbeiter in der England-Abteilung des Außenministeriums, dann, 1936 – »aus Ihnen wird nie ein Nazi« – mit einem Forschungsauftrag nach Japan abgeschoben.
Die Begegnung mit Japan, vor allem mit dem Zen-Buddhismus, hat Dürckheim und seine Therapie geprägt. Was er zuvor in der Lektüre von Meister Ekkehart erspürt hatte, entdeckte er wieder in der Erfahrungs- und Exerzitienweisheit des Buddhismus: Was der Mystiker den göttlichen Funken in der Seele nannte, heißt in östlicher Weisheit die »Buddha-Natur« und in Dürckheims Terminologie das »Wesen«. Jeder Mensch hat Anteil daran: »Hindurchzudringen durch die Kruste seiner eingefleischten Vorstellungen und Begriffe hin zur erfahrbaren Präsenz seiner Buddha-Natur, darum geht es.« Und in der Wiederherstellung der Verbindung mit dem Wesen – Religion ist das bekanntere Wort dafür – wird der Mensch wieder heil. Als »Seelenheil-Kunde« wird demgemäß die Therapie in Rütte bezeichnet – im Unterschied zur gängigen »Seelen-Heilkunde«, der Psychologie.
Dies könnte zu der Vermutung verleiten, daß die Therapie in Rütte in erbaulichen Predigten bestünde. Das Gegenteil ist der Fall – wie übrigens auch im Zen-Buddhismus. Nicht um Theorie geht es, sondern um Übung, um das Exerzitium, und nicht um gedankliche Glasperlenspiele, sondern um die richtige Verfassung.
Dürckheim hat eine typische Erfahrung geschildert, die er bei einer der typischen Zen-Übungen beim Bogenschießen gemacht hat. Nach vielen Wochen Übung kam er zu seinem Meister, um zu zeigen, was er gelernt hatte. »Die Hand greift in die Sehne, und dann wird – langsam einatmend – im Heben der Bogen allmählich gespannt. Das ist die entscheidende Bewegung, die so

still und stetig geschehen muß, wie der Mond am abendlichen Himmel aufsteigt. Noch habe ich nicht die volle Höhe erreicht, bei der dann der im voll ausgespannten Bogen liegende Pfeil Ohr und Wange berührt – da durchfährt mich die Orgelstimme des Meisters: ›Halt!‹ Erstaunt und etwas unmutig über diese Unterbrechung im Augenblick höchster Sammlung lasse ich den Bogen herab . . . ›Bitte, noch einmal!‹ Ahnungslos beginne ich aufs neue. Die gleiche Bewegungsfolge läuft ab. Doch als es zum Spannen kommt, ist meine Kunst schnell am Ende . . . die Arme beginnen zu zittern, ich schwanke ohne Halt hin und her, die mühsam gewonnene Form ist zerschlagen; – der Meister aber fängt an zu lachen! Verzweifelt bemühe ich mich noch einmal. Es ist aussichtslos!«

Der Meister erklärt dem Schüler: »Daß Sie *die* Form erreicht hatten, die zu erringen in diesen Wochen Ihre Aufgabe war, erkannte ich schon an der Weise, wie Sie mir die Haustür öffneten . . . Wenn der Mensch eine Form seiner selbst, seines Lebens, seines Wissens oder seines Werkes erreicht hat, um die er sich vielleicht lange bemühte, dann kann ihm nur ein Unglück geschehen: im Erreichten stehenzubleiben . . . Will das Schicksal ihm wohl, dann schlägt es ihm das Gewordene, ehe es sich verhärtet, wieder aus der Hand. Dieses in der Übung zu tun, ist Sache des wissenden Meisters.«

An dieser Schilderung soll deutlich werden: Das Bogenschießen ist wie alle anderen Zen-Übungen »nur eine Gelegenheit, in die Tiefe des eigenen Wesens zu dringen. Das aber gelingt nur auf dem harten Weg der Läuterung, das heißt, der Befreiung vom eitlen und ehrgeizigen Ich, das gerade dadurch, daß es so sehr um das Gelingen der äußeren Leistung besorgt ist, die Vollkommenheit dieser Leistung gefährdet. Erst wenn dieses Ich überwunden ist, kann die rechte Leistung gelingen. Dann aber gelingt sie nicht mehr auf Grund eines vom ehrgeizigen Willen gesteuerten Könnens, sondern auf Grund eines inneren Seins.«

Dieses »Sein« oder »Wesen« ist kein Gegenstand frommen Glaubens, sondern in geduldiger Übung erworbene Erfahrung, man kann es auch »transzendentalen Realismus« nennen. In der

christlichen Tradition heißt es: der alte Adam stirbt, und ein neuer Mensch wird geboren. Im Zen heißt dieses Erlebnis »Satori«.
Was auch geübt wird – Bogenschießen, Schwertfechten, Malen oder einfach nur »Sitzen« (Za-Zen) –, es kommt darauf an, daß der Übende die richtige Haltung gewinnt, daß er in seine »Mitte« kommt (Japanisch: Hara, was wörtlich Bauch heißt), daß er in sich selber ruht. Und wo der Mensch auf Sicherung, Ansehen bedacht ist oder auf schwächliche Anpassung, drückt sich das auch in seiner Haltung aus, in Verspanntheit oder Formlosigkeit.
In der Übung am Leib (was freilich etwas ganz anderes ist als die modernen Leibesübungen, die auf Körperertüchtigung abzielen), wird auch der Zugang zum Seelischen eröffnet; der Leib/Seele-Dualismus, der sich in die abendländische Vorstellungswelt eingefressen hat, wird überbrückt. Dies ist der Ansatzpunkt zu der von Dürckheim entwickelten »Leib-Therapie«.
Dürckheim ist nach dem Weltkrieg in Japan zuerst von den Amerikanern, wie die meisten Deutschen in Japan, interniert worden. Er muß ein merkwürdiger Gefangener gewesen sein, denn die ziemlich deprimierenden Umstände der Haft sind für ihn heute eigentlich nur noch Kuriosa, wichtig ist ihm, daß er damals in seiner Zelle das fand, was ihm wesentlicher als alles andere war: Gelegenheit zur Meditation. Im Jahr 1947 kam Dürckheim nach Deutschland zurück.
Sein Weg kreuzte sich wieder mit dem von Maria Hippius, deren Mann, ein bekannter Psychologe und Erkenntnistheoretiker, der in Prag gelehrt hatte, in sowjetischen Lagern verschollen ist. Sie war mit ihren Kindern in einem abenteuerlichen, viele Monate währenden Passionsweg in den Schwarzwald gekommen; eine Familie, die nichts gerettet hatte als ihre pure Existenz. »Vogelfrei« sei sie gewesen, erzählt Maria Hippius heute, und das Wort hat keinerlei negativen Beiklang, es klingt fast fröhlich, etwa nach der Melodie: »Ich hab' mein Sach auf nichts gestellt.«
Diese Grunderfahrung einer verlorenen Welt, der Auflösung all jener Ordnungen, die bisher einem Leben Halt und Geländer gegeben haben, und jener fast unheimlichen Sicherheit, die dieser Verlust bewirkt hat – das ist vielleicht das Wichtigste, was

Maria Hippius nach Rütte mitgebracht hat. Etwas überpointiert: Wo Dürckheim mit fast nachtwandlerischer Sicherheit, scheinbar ohne Anstrengung das Wunder der »Seinserfahrung« erlebt, ist ihre Funktion mehr die bewußte Störung des himmlischen Friedens, Stachel zu sein in jenem schönen Gefühl, das so leicht entsteht, wenn man sich von Numinosen forttragen läßt. Sie besteht darauf: ohne Schmerz, ohne das, was die Mystiker Tod oder Sterben nennen, gibt es keine Heilung: »Ich stehe für die Schattenbegegnung, die im Zen zu kurz kommt.«

Schatten – das ist ein Begriff aus der Tiefenpsychologie C. G. Jungs und bezeichnet die »während unseres Lebens nicht zugelassenen, verworfenen, verdrängten Inhalte unserer Psyche«, nicht zuletzt: »die unerkannt gebliebene immanente Bipolarität«, die männlichen und weiblichen Grundelemente des Seins in allen Menschen. Und erst wenn die gelernte Rolle im Leben, der »natürliche Mensch« zerbricht, wird der Schatten sichtbar, kann das Unbekannte integriert werden, kann der Mensch in einem neuen Sinn heilwerden. Gerade in der Symbolwelt, die »archetypisch«, wie es Jung nennt, der Menschheitsgeschichte gemeinsam ist, gibt es die Licht- und Schattenwelt. Die Erfahrung dieser Welt, »die Begegnung mit etwas Letztem, Absoluten« fordert Maria Hippius, »das den Menschen in eine neue Dynamik versetzt« – in einen Wandlungsprozeß, der sichtbar und kontrollierbar wird in »Exerzitien«. In diesem »Kernprozeß«, in der Erfahrung des Dunkeln und des Lichten, stirbt (in der Sprache des christlichen Mittelalters ausgedrückt) »der alte Adam«, es entsteht allmählich, »in lebenslanger Arbeit der eigentlich gemeinte Mensch«.

Ohne Maria Hippius jedenfalls hätte jene seltsame Pflanze östlicher Weisheit, die Dürckheim aus Japan mitbrachte, im Schwarzwald nicht Wurzeln schlagen können. Sie hat sie heimisch gemacht, und das ist ganz wörtlich zu verstehen. Sie hat das erste Haus in Rütte erworben, auf Kredit natürlich, inzwischen gebietet sie über ein kleines Reich. Durch ihre Schule gingen alle Therapeuten, und soweit sich das für einen Außenstehenden erkennen läßt, hat sie es keinem leichtgemacht. Etwas

salopp ausgedrückt: Wer nicht schon, ehe er nach Rütte kam, in einer Krise war, hat sie spätestens dort erfahren. »Wir kamen alle von ganz unten«, erinnert sich einer von ihnen.
Was als kleine, in sich geschlossene Einheit 1948 begann, ist inzwischen eine Organisation geworden mit etwa 20 festen Therapeuten, die Ableger gebildet hat in anderen Städten und Ländern, auch eine Abspaltung hat es gegeben. Diese hinzunehmen ist Maria Hippius sicher nicht leichtgefallen, aber inzwischen hat sie akzeptiert, daß auch Rütte, wenn es lebendig bleiben soll, sich dem Gesetz der Veränderung fügen muß. »Aber«, so sagt sie, »noch überspann' ich es.«
Als Modellfall für verschiedene therapeutische Arbeitsweisen hat Maria Hippius das »geführte Zeichnen« entwickelt. Das Verfahren ist scheinbar simpel: Der Klient sitzt vor einem großen, leeren Blatt und zeichnet mit geschlossenen Augen, nicht selten mit beiden Händen gleichzeitig, was ihm in die Finger kommt. Oft sind es vorgegebene Grundformen (Girlande, Arkaden oder betont gerade, sich kreuzende Linien), die immer wieder wiederholt werden, manchmal sind es eigene Themen. Nicht die künstlerische Perfektion ist das Ziel, sondern das völlige Aufgehen in der Tätigkeit, eine Art selbstvergessener Konzentration. Gelingt sie, so wird die innere Verfassung auch in den Zeichnungen sichtbar, anschaubar und beurteilbar – die Probleme des eigenen Entwicklungsprozesses, die inneren Gegensätzlichkeiten. Die Verbindung zur Welt der Archetypen wird geöffnet.
Dieses Verfahren ist in verschiedenen Medien anwendbar, im Zeichnen und Malen, im Singen und im Spielen eines Instruments, im Psychodrama wie in der Arbeit mit Ton. Statt einer generalisierenden Beschreibung das (verkürzte) Protokoll eines Klienten, der sich am Ton versuchte:

»Ein leeres Zimmer in einem Schwarzwälder Bauernhaus, in der Mitte ein Tisch, darauf eine flache Holzkiste etwa 50 auf 50, gefüllt mit glattgestrichenem, erdfarbenem Ton. Ich setze mich davor, Oberkörper aufrecht, aber locker, die Füße am Boden und

taste mit geschlossenen Augen die Fläche ab, spüre die Umrandung, die Feuchtigkeit und Schwere des Materials. Dann die Stimme des Therapeuten (er sitzt etwa zwei Meter abseits) mit der schon gewohnten Aufforderung: ›Folgen Sie Ihren Impulsen, tun sie, was Ihre Hände wollen!‹ Die Hände fangen an, sich in die Masse hineinzuarbeiten, spüren, wie in der Mitte ein Hügel entsteht, werden ratlos. Und wieder kommt einer der typischen Sätze: ›Graben Sie tiefer!‹ Die Hände wühlen die Masse auf, etwas wie ein Relief entsteht – ein Gesicht? Ein Gedanke drängt sich auf: Sollte man ihm nicht zwei Teufelshörner aufsetzen? Die Finger fühlen sich wohl bei dem Geschäft. Wieder die Stimme: ›Öffnen Sie die Augen!‹ Kein Teufel ist da zu sehen, im Ton ist eine Eule entstanden, altklug und traurig.
›Folgen Sie Ihren Impulsen.‹ Das Tonfeld wird umgepflügt wie ein Schlachtfeld, wieder entsteht etwas. Ich arbeite, als ob es um mein Leben ginge. ›Öffnen Sie die Augen!‹ Ein unangenehmes Gesicht oder besser: ein unvollkommenes starrt mich an, nur halb der Schwere des Tons am unteren Rande entwachsen, der Mund kaum sichtbar, die Nase krumm, die Stirn eingedrückt.
Ich arbeite weiter, versuche, das Gesicht ›schön‹ zu machen, modelliere die Nase, poliere die Stirn. ›Sehen Sie mal nach, was entstanden ist!‹ Das Gesicht – und ich habe die unangenehme Empfindung, daß es etwas von mir ausdrückt – ist noch häßlicher geworden. Ich bin verzweifelt.
Wieder die ruhige, gleichmäßige Stimme: ›Folgen Sie ganz Ihren Impulsen!‹ Plötzlich der unwiderstehliche Drang, am unteren Ende etwas herauszubrechen, herauszureißen. Ich habe einen Klumpen Lehm in der Hand. Forme ein Band daraus, lege es um die Stirn, ziehe, ohne daß ich so recht weiß warum, einige Formen nach, habe das Gefühl, nun bin ich am Ende, öffne die Augen: schön ist das Gesicht immer noch nicht, aber es hat sich verwandelt, es ist ein Stück menschlicher geworden.

Was das alles bedeutet? Symbolkenner mögen vielleicht eine Antwort darauf finden. Aber dies ist gar nicht so wichtig. Entscheidend ist nicht die Erklärung, sondern etwas anderes: die

Erfahrung, daß da Ton und innere Verfassung, außen und innen nicht getrennt waren, daß auf merkwürdige Weise die Arbeit am Ton Arbeit an sich selbst war.

Zwei andere Erscheinungsformen der Therapie in Rütte sind die Zazen-Meditation und die Personale Leibtherapie; die eine, die Meditation, hat Dürckheim aus Japan mitgebracht, die andere hat er aus seinen Erfahrungen dort entwickelt.

In der Leibtherapie wird grundsätzlich unterschieden zwischen »dem Körper, den man hat« und »dem Leib, der man ist« – eine für moderne westliche Menschen etwas schwierige Unterscheidung. »Beim Körper«, so definiert Dürckheim den Unterschied, »geht es um Gesundheit, Leistungskraft. Im Hinblick auf diesen Körper ist der Mensch gegen jede Krankheit, jeden Schmerz und grundsätzlich gegen den Tod eingestellt. Heilen ist hier vor allem Sache des Mediziners. Der Leib dagegen bin ich selbst in der Einheit der Gebärden, in denen ich mich ausdrücke und darstelle, verwirkliche oder verfehle. Der Leib, der ich bin, ist in Ordnung in dem Maße, als ich in ihm und durch ihn durchlässig bin für mein Wesen.« Leibtherapie ist also nicht Massage, sondern Bewußtwerdung von Fehlhaltung, Finden der richtigen Haltung, des »Hara«: »Hara, wörtlich Bauch, meint diejenige Verfassung des ganzen Menschen, in der er gelassen in seiner Leibesmitte ruht und frei ist von einer Mißtrauenshaltung seines Ichs, die ihn in Angst und Sorge festhält.«

Eine zweite Unterscheidung, gleichfalls schwierig für die durch moderne Wissenschaft aufgeklärten Westeuropäer, ist für diese Therapie wichtig – die zwischen grob- und feinstofflichem Leib. »Für gewöhnlich weiß der Mensch nichts davon, daß er gar nicht in der ihm zugedachten Haut lebt. Er weiß nicht, daß er erst, wenn er über seine physische Haut hinaus da ist, wirklich frei selbst da ist. So weiß er auch nicht, daß zu ihm seine Aura, die zugleich seine Strahlung bestimmt, gehört.« Ähnlichkeiten mit vergessenen Mythen und mit modernen Konzepten der Bioenergetik schimmern hier durch. Leibtherapie ist also »eine Art Bewußtseinserweiterung nach innen«, Vertiefung und Intensivierung der Wahrnehmung. Statt weiterer Definitions- und Erklärungsversuche wiederum das Gesprächsprotokoll eines Klienten:

»Ich werde gebeten, die Schuhe auszuziehen und betrete einen kahlen, hellen Raum; die wenigen Einrichtungsgegenstände sind sorgfältig angeordnet. In der Mitte liegt eine Decke, links und rechts, in einigem Abstand, von zwei Sitzkissen flankiert. Der Therapeut erkundigt sich nach meiner Verfassung – etwa in der Form, wie ein Therapeut üblicherweise seinen Patienten zu Beginn einer Stunde befragt und sich auf ihn einzustimmen versucht. Dann lege ich mich auf die Decke, schließe die Augen. Ich soll Kontakt mit dem Untergrund suchen. Zuerst werden die Füße schwer, dann die untere Partie des Rückens, die Schultern, zuletzt der Kopf. Der Rat, sich zu fühlen wie in feuchtem Sand, funktioniert. Das Gefühl stellt sich ein, angenehm entspannt in einer Höhlung zu liegen.
Die Hände des Therapeuten greifen nirgends in die Muskulatur ein, sie berühren nur. Dann immer wieder die Aufforderung, die Verbindung zwischen den Händen des Therapeuten im eigenen Körper herzustellen, zuerst zwischen den Hüftknochen, dann in verschiedenen Etappen an den Beinen; nach Zehenzupfen und Bearbeitung der Fußsohle werden die Verbindungen deutlicher, etwas wie Strömung entsteht, auch über größere Strecken. Das Körpergefühl dehnt sich über die Füße nach unten und über den Kopf nach oben aus.
Am Ende der Stunde liege ich noch ein paar Minuten still, der Atem geht leicht und langsam, von der Körperschwere ist nur noch wenig zu spüren, die Gedanken kommen seltener und im Zeitlupen-Tempo. Ich fühle mich im Frieden mit der Welt.
Das Aufstehen fällt überraschend schwer; die Senkrechte zu finden, ohne zu wackeln, ist zunächst eine Anstrengung, dann wird der Stand sicher. Das Gefühl gewinnt Gestalt, zwischen Himmel und Erde den richtigen Platz gefunden zu haben.«

Äußerlich jedenfalls geschieht in der Leibtherapie wenig, manchmal wird über längere Zeit der Körper des Klienten überhaupt nicht berührt. Die Wirkung scheint davon abhängig zu sein, was der Klient bereit ist, geschehen zu lassen. Die Willensanstrengung jedenfalls nützt überhaupt nichts. Die Wirkung kann schlichtes Wohlbefinden sein, Reduktion von Verspannungen, und sie reicht bis in ungewohnte Erfahrungen von Strömungen, Wärme, Helligkeit.

Za-Zen, die »Grundübung für alle Meditation«, das zweite Exerzitium, das Dürckheim in Rütte eingeführt hat, wird von ihm folgendermaßen beschrieben: »Dies ist eine Übung, die, in korrekter Haltung durchgeführt, als Sitzen in völliger Unbewegtheit des Leibes, im Ledigwerden von allen Inhalten (Bildern und Gedanken), das heißt über die totale ›Leere‹ den Boden bereitet für die Begegnung mit dem ›Wesen‹.«

Von anderen Meditationspraktiken unterscheidet sich Za-Zen durch die Bedeutung, die der rechten Haltung beigemessen wird. Es ist, wenn man so will, die kargste, auf das Wesentlichste beschränkte Meditation: auf das Sitzen und den Versuch, durch Ausschalten von Bildern und Gedanken »Durchlässigkeit zu tieferen Schichten des Unterbewußten zu erreichen und also eine Bewußtseinserweiterung in der ›Leere‹. Entgegengesetzt aber östlicher Sinnbildung bildet die Erfahrung des von allem, was ›Welt‹ ist, entleerten Grundes für uns nicht das Endziel, sondern Durchgang zu einem personalen Ja zur Welt in einem selbst, das gerade durch seine bewußte Verwurzelung im Sein weltkräftiger und gestaltungsmächtiger ist.« Nicht das Nirwana ist das Ziel, sondern das, was C. G. Jung »Individuation« nennt.

Noch einmal statt weiterer Erklärung eine Beschreibung, wobei sie freilich nur eine unzulängliche Wiedergabe ist, mehr von den Schwierigkeiten eines Anfängers handelt und gewiß nicht vom »Satori«, der »Großen Erleuchtung«:

»Morgens, kurz vor 6.45 Uhr. Ich steige die Außentreppe zu einem alten Bauernhaus hinauf, dessen Obergeschoß zu einem Teil als Meditationsraum (Zendo) eingerichtet ist. Ich lege im Vorraum die Schuhe ab und betrete einen Raum mit kleinen Fenstern; Holztäfelung an den Wänden, Matten auf dem Boden. An der Stirnwand eine kleine Buddha-Statue, daneben frische

Blumen. Ich hole Sitzkissen und Unterlage, reihe mich an diejenigen an, die schon vor mir gekommen sind. Ruhiges Stehen, dann sorgfältiges Aussuchen des Sitzes. Die Meditation dauert zweimal eine halbe Stunde, mit einer Pause für Meditieren im Gehen (Kin-hin) dazwischen. Wer sich nachlässig setzt, kriegt es schnell zu spüren.

Etwa ein Dutzend Menschen sitzen in dem Raum, in den die erste Morgendämmerung fällt. Die letzten Laute verstummen. Ein peitschender Knall (zwei Holzstäbe werden zusammengeschlagen): der Beginn. Dann drei Gongschläge, sie hallen nach in der wachsenden Stille. In dieser Stille geschieht viel, beim Anfänger zunächst einmal, was einem aussichtslosen Kampf ähnelt, um all das loszuwerden, loszulassen, was er mitgebracht hat. Immer wieder wird die Konzentration auf das Kommen und Gehen des Atems gestört. Gedanken, Pläne drängen sich dazwischen. Wer sie willentlich verscheuchen will, hält sie nur desto fester, verkrampft plötzlich. Einer schluckt plötzlich – aha, auch in Schwierigkeiten. Wieder nehmen Erinnerungen das Bewußtsein mit: Kürzlich habe ich fast die ganze erste Hälfte der Meditation mit dem Problem zugebracht, das Schlucken zu vermeiden. Langsam wird die Stille dichter, und wieder schießt eine Erinnerung durch den Kopf: die Bemerkung eines Freundes, wie viel power in der gemeinsamen Meditation einer Gruppe steckt. Allmählich lasse ich los, und wie von selber stellt sich eine aufrichtende Kraft ein, die den Oberkörper in eine zugleich gerade und lockere Haltung bringt. Aber das Gefühl verfliegt schnell wieder. Die erwarteten Beschwerden in den Beinen beginnen, sie werden langsam zum Schmerz. Ich fange an, den Schmerz zu betrachten; er bleibt, aber rückt zugleich in Distanz, ist da, aber stört nicht mehr. Ich komme zur Ruhe, das Bewußtsein folgt dem Atem, die Gedanken ziehen sich ein Stück zurück, sie sind zwar noch da, aber nicht mehr so aufdringlich, manchmal nur noch wie Schattenspiele.

Wieder der Gong, langsame Rückkehr, Schlucken, die eingeschlafenen Füße massieren. Was ist geschehen in der Meditation: wenig Bemerkbares, so scheint es; die mühsame Suche nach der richtigen Haltung. Dies ist freilich zugleich die Suche, besser: das Zulassen einer geordneten inneren Verfassung. Eine prägende Erinnerung bleibt zurück und reicht ein Stück weit in den Tag hinein, aber keineswegs in der Form erhabener Gefühle, vielmehr in der Fähigkeit der unbefangenen Wahrnehmung, die bis ins scheinbar Banale geht: Die Frühstücksbrötchen sind rundum ein Genuß.«

Rütte hat eine eigene Atmosphäre, das kleine Dorf liegt in einer tiefen Mulde, die Hügel ringsum lassen nur einen schmalen Ausgang frei. Es gibt manche Damen, die mit etwas verzücktem Augenaufschlag von kosmischen Gefühlen berichten, die sie hier spüren. Glücklicherweise sind solche Reaktionen selten. Und wer danach sucht, wird wohl an vielen Orten die Gelegenheit zu einem Vollbad im Numinosen finden. Die Realität (einschließlich dessen, was man das Numinose nennt) ist härter. Viele jedenfalls, die nach Rütte kommen, geraten in einen inneren Prozeß, der sie durchschüttelt und an dessen gutem Ende sie manchmal zweifeln, fast verzweifeln mögen. Heimsuchung ist ein gutes Wort dafür. Und der seltsame Begriff Gnade – erlebt als Hilfe, wenn vom eigenen Ego nichts mehr übrig ist als die Scherben – gewinnt für manche neue Bedeutung, wird Erfahrung.

Vielleicht haben manche, die von der eigentümlichen Wirkung des Grafen Dürckheim erzählen, nicht so unrecht. Wer sich auf die Begegnung mit Rütte, wer sich auf ihn eingelassen hat, fängt an, in seinen Büchern eine Melodie zu hören und zu verstehen, die ihm vorher entgangen ist. Und wer ihm offen begegnet, mag tatsächlich so etwas spüren wie Präsenz. Vielleicht müßte man es noch einfacher ausdrücken, vom Dasein (für andere) reden, vielleicht nur vom »Sein«.

Karlfried Graf Dürckheim ist am 28. Dezember 1988 gestorben.

Ausgewählte Publikationen

Der Alltag als Übung. Vom Weg der Verwandlung. Bern–Stuttgart–Wien: Huber ^{8}1984. – Durchbruch zum Wesen. Bern–Stuttgart–Wien: Huber ^{8}1985. – Erlebnis und Wandlung. Grundfragen der Selbstfindung. Bern–München–Wien: Scherz (O. W. Barth) Erw. Neuausgabe 1983. – Japan und die Kultur der Stille. Bern–München–Wien: Scherz (O. W. Barth) ^{7}1981. – Meditieren – wozu und wie. Die Wende zum Initiatischen. Freiburg i. Br.: Herder ^{8}1985. – Vom doppelten Ursprung des Menschen. Freiburg i. Br.: Herder (Herder-Bücherei 480) ^{9}1985. – Wunderbare Katze. Bern–München–Wien: Scherz (O. W. Barth) ^{5}1982.

Stanislav Grof

Transpersonale Psychologie – Holotrope Therapie

Steilküste am Pazifik, dahinter Berge und Wildnis, auf einem Plateau ein blühender Garten mit einer kleinen Buddha-Statue, ein Bergbach springt mit einem Wasserfall ins Meer, niedrige Holzhäuser, heiße Schwefelquellen, alte Redwoodbäume – das ist Esalen, Big Sur, Kalifornien. Vor unserer Ankunft hatte ein Erdrutsch die Küstenstraße zwischen San Francisco und Los Angeles lahmgelegt. Monterey, die nächste Stadt, war nur noch durch einen vielstündigen Umweg zu erreichen. Post gab es zweimal in der Woche, öffentliche Verkehrsmittel überhaupt nicht. Aber auch ohne Erdrutsch – es ist eine eigene, eine besondere Welt.

Aldous Huxley, Maslow, Perls, Bateson und andere, die nicht in den üblichen Wissenschaftsbetrieb paßten, haben hier jahrelang gelebt, gearbeitet und zusammen mit Gastdozenten – auch Carl Rogers war darunter – ein wesentliches Stück der humanistischen Psychologie geschaffen. Die Esalen-Seminare waren immer an der Spitze dessen, was in der Psychoszene »in« war. Mit dem Körper zu arbeiten, um Psychisches zu beeinflussen, ist heute sehr modern. In Esalen machte man das immer schon: Rolfing-Massage, Bewegungstherapie à la Feldenkrais, Tai-Chi, Träger. In den wilden sechziger und siebziger Jahren galt Esalen als Hochburg der Gruppendynamik; Fritz Perls machte es zu einem wichtigen Zentrum der Gestalttherapie, und neuerdings ist es Mekka der transpersonalen Psychologie. Das allerneueste sind Pläne, hier eine Art Universität zu gründen. Eine straffe Führung oder auch nur eine einheitliche Linie gibt es kaum. In Esalen wird angeboten, wofür immer sich Interessenten finden. Zur Zeit reicht das Programm vom interdisziplinären Symposium zwi-

schen renommierten Wissenschaftlern über therapeutische Veranstaltungen bis zu Erlebnisfahrten in die Wildnis, und es gibt sogar einen Kurs für Heimcomputer.
Wir sind zum Grof-Seminar »Morgenlandfahrt« gekommen, angelockt von seinen Büchern »Begegnung mit dem Tode« und »Topographie des Unbewußten«, einer Landkarte, die nicht nur weit über den Bereich hinausgeht, den Freud und seine Nachfolger skizziert haben, sondern auch die Paradigmen in Frage stellt, die seit Descartes und Newton als wissenschaftlich gelten. Da sitzen wir nun, mit 32 anderen, auf Kissen auf dem Fußboden – Stühle gibt es in Esalens Seminarräumen nicht. Einige junge Gesichter, aber auch viele in der Midlife-Crisis oder danach. Menschen aus Australien, Kanada, Brasilien, Skandinavien, England, der Bundesrepublik und natürlich den USA; die helfenden Berufe – Ärzte, Psychologen, Theologen, Sozialarbeiter, Krankenschwestern und Krankengymnastinnen – überwiegen. Auch ein Rechtsanwalt, ein Schauspieler, ein Geschäftsmann im Ruhestand und ein Bhagwan-Anhänger sind dabei. Viele sind in Umbruchsituationen, überlegen sich Ihre Scheidung, einen Berufswechsel oder das Aussteigen überhaupt.
Und da kommen sie nun direkt von der Konferenz der Internationalen Transpersonalen Gesellschaft in Davos, mit »jet-lag«, aber noch ohne Gepäck, das unterwegs fehlgeleitet wurde – es scheint der normale Lebensstil der Vielgereisten –, Stanislav Grof, groß und massiv, ein slawischer Bär, mit eigentümlich durchdringenden, dunklen Augen, und seine Frau Christina, fast ebenso groß, schlank – ein schönes Paar. In mühelosem Englisch – er spricht auch deutsch, russisch und französisch und hat neben Latein und Griechisch auch Sanskrit studiert – stellt der gebürtige Tscheche sich vor. Im Anblick der Prager Kathedrale religionslos aufgewachsen – die Eltern waren von unterschiedlicher Konfession und wollten den Kindern eine eigene, unbeeinflußte Wahl ermöglichen – wollte er eigentlich Comicstrip-Zeichner werden. Dann aber entschloß er sich zu Medizin, Psychiatrie und zu einer psychoanalytischen Ausbildung bei dem damals einzigen Analytiker in der Tschechoslowakei, der zunächst das Nazi-Regime

und später die Restriktionen der Kommunisten überstanden hatte und sich damit brüstete, noch freudianischer als Freud zu sein. Grof erzählt mit Schaudern von langen Seminarstunden, die mit Debatten über die Frage zugebracht wurden, ob man Patienten die Hand geben dürfe oder nicht.

Im Jahr 1954 fing er an, mit dem neuen Medikament LSD zu experimentieren. Im Selbstversuch zunächst – es scheint in der Familie zu liegen. Sein jüngerer Bruder, der in Kanada eine psychiatrische Klinik leitet, probiert noch heute jedes Medikament, das er seinen Patienten verschreibt, erst an sich selbst aus. Stanislav Grof wurde schon bei seinem ersten Selbstversuch mit LSD vieles klar, woran er in seiner psychoanalytischen Lehrtherapie lange vergeblich gearbeitet hatte.

Ursprünglich wollten Grof und andere Forscher mit diesen Versuchen dem Rätsel der Schizophrenie näherkommen. Bald stellte sich jedoch heraus, daß die Droge keine spezifische Wirkung hatte, sondern verstärkte, was immer in einem Individuum an psychischen Prozessen vor sich ging. Damit war, wie Grof erläutert, ein Forschungsinstrument für Psychisches gefunden, vergleichbar dem Mikroskop des Biologen. Mit diesem Instrument ließ sich Verdrängtes und Vergessenes, ins Unbewußte abgesunkenes biographisches Material erkennen, es öffnete aber auch den Zugang zu Bewußtseinsbereichen, die sonst nur nach jahrelanger Meditation oder ähnliche Praktiken, wenn überhaupt, zugänglich sind. Und nicht nur das: LSD machte auch eine intensive, therapeutische Behandlung möglich.

In den ersten acht Jahren war diese Forschung ein einsames Geschäft: Grof stieß auf Unglauben und Ablehnung, wenn er im Kollegenkreis davon berichtete, und riskierte dabei seinen Ruf als ernstzunehmender Psychiater. Mitte der sechziger Jahre allerdings gab es in Europa und den USA viele LSD-Forschungszentren. Als Grof 1967 mit den Ergebnissen von zehn Jahren Forschungsarbeit im Gepäck als Mitarbeiter, später Leiter des Psychiatrischen Forschungszentrums in Maryland, Baltimore, in die USA kam, begegnete er neuen Problemen: dem Schwarzmarkt-LSD, der Drogen-Subkultur, den Sensationsberichten

über psychotische Zusammenbrüche, Morde und Selbstmorde unter unkontrolliertem LSD-Einfluß. Das war völlig anders als der ärztliche Gebrauch unter kontrollierten Bedingungen, den Grof gewohnt war.
Das Maryland-Team arbeitete mit Alkoholikern, von denen viele erfolgreich »psychedelisch« therapiert wurden und mit unheilbar Krebskranken – daraus entstand Grofs menschlich bewegendstes Buch, »Die Begegnung mit dem Tod«. Aber dann floß das Geld für diese Forschung spärlicher, und LSD wurde so diskreditiert, daß Ärzte und Psychologen in den USA und in Europa sich davon distanzierten. Nicht so Grof: er verteidigte den kontrollierten Gebrauch von LSD auf Vortragsreisen und machte sich im Bereich der konservativen Psychiatrie und Psychoanalyse damit endgültig zum Außenseiter.
Allein war er mit seinen Vorstellungen vom veränderten Bewußtsein allerdings längst nicht mehr. Zusammen mit Maslow, Sutich und anderen begründete er eine neue, die Transpersonale Psychologie und wurde der Gründungspräsident ihrer internationalen Gesellschaft. Und er fand einen neuen Wohnsitz in Esalen, wo er einer der Direktoren ist. Ob Esalen, die USA, Heimat für ihn sind? Eher ist der Tscheche Grof, der nicht mehr in den sowjetischen Einflußbereich zurückkehren kann, wohl zum Weltbürger geworden. Und Weltbürger ist er auch in seinen Anschauungen. Längst hat er verwandtes Denken nicht nur in der fernöstlichen Mystik, sondern auch in der »härtesten« aller Naturwissenschaften, der modernen Physik, gefunden.
So wenig man von dem Europäer Grof über das Berufliche hinaus von seiner Lern- und Leidensgeschichte erfährt, so offen bekennt sich seine zweite Frau Christina, eine Amerikanerin aus Honolulu, zu der ihren. Was er aus LSD-Sitzungen kennt und beschreibt, scheint sie zuzeiten im Alltag zu leben. Manches davon ließe sich mit psychiatrischen Begriffen fassen. Indes, ihr Mann, der Psychiater, meint dazu: »Sei froh, daß Du das alles so erlebst, andere gehen dafür jahrelang in die Einöde und meditieren.« Sie ist Yoga-Lehrerin, Schülerin des Guru Swami Muktananda. Stan und Christina Grof arbeiten eng zusammen und sagen nicht

»ich«, sondern »wir« machen das Drehbuch zu einem Film, »wir« haben eine neue Technik entwickelt.

Was man mit dieser oder anderen Techniken in veränderten Bewußtseinszuständen erfahren kann, teilt Grof in vier Erlebniskategorien ein:

»Man kann es fühlen, aber nicht beschreiben... Verloren in einem Meer von Farbe ... es ist ein außergewöhnliches, phantastisches Gefühl, ein Teil einer endlosen Galerie von Farben zu sein, die weich und sanft und nachgiebig ist ... außerordentlich, ganz außerordentlich« – so beschreibt Aldous Huxley die besondere Form intensiver ästhetischer Erlebnisse, die Grof zur ersten Ebene der veränderten Wahrnehmung zählt.

Auf der nächsten Ebene, der biographischen, wird erkennbar, was üblicherweise in der Psychotherapie bearbeitet wird. Grof findet hier die Positionen Freuds grundsätzlich bestätigt. Er führt zusätzlich das Konzept der »COEX-Systeme« ein, Systeme verdichteter Erfahrung, deren Entstehungsgeschichte sich weit zurückverfolgen läßt. Die Schwierigkeiten mit Vorgesetzten finden sich in anderer Form wieder im Verhältnis Schüler/Lehrer und Kind/Vater und schließlich in der Art, wie ein Baby die ersten Beziehungen zur Außenwelt aufgenommen und verarbeitet hat. Eine Behandlung ist um so erfolgreicher, je weiter das erinnernde Wiedererleben bis zur Kernerfahrung eines solchen COEX-Systems zurückgehen kann. Diese liegt nach Grof häufig nicht mehr im biographischen Bereich. Ohnehin führen alle seine Behandlungs- und Erlebnisreihen früher oder später in Gebiete, die er die »perinatalen« und die »transpersonalen« nennt – also in den Bereich der Geburtserfahrungen und in jene Welt, die westliche Tradition der Religion reserviert hat, soweit diese Welt überhaupt als real anerkannt und nicht als Aberglauben abgeschrieben wird.

Merkwürdig häufig begegnete Grof dem Erlebnis des Todes, nicht nur bei Schwerkranken, die er in großer Zahl behandelt hat. Es scheint jedenfalls, als ob diese Vorwegnahme im Erlebnis den realen Tod akzeptabler, leichter mache, als ob recht häufig danach sogar ein intensiveres, spirituelleres Leben möglich sei, eine Art Neuanfang. So kam er zu »der aufwühlenden Erkenntnis, daß der Beginn des Lebens und sein Ende einander gleich sind«.

Grof fand vier perinatale Phasen, vier Stadien des Geburtsvorgangs. Die erste vor dem Einsetzen der Geburt ist die Erfahrung der Ureinheit mit der Mutter. Wenn die Entwicklung ungestört verläuft, eine Phase voll Wohlgefühl, ein paradiesischer Zustand »ozeanischer Ekstase«.

Das ändert sich in der zweiten Phase. Die Gebärmutter zieht sich zusammen, der Fötus wird gepreßt, Mutter und Kind bereiten sich gegenseitig Schmerzen. Der Muttermund ist noch geschlossen. Die psychische Entsprechung dieses Vorgangs sind Gefühle von unerträglich qualvollen Situationen, Schrecken von Krieg und Terror, Sinnlosigkeit, niederdrückende Depressionen, Herzangst, Atemnot, »no exit« – ausweglos. In der dritten Phase, der Vorwärtsbewegung durch den Geburtskanal steigern sich Schmerz und Angst über alles Vorstellbare hinaus. Der Muttermund ist aber jetzt geöffnet. Der Fötus wird in einem ständig von Ersticken bedrohten Kampf ums Überleben durch den Geburtskanal vorangetrieben, er begegnet Schleim, Schweiß, Blut, Urin und Kot. Psychische Entsprechungen sind hier revolutionäre Durchbrüche, sadomasochistische Elemente, auch starke sexuelle Erregung. Religionen mit Blutopfern, schwarze Messen, Hexensabbat und Walpurgisnacht und die »vulkanische Ekstase« gehören in diesen Bereich.

In der vierten Phase wird das Kind schließlich ausgestoßen, erlebt Erleichterung und Entspannung, tut den ersten Atemzug, die Nabelschnur wird durchtrennt und das symbiotische Einssein mit der Mutter beendet. Auf der symbolischen Ebene bedeutet dies, daß auf den äußersten Tiefpunkt Befreiung und Erlösung, aber auch Trennung und Alleinsein folgen. In gewisser Weise überschneidet sich diese Phase mit der ersten. Der ganze Prozeß wird oft als Tod und Wiederauferstehung erlebt.

Die Erfahrungen auf dieser Ebene schaffen laut Grof die Verbindung zur dritten, der transzendenten Dimension. Das Bewußtsein überschreitet nun die Grenzen der Person in Form von Reisen in

Raum und Zeit, es reicht zurück in frühere Entwicklungsstadien bis hin zur pflanzlichen oder mineralischen Existenz. Grof sagt, wer sich als Pflanze erlebt habe, könne genau die Photosynthese der Pflanzen beschreiben, auch wenn er vorher davon nichts gewußt habe. Kollektive und rassische Erfahrungen gehören ebenso in diesen Bereich wie spiritistische und mediale. Man kann Archetypischem im Sinne von C. G. Jung begegnen und, in der höchsten Form, das Bewußtsein des universalen Geistes erfahren, wie es die großen Mystiker aller Zeiten und Religionen beschreiben.

Grof illustriert die Erfahrungen auf den verschiedenen Ebenen mit einer stupenden Fülle von Bildmaterial aus den Religionen und magischen Gebräuchen der Erde. Ebenso genüßlich verweilt er bei mittelalterlichen Hexen und der Walpurgisnacht wie im hinduistischen Götterhimmel, schöpft aus allen möglichen literarischen und philosophischen Quellen, würzt mit Comiczeichnungen und vergleicht immer wieder mit Erlebnisberichten von LSD-Sitzungen.

Um den Zugang zum Unbewußten aufzuschließen, verwendet Grof heute eine andere Methode: »Breathing«, intensives Atmen (Hyperventilation). Statt Erklärungen die Schilderung eines Teilnehmers an einem solchen »Breathing«:

»Etwas nervös und ängstlich liege ich in einer verdunkelten Halle, neben mir sitzt mein ›Sitter‹. Er soll aufpassen, daß ich auf der Matte bleibe, soll Sicherheit vermitteln. In einigem Abstand sitzen und liegen die anderen Gruppenmitglieder. Christina Grof leitet zur Entspannung an: Und nun schließen Sie die Augen, atmen tief und schnell – bis dahin ist es nicht schwierig. Aber dann stürzt aus den Lautsprechern Musik, aufreizend, hektisch, hysterisch. Ich atme weiter, tief und schnell, höre nach einer Weile Stöhnen und Schreien, kann nicht unterscheiden, ob dies die anderen Gruppenmitglieder sind oder das Tonband. Als mein Unbehagen fast unerträglich wird, rolle ich mich wie ein Embryo zusammen und – fühle mich auf einmal sicher, friedlich und heiter wie im Mutterschoß oder eher im Zentrum eines Hurri-

kans, denn um mich herum ist die Hölle los. Hieronymus Boschs Dämonen tanzen mit denen vom tibetanischen Totenbuch, drohen, quälen, martern. Irgendwie ist das auch meine Qual, meine Aggression. Und doch fühle ich mich geborgen.
Später fangen meine Hände und Füße an, angenehm zu kribbeln, als ob ein Bergbach in meinen Adern sprudelte. Nun bin ich in der Musik oder die Musik in mir. Bilder einer sehr lebendigen, indischen Stadt ziehen vorbei, ein Tempeldistrikt mit rituellem Tanz. Ich bin dieser Tanz, finde immer neue Bewegungen, bin glücklich. Und ich versuche, etwas von diesem Frieden, dieser Freude meinen stöhnenden Nachbarn mitzuteilen. Manchmal hört das Stöhnen dann auf. Zum Schluß sehe ich mich mit der Gruppe in einem sonnenbeschienenen Frühlingswald.«

»Breathing«, Hyperventilation, verändert den Sauerstoffgehalt im Körper. Das Unbehagen am Anfang ist dabei häufig, die Überwindung immer wieder ähnlich: nicht dagegen ankämpfen, loslassen, geschehen lassen. Grof geht es darum, die Energien fließen zu lassen.
Einige Teilnehmer liegen zunächst mit verkrampft verdrehten Händen, anderen schüttelt diese Energie den ganzen Körper durch. Manche sind in dieser Verfassung wesentlich gewandter und stärker als in ihrem normalen Bewußtseinszustand. Mitgenommen ist nach den ein bis zwei Stunden (man kann nach Belieben aufhören) fast jeder, müde eigentlich niemand.
Die Erfahrungen sind vielgestaltig: Einer Teilnehmerin, die einen Hang zu Süßigkeiten hat, erscheint ein freundlicher Sarotti-Mohr mit einer Schale voll Pralinen; einer träumt, wie er auf einer mittelalterlichen englischen Dorfwiese zum Tanz aufspielt, und er geigt wie verrückt; einer sieht sich als Sperma im Wettlauf zum Ei als triumphierender Sieger; ein Priester erlebt das Leiden Christi.
Durch Geburts- und Todesschmerzen gehen viele. Die Esalen-Atmosphäre, die Gruppe, die Vorträge, die Atemtechnik, die Musik – es wirkt wohl alles zusammen, um diese Erlebnisse

zustandezubringen. Als bloße Suggestion kann man sie wohl nicht abtun, dafür sind sie zu unterschiedlich, zu persönlich.
Während der »Breathings« sind die Grofs dabei, helfen, vor allem gegen Ende, die Situation aufzulösen. Wo etwa Schmerz, Hoffnungslosigkeit wie ein Alpdruck auf der Brust liegen, verstärken sie diesen Druck oft und provozieren so den Aufschrei, das Aufbäumen – die Entladung. Stanislav Grof hat einen sechsten Sinn dafür, wann und wie er gebraucht wird.
Sein therapeutisches Konzept? Am besten läßt es sich an dem Ratschlag exemplifizieren, den er einem Teilnehmer gab, der sich als angepaßt und wenig kreativ beschrieb und dem beim Breathing sein strenges Sauberkeitstraining als Kleinkind in die Quere gekommen war. Er konnte nicht loslassen. Grofs Rat: beim nächsten Breathing – mit entsprechenden Vorkehrungen – sich gehenzulassen, sich nicht um die Kontrolle der Harnblase zu kümmern. Aus eigener Erfahrung wisse er, wieviel ungehemmter man hinterher reden und schreiben könne.
Was hier am drastischen Beispiel erkennbar wird, bringt Grof auf den Begriff: »Man wird Aggressionen los, indem man Aggressionen durchlebt, Versagen los, indem man Versagen durchlebt, Depressionen los, indem man Depressionen durchlebt.« Abreaktion ist ein wichtiges Wort in Grofs therapeutischem Vokabular. Und mit einem Seitenhieb auf manche seiner Kollegen meint er: »Es ist wirklich entmutigend für Psychotherapeuten, für die helfenden Berufe überhaupt, zu sehen, wie die Leute sich heilen können, ohne viel äußere Hilfe.« Was man vor allem brauche: eine freundliche, unterstützende Umgebung und keine Be- oder Verurteilung. Tolerantes Akzeptieren wird großgeschrieben. Und dies ist wohl das Eindrucksvollste an der Grofschen Therapie, wieviel hier zugelassen und damit bearbeitbar wird.

Es ist gut, daß bei all dem Jack Kornfield dabei ist, ein amerikanischer Jude und ordinierter buddhistischer Mönch, ein knochendünner Asket, denkbar größter Gegensatz zu seinem genußfreudigen Freund Grof, dem der Ruf des »transzendentalen Hedonisten« anhängt. Jack kümmert sich um alle. Und wenn er mit gekreuzten Beinen und funkelnden Augen seine Geschichten erzählt, versetzt er die Gruppe in Tausendundeine Nacht: »Den unglaublichen Mullah Nasruddin bat sein Nachbar, ihm seinen Esel für einen Gang zum Markt zu leihen. Der Esel sei in anderen Geschäften fort, meint Nasruddin. Da tönt es aus dem Stall ›iah‹. Vom Nachbarn zur Rede gestellt, brüllt Nasruddin: ›Glaubst Du dem Nasruddin oder dem Esel?‹« Angesichts all der Erstaunlichkeiten in Esalen rät Jack, dem Esel zu glauben.

Jack lehrt die Weisheit des Buddha, die nicht Wissen und Macht ist, sondern das Glück des inneren Friedens, bei dem kein ach so wichtiges Ego mehr zu schützen, nichts zu gewinnen und nichts zu verlieren ist. Wir kreuzen unsere widerstrebenden abendländischen Knochen zum Meditationssitz: »Laß kommen, nimm es wahr, laß es gehen, gehe sanft zum Atem zurück« – so sollen wir mit Gedanken und Bildern, Wünschen und Schmerzen, mit Haß und Liebe umgehen.

Leben heißt Leiden für Buddhisten, und dem Leidenden gebührt Mitgefühl. »Ein junger Mann aus gutem Hause«, so erzählt Jack, »kommt zum Abt eines Klosters und will das Dharma, die Wahrheit, kennenlernen, schnell. – Das ist schwierig, meint der Abt, was kannst Du denn? Der junge Mann, der bislang sich seines Daseins freute und nichts gelernt hat, meint, er könne immerhin Schach spielen. Der Abt läßt einen Mönch kommen und mit ihm spielen. Wer verliert, muß sterben. Die beiden spielen mit äußerster Konzentration, und das wechselnde Glück neigt sich schließlich dem jungen Mann zu. Er blickt auf, sieht die abgearbeiteten Hände des alten Mönchs und sein gutes Gesicht und – schenkt ihm den Sieg. Und der Abt schenkt ihm, er hat seine Lektion gelernt, das Leben.«

Jack wird abgelöst von einem tibetischen Lama, der spät abends in tiefstem Baß die Gesänge zelebriert, die den Toten im Jenseits den richtigen Weg weisen. Schmerzvoll sitzen wir wieder im Meditationssitz; vor den geöffneten Fenstern kommen und gehen die Pazifikwellen. Eine Anweisung zum richtigen Leben sei, was er singt, meint der Lama, mehr als eine zum richtigen Sterben. Die Dämonen der Hölle, das Böse dieser Welt, sind nichts als

Projektionen unseres egoistischen Denkens und Seins. Loslassen – so lautet auch seine Botschaft.
Grof selbst liegen die hinduistischen Religionsformen wohl näher als die buddhistischen. Besonders wichtig sind ihm die tantrischen Systeme – sie finden sich sowohl im Hinduismus wie im Buddhismus. Das Konzept der Kundalinikraft dort ist dem Energiebegriff Grofs sehr nahe. Kundalini – im Osten als eine in jedem Menschen schlummernde Schlange symbolisiert – kann durch Yoga oder andere Übungen geweckt werden. Manchmal geschieht das unerwartet, explosiv, nicht ohne gesundheitliche Risiken. Diese innere Kraft weckt die »Organe« höheren Bewußtseins, die Chakras, zum Leben. Tantra ist ein Kult, in dem weibliche Gottheiten eine große Rolle spielen. Die rituelle Vereinigung von Shiva und Shakti, von männlichem, reinen Bewußtsein mit weiblicher, reiner Energie, öffnet den Weg zur Transzendenz.
So unterschiedlich und vielgestaltig die östlichen Religionssysteme sind, so haben sie eins gemeinsam – übrigens auch mit der abendländischen Mystik: die direkte, persönliche, nicht intellektuelle Erfahrung einer anderen Wirklichkeit. Die Hindus nennen sie Brahman, die Buddhisten Dharma oder Tao, bei den Christen ist es die Erfahrung Gottes. Grof beschreibt dieses Letzte, die Ureinheit, im Bilde des Ozeans, aus dem alles kommt und in den alles zurückkehrt. In dieser Einheit lösen sich letzten Endes auch alle Gegensätze auf – eine schwierige Vorstellung für abendländisches Denken. Durch eben dieses gegenständliche, objektive Denken, so lehrt östliche Weisheit, werden diese Gegensätze erst erschaffen: Um Schönheit zu erkennen, brauchen wir das Häßliche, um das Gute zu denken und zu tun, das Böse; Gewinnen und Verlieren, Licht und Dunkelheit sind zwei Seiten desselben Phänomens. Auch Raum und Zeit sind begrenzte Konzepte, die sich auf höherer Ebene vereinigen lassen. Sogar Leere und Form sind zwei Aspekte derselben Realität, die im stetigen Wandel ist: Shiva, der tanzende Gott, schafft und zerstört die Welt. Es ist eine Welt, an deren Ganzheit jeder Mensch, jedes Ding teilhat. In den Veden heißt es: »Im Himmel Indras gibt es

ein Perlennetz, sieht man eine Perle an, so spiegeln sich alle anderen darin. Und so ist jedes Ding in dieser Welt nicht nur es selbst, sondern beschließt alle anderen Dinge in sich, ist alles andere.«

Frappierend ähnlich schildert der Physiker Capra das Weltbild der modernen Naturwissenschaft, wie es sich für ihn aus Relativitätstheorie, Quanten- und Astrophysik ergibt. Sein Gedankengang: das Universum ist nicht, wie in der traditionellen Naturwissenschaft, die auf Descartes und Newton zurückgeht, eine Art Maschine, deren Teile mechanisch aufeinander einwirken, sondern unteilbares, dynamisches Ganzes. Nach Heisenbergs »Weltformel« gibt es keine Teile, die nicht mit dem Ganzen verkoppelt und vernetzt wären. Die Kategorien von Raum und Zeit, Materie und Energie verschwimmen. Das Bewußtsein des experimentierenden Beobachters spielt eine entscheidende Rolle. Ja, das Universum wird zu einem Gewebe dynamisch untereinander verbundener Geschehnisse, deren Eigenschaften wesentlich von unseren Beobachtungsmethoden abhängen, gewissermaßen Spiegelungen der Strukturen unseres Bewußtseins sind. In diesem Weltbild finden die indische Philosophie wie die Monadenlehre Leibniz' ihren Platz – und auch Grof.

Ihn fasziniert eine technische Neuheit, die Holographie – ein photographisches Verfahren, das eine ungewöhnliche Speicherkapazität für Informationen erlaubt. Das Interessanteste für Grof ist dabei, daß jedes Bildteilchen die Information über die ganze »Gestalt« trägt, etwas unschärfer und verwaschener zwar, aber genauso abrufbar wie vom ganzen Bild. Ähnlich stellt sich Grof die Speicherung im menschlichen Bewußtsein vor. Auch dieses Bewußtsein weiß vom »Ganzen«, allerdings muß dieses Wissen zugänglich gemacht werden.

Für Grof bieten diese Denkmodelle den Begriffsrahmen für viele sonst unerklärliche Beobachtungen seiner Forschung. Jungsche Archetypen, platonische »Ideen« könnten als Muster dem universalen Bewußtsein eingewebt sein. Räumliche und zeitliche Ausdehnung des Bewußtseins, übersinnliche Wahrnehmung, spirituelles Heilen lassen sich in diesem Denkmodell begreifen.

Spirituelles Heilen führt in Esalen Don José vor, Huichol-Indianer und Schamane wie aus Castanedas Büchern entsprungen. Hundertundsechs Jahre sei er alt, heißt es, in malerisch bestickter Kleidung sitzt er auf leuchtend bunten indianischen Decken. Mit 69 habe er seine Berufung gespürt, nachdem er zuvor lange, einsame Jahre verbracht hatte, bis ihm in Trance ein Tiergeist erschien, der ihn lehrte, mit Vater Sonne und Mutter Erde, Großvater Ozean und Großmutter Feuer zu reden. Er ist katholisch, aber Christus ist für ihn »ein Huichol aus Mexico City«. Abends sitzt Grof an der Trommel, wir anderen schwingen Rasseln und tanzen ums Feuer. Mit dieser Begleitung versöhnt Don José in Esalen Erde und Ozean, die über den Raubbau der Menschen böse sind.

Zum Schluß, es ist fast Mitternacht, macht er eine Heilungszeremonie, streicht mit Federn über Verletztes, saugt Krankheiten aus und spuckt sie mit Abscheu in ein Gefäß. Obwohl er zwischendurch Witze macht, habe ich noch nie einen europäischen Arzt so konzentriert und voller Mitgefühl erlebt.

Schließlich kommt, gar nicht exotisch, vielleicht der erstaunlichste Gast: Ann Armstrong, »psychic«, Hellseherin. Eine zartgliedrige Frau um die sechzig. Möglich, daß sie einmal war, was man eine »Southern Belle« nennt. Inzwischen hat sie einen langen Weg am Rande der Psychose und des Todes zurückgelegt, einen Weg, von dem sie erzählt, daß er sie auch zur Wahrnehmung von Ereignissen und Wesen führte, die dem normalen Bewußtsein fremd sind. Immer wieder betont sie, wie wichtig es sei, sich in dieser anderen Welt als eigenständiges Wesen zu behaupten, wie wichtig auch moralisches Denken, moralisches Verhalten.

Und sie versteht sich auf Menschen. Über einzelne Gruppenmitglieder oder deren abwesende Familienangehörige sagt sie frappierend Genaues, ohne daß man ihr davon erzählt hätte. Indes, sie erhebt keinen Monopolanspruch. Unter ihrer Anleitung üben wir paarweise hellsehen. Ich nenne meiner Partnerin Namen und

Wohnort einer Person, an die ich denke. Sie schließt die Augen, und ich frage nach einer Liste – neutral und ohne zu erkennen zu geben, was ich von ihren Antworten halte –, wie dieser Mensch aussieht, geht, steht, wohnt, was für ein Auto er fährt, welchen Beruf er hat und welche Krankheiten. Sie beschreibt sehr detailliert und anschaulich einen älteren Mann; er hatte nur leider keinerlei Ähnlichkeit mit meinem Sohn, an den ich gedacht hatte.
Umgekehrt war sie mit mir freundlicher und gab mit einem erstaunten Ausruf zu erkennen, daß ich's getroffen hatte, als ich das erste Bild eines Menschen, das mir vor die geschlossenen Augen kam, mutig beschrieb. Der Rest war dann leicht. Den Vogel schoß jedoch ein englischer Psychiater ab. Seine Partnerin hatte sich ihre todkranke Mutter vorgestellt. Er wurde plötzlich diese Mutter, fühlte ihre Schmerzen und Sorgen, und die beiden hatten ein Gespräch miteinander, wie es echter und intensiver real nicht hätte sein können.

Die Grofs haben als Anwendung ihrer Erfahrung SEN (Spiritual Emergency Network) gegründet, eine Hilfsorganisation für Menschen, deren spirituelle Entwicklung sie in Bereiche führt, die normalerweise als psychotisch gelten. Für die Grofs ist Psychose »Weg des Helden in die Unterwelt«, wie ihn der Mythologe Joseph Campbell (»Der Heros in tausend Gestalten«) beschreibt. Statt einen solchen Weg medikamentös zu verhindern, wie es in der Psychiatrie üblicherweise geschieht, soll der »Held« ihn in verständnisvoller Umgebung durchstehen und bewältigen, ähnlich wie Indianer ihre Initiation zum Schamanen.
Zusammenfassend skizziert Grof das neue Weltbild: Der Kosmos besteht nicht, wie wir zu denken gewohnt sind, aus unbelebter Materie, die nach Jahrmilliarden irgendwann einmal »zufällig« Leben hervorbrachte, woraus wiederum in Jahrmillionen »zufällig« Bewußtsein als ausschließlich menschliches Vermögen entstand. Bewußtsein ist vielmehr umgekehrt das Primäre, es schafft alles und durchdringt alles; auch ein Stein

hat in diesem Sinne Bewußtsein. Und wir sind sehr wörtlich »Kinder der Mutter Erde«.
Mit dieser neuen Weltsicht, dem neuen Paradigma, liegt Grof auf ähnlicher Linie wie der Wendezeitautor Capra oder die Publizistin der »Sanften Verschwörung«, Marilyn Ferguson. Er identifiziert sich jedoch nicht mit der ganzen »New Age«-Bewegung: »Das ist ein dicker Sack voll unterschiedlicher Glaubensrichtungen und Methoden, einige vernünftig, einige verrückt.
Die Transpersonale Psychologie (Grof ist einer ihrer Hauptvertreter) ist eine dieser Richtungen. »Sie fördert die spirituelle Dimension der Psyche, ohne sich auf eine bestimmte religiöse Orientierung festzulegen.«
Grofs Terminplan ist atemberaubend; alljährlich Seminare und Vorträge in den USA, Australien, Südamerika, Indien und Europa; in den letzten zehn Jahren sind fünf Bücher und zahlreiche Artikel von ihm erschienen, über Geburt und Tod, Sex und Spiritualität und ihre Verbindung zur Wissenschaft. »Ich wollte immer wissen«, sagt er von sich, und Erleben und Forschen ist seine Sache wohl mehr als therapeutische Kleinarbeit. Ein faustischer Mensch? – Magie und Walpurgisnacht, der Gang zu den Müttern und schließlich die Unio mystica – es paßt gar nicht so schlecht. Jedenfalls ist der religionslos Erzogene einer der Wegbereiter einer neuen Psychologie geworden, die mit einer großen Gegenbewegung das religiöse Erleben als »eingeborene Fähigkeit der Seele« wieder in ihr Recht einsetzen will nach Jahrhunderten der Aufklärung und des Kampfes gegen die »Schlammflut des Okkulten«, die Freud trockenlegen wollte.
»Zu wollen, zu wissen, zu wagen und zu schweigen«, schworen mit gutem Grund seit der Antike die Esoteriker. Mit den neuen Techniken wird Mystisches leicht erreichbar, offen für viele, offen auch für Mißbrauch, für Rausch und Weltflucht. Es kann auch anders sein. Eine junge Teilnehmerin an einem Grofschen Viertageseminar in der Bundesrepublik, beruflich mit der Rehabilitation heroinabhängiger Frauen beschäftigt, hat Partner und Kind durch einen Unfall verloren. Ihre erste Breathing-Sitzung erfüllt ihren größten Wunsch: Sie hält ihr Kind noch einmal in

den Armen. Dann, nach langem inneren Kampf, legt sie es freiwillig auf einen Altar zurück. Zwei Tage später erlebt sie in der zweiten Sitzung ihre kleine Tochter als schöne junge Frau. Und diesmal ist es umgekehrt: die Tochter hält sie. Und dieses Gefühl, gehalten, getragen zu sein – sie hat es bei ihrer Mutter nie erlebt –, ist ihr geblieben.

Ausgewählte Publikationen

Topographie des Unbewußten. LSD im Dienst der tiefenpsychologischen Forschung. (Engl. 1975) Stuttgart: Klett/Cotta ²1983. – Grof, S./ Halifax, J.: Die Begegnung mit dem Tod. (Engl. 1977) Stuttgart: Klett/ Cotta 1980. – LSD-Psychotherapie. (Engl. 1980) Stuttgart: Klett/Cotta 1983. – Grof, S. u. C.: Jenseits des Todes. An den Toren des Bewußtseins. (Engl. 1980) München: Kösel 1984. – Geburt, Tod und Transzendenz. Neue Dimensionen in der Psychologie. München: Kösel 1985. – Alte Weisheit und modernes Denken. Spirituelle Traditionen in Ost und West im Dialog mit der neuen Wissenschaft. (Engl. 1984) München: Kösel 1986. – Das Abenteuer der Selbstentdeckung. Heilung durch veränderte Bewußtseinszustände. Ein Leitfaden. München: Kösel 1987.

Hilarion Petzold

Integrative Therapie

Es gibt Menschen, deren Leben sich in einer einzigen, exemplarischen Situation dem Verständnis erschließt. Hilarion Petzold gehört nicht zu ihnen. Da ist nicht das eine Bild, in dem er sich begreifen ließe, viele Bilder drängen sich auf.
Der Zauberer, der scheinbar ganz intuitiv mit wenigen Interventionen genau die Szene hervorruft, die einen Menschen lange bedrängt und gelähmt hat. Er findet sie mit natürlicher Eleganz, wie die Katze eine Maus fängt, und erklärt nicht ganz ohne schnurrendes Behagen, wie er das gemacht hat – lege artis natürlich, in strikter Anwendung eines lehrbaren therapeutischen Verfahrens.
Der Dozent, den ein hingeworfenes Stichwort in lange und druckreife Exkursionen lockt – etwa über die Bedeutung des Ritus in der Psychotherapie (»Wir suchen neue Formen für das, was in alten Kulturen nach vorgegebenem Muster ablief«) oder über verschiedene Therapiestile. Unversehens wird ein Kolleg daraus, und während einige Zuhörer von der Müdigkeit sanft davongetragen werden, wandert er unbeirrt durch die Entwicklungsgeschichte der Therapie, erörtert Vorteile und Risiken der verschiedenen Stile, zeigt, wo Berührung oder Abgrenzung, wo Offenheit oder »Abstinenz« jeweils sinnvoll sind und welchen Sinn sie haben – vergleichende Psychotherapie.
Der Beobachter, den etwas fülligen Körper elegant hingestreckt auf einer Matte, die Beine zierlich geordnet, den Kopf elegant aufgestützt. In dieser Pose etwa könnte man sich Petronius bei einem römischen Gastmahl vorstellen, jeden falschen Ton, jede verunglückte Geste wahrnehmend, unbestechlich, genau – und mit einem leisen Anflug von dejà vue.

Der Zugewandte, der den Schmerz, der im Gewahrwerden alter Wunden aufbricht, nachfühlt, als wäre er sein eigener, der mit einer fast unmerklichen Handbewegung zeigt: ich bin für dich da, und dessen Gesicht an das einer Mutter erinnert, die über ihr krankes Kind gebeugt ist.
Der Kumpel, der sich von uns in voller Montur ins Wasser werfen läßt (genauer: dem Stoß durch einen Hechtsprung zuvorkommt) und mit triefenden Hosenbeinen, Salzwasser im rötlichen Bart, dem Meer entsteigt: Neptun auf Landgang. Und auch der Distanzierte, der vereinnahmender Kameraderie ganz undramatisch, aber fühlbar Grenzen setzt.
Viele Rollen, auch viele Interessen. Die Liste der Veröffentlichungen des 42jährigen (sie umfaßt zehn eng bedruckte Seiten) läßt zwar Schwerpunkte erkennen – Gestaltarbeit, Körpertherapie, Psychodrama, Arbeit mit alten Menschen –, aber sie ist zugleich auch ein Gang durch viele Landschaften. Und am Rande taucht auch scheinbar Kurioses auf: »Frühjahrsklauenpflege«, »Bemerkungen zur Erforschung der altserbischen Kirchenmusik« oder ein Aufsatz über »Die Kunst der Naiven«.
Petzold hat dreimal promoviert, als 24jähriger in Paris als Theologe (über Spezialprobleme im orthodoxen Eherecht), drei Jahre später (1971) in Philosophie und Psychologie bei Gabriel Marcel (»Eschatologie und Anthropologie aus der Sicht ostkirchlicher Religionsphilosophie und -psychologie«), und schließlich 1975 in Heil- und Sonderpädagogik an der Universität Frankfurt. Er ist Professor für klinische Bewegungstherapie und Psychomotorik an der Freien Universität Amsterdam, hat Lehraufträge an den Universitäten Graz, Frankfurt und Bern und leitet das Fritz-Perls-Institut, eine der großen Ausbildungsstätten für Therapeuten in Deutschland. Er spricht »acht oder neun Sprachen«, nicht gerechnet die alten, die er liest.
»Alle Psychotherapeuten«, erklärt er, »die großen wie die kleinen, versuchen in dem Verfahren, das sie wählen oder entwickeln, ein Stück ihres eigenen Lebens, ihrer Lebensgeschichte auszudrükken und zu bewältigen.« Bei Petzold – in so vielen Rollen gerecht, mit so weitgespannten Interessen, an so vielen Orten

lehrend und lernend – leuchtet dieser Gedanke unmittelbar ein. Integration lautet das Schlüsselwort für seine Lebensbewältigung, und nicht zufällig nennt er sein Verfahren »Integrative Therapie«.

Schon die Familie hat dem jungen Hilarion eine ganz ansehnliche Ausstattung mitgegeben. Der Vater – die Familie, die von deutschen Siedlern abstammt, kommt aus Rußland und Polen – war Saatgutexperte und hat sich viel mit naturwissenschaftlichen Fragen beschäftigt. »Mein Vater ging fast jedes Wochenende mit uns durch die Natur und erklärte uns Pflanzen und Tiere – mit neun, zehn Jahren hatten wir das drauf.« Die Mutter, eine Düsseldorferin, ist mit der Musik, mit dem Theater aufgewachsen, stand selber auf der Bühne. Von klein auf wurden Kindertagebücher geführt, in Reimen abgefaßt und illustriert. Mit Vettern und Basen wurde Theater gespielt, wurden Puppenstücke aufgeführt, mit selbstverfaßten Texten natürlich und mit selbstgebastelten Puppen.

Nicht nur zum eigenen Vergnügen, obwohl auch dies ganz beträchtlich gewesen sein muß. Die Mutter gab da ein Beispiel. »Sie hat im Zweiten Weltkrieg als Rote-Kreuz-Schwester für Schwerkranke und Sterbende Gedichte geschrieben, auch zusammen mit ihnen. Sie hat ihnen vorgelesen und sie ermutigt, sich ihr Leid von der Seele zu schreiben.« Die Kinder der Großfamilie zogen in Altersheime und spielten mit Verwandten und für sie. Therapie für alte Leute – mit Poesie, Puppenspiel, Geschichtenschreiben – ist später ein wichtiges Feld der Integrativen Therapie geworden, sehr präzise ausgearbeitet, nach kritisch-wissenschaftlicher Durchmusterung aller anderen Bemühungen auf diesem Gebiet. Und die Begleitung Sterbender ist vielleicht das anrührendste Beispiel der therapeutischen Arbeit Petzolds. Sie geschieht ja in einem schwierigen Grenzbereich, wo es nicht mehr um das übliche Heilen und Wachsenkönnen geht, sondern ums Trösten und Abschiednehmen. Mit eleganter Technik allein kann hier kein Therapeut bestehen.

Von der Vaterseite hat Hilarion Petzold neben dem Interesse für Naturwissenschaft noch etwas anderes, Wichtiges mitbekommen

– von den alten Leuten aus dem Osten, den Brüdern des Vaters, den Großonkeln und Großtanten, die nach der russischen Revolution und zwischen den Kriegen nach Deutschland zurückgekehrt waren. »Schwere, schwermütige, nach innen gekehrte Menschen, die sehr fromm waren«, so schildert er sie. Etwas von der russischen Frömmigkeit brachten sie mit, wie sie in der »Aufrichtigen Erzählung eines Pilgers« oder im »Dobratolubije« aufscheint, der russischen Wiedergabe von Zeugnissen alter Beter. »Wenn sie dasaßen und erzählten, in russisch, polnisch oder deutsch mit baltischem Akzent, da entstand in ihrer Gegenwart ein Gefühl: man sitzt am Kachelofen; es ist Winter, aber man ist gut behaust. Da war es oft eng; die Großmutter hat viele Flüchtlinge untergebracht. Aber trotz Beengtheit, auch Armut, gab es eine Stimmung von Ruhe und Weite, entstand Atmosphäre« – ein Schlüsselwort später in Petzolds Therapie.

Der Schüler Petzold schreibt Kurzgeschichten, gewinnt auch einen Preis, liest zusammen mit einem Dominikanerpater Thomas von Aquin und bereitet sich für die Agrarwissenschaft vor. Er arbeitet in der Landwirtschaft, aber ein Unfall zwingt ihn zur Änderung seiner Pläne. Er geht nach Paris an die Theologische Fakultät. Und er begegnet dort dem Philosophen Gabriel Marcel. Noch heute spricht er mit Wärme, mit Verehrung von ihm: »Ein kleiner Mann; viel älter aussehend als siebzig, mit überproportional großem Kopf und sehr klaren, aufmerksamen Augen. Er gab einem das Gefühl, als ganze Person angenommen zu werden. Ihm gelang es sofort, einen Dialog herzustellen, ein sokratisches Gespräch, in dem man sich selber besser kennenlernte, besser begriff. Es waren philosophische Gespräche mit therapeutischem Charakter. Auch seine Theaterstücke sind ja eigentlich eine Form dramatischer Therapie.«

In Paris beginnt eine erstaunliche Entdeckungsreise. Sie fängt an bei der Philosophie und erreicht fast alle Bereiche der Psychotherapie. Dem Weg zu folgen, ist nicht immer einfach, aber es ist lohnend, denn er führt vor Augen, wie groß die Vielfalt der Psychotherapie ist, die Petzold integrieren will – und auch, wie schwer diese Aufgabe ist.

In Paris formt sich die philosophische und anthropologische Grundüberzeugung Petzolds. Sie entfaltet sich an dem Begriff »Leiblichkeit«. Es ist ein schwieriger Begriff, weil er, darauf weist Marcel hin, eine »abgründige Zweideutigkeit des Menschen« benennt, an der sich viele Philosophen abgearbeitet haben: ein Leib *sein* und einen Körper *haben*, Subjekt sein und sich selber zum Objekt haben. Es geht um jene »vieldeutige Beziehung, die mich mit mir selber verbindet« – und mit der Welt.

Diese heikle Beziehung wahrzunehmen, ist weit mehr als eine Marotte der Philosophen, denn wo sie zerrissen ist, hat dies sehr praktische Bedeutung. Es entstehen zwei Kulturen – eine idealistische Philosophie des Bewußtseins, die sich nicht selten ins anmutige Ghetto der Geisteswissenschaften zurückzieht, und ein Naturalismus, der selbstsicher in der Naturwissenschaft Triumphe feiert.

Die Phänomenologen versuchen, die lebendige Beziehung zwischen Natur und Bewußtsein wiederherzustellen. Einer ihrer bedeutendsten französischen Vertreter, Maurice Merleau-Ponty, von dem Petzold stark beeinflußt wurde, arbeitet mit der Vorstellung des »inkarnierten Sinns«, der sich in Gestalten und Strukturen ausdrückt. Sie stellen für ihn die ursprüngliche Organisation der Wirklichkeit dar, sie sind weder Ding noch Idee, aber sie formen den Leib. Philosophieren wird für Merleau-Ponty zum »behutsamen Abtasten und Umkreisen von Phänomenen, zur Kunst, Zeichen zu lesen, am geringsten Detail einen Gesamtsinn zu entdecken«. Nicht zufällig trifft diese Beschreibung auch einen wesentlichen Teil der Arbeit eines Therapeuten.

Im Leib sind ja die Spuren der Geschichte eingeprägt, der Lebens-, Familien, Gattungs- und Kulturgeschichte. In diesem *Kontinuum* bewegt sich der Mensch. Er steht aber auch im *Kontext* eines ökologischen und sozialen Umfelds. Nicht das unabhängige Individuum wird hier gefeiert; »der Mensch wird zu dem, was er ist, durch andere; Mensch wird man durch den Mitmenschen«. (Petzold)

Auch diese anthropologische Grundüberzeugung hat unmittelbare praktische Bedeutung. Krankheit entsteht dort, wo diese Beziehungen gestört sind. Und auch die Rolle des Arztes wird dadurch bestimmt. Zu dessen Selbstverständnis muß es gehören, so fordert Marcel, »daß all seinen diagnostischen Reflexionen und therapeutischen Anstrengungen ein spontanes Gewahrwerden des anderen Menschen voraus- und zugrundeliegt . . . Aus dieser Teilnahme, dieser Fähigkeit, sich auf den anderen rückhaltlos einzulassen und sich im Mitsein mit ihm zu entdecken: daraus ergibt sich alles ärztliche Tun.« Therapeuten sprechen von Empathie; sie ist die Grundvoraussetzung ihrer Arbeit.

Wie aber sieht Empathie aus, was wird da gespürt? Eine Antwort darauf findet sich in der »Phänomenologie der Wahrnehmung des Kieler Philosophen Hermann Schmitz, auf den sich Petzold beruft. Im Grundelement der Wahrnehmung, so erkennt Schmitz, fließt vieles zusammen: »Jeder vollsinnige Mensch nimmt Dunkelheit, Stille, leeren Raum, Zeit, Atmosphäre, Sachverhalte und Situationen nicht weniger wahr als Farben, Geräusche und Bewegungen.« Stille zum Beispiel hat Weite, Gewicht, Dichte; es gibt brütende Mittagsstille, zarte Morgenstille, friedliche Abendstille, lärmende und feierliche Stille . . . »Der Feinfühlige nimmt oft unter Menschen und Dingen leicht und deutlich wahr, ›was los ist‹ (eine ganze Situation), ehe er auf Farben und Geräusche und dergleichen achtet.«

Solche nicht gerade selbstverständliche »Feinspürigkeit« läßt an das Extrembeispiel Marcel Proust denken: am Geschmack und Geruch eines Stückes Teegebäck haftete seine Vergangenheit als Eindruck, dem er durch die vielen Bände seines Romanwerks nachging. Auch Petzold scheint sie nicht fremd zu sein, und er kann sie, was noch seltener ist und einem Therapeuten sehr zustatten kommt, auch zur Sprache bringen. Manchmal, wenn er es sich erlaubt, vom Kothurn abstrakter Begrifflichkeit herabzusteigen, auf dem die wissenschaftliche Literatur einhergeht (er beherrscht diesen Gang spielend und ruft ohne Mühe den Eindruck verweis- und fußnotenbewehrter Professionalität hervor), dann wird ein beachtliches Ausdrucksvermögen sichtbar.

Das liest sich dann – in einem Essay über den Schrei in der

Therapie – so: »Es müht sich das Stakkato dürrer Worte, raschelnder Chiffren, die sich aus zusammengekniffenen Mündern, aus welken Lippen von Regierungssprechern, Kommentatoren, Beschwichtigern hervordrehen, dichter und dichter, um keine Lücke aufkommen zu lassen, keine Pause, keine Stille, in die sich der Schrei hineindrängen kann, raumgreifend, aushöhlend, alle Dämme brechend. Je feiner der Film der Worte die Oberfläche bedeckt, je dichter das Sprachgewebe der Vernunft gezogen ist, desto mächtiger öffnen sich die Münder der Tiefe. Sie wollen nicht ersticken: am Schrei der Qual, am Freudenschrei, am Zornesschrei, am Angstschrei.«

Diese Feinspürigkeit ist begreiflicherweise für Therapeuten ziemlich nützlich, ja eigentlich unentbehrlich, zum Beispiel in den Schlüsselszenen, in denen eine schwere Störung der Beziehungen zu anderen modellhaft deutlich wird. Die bloße Mitteilung, »ich wurde von meinem Vater verdroschen«, bedeutet oft wenig. Erst wenn die Atmosphäre, die Szene wieder auftaucht und vom Therapeuten wahrgenommen und erfaßt wird – Erkennen und Erkanntwerden gehören zusammen –, kann der Prozeß der Heilung beginnen.

Im Hervorrufen solcher Atmosphären und Szenen liegt vielleicht Petzolds größte Begabung, da ist er wirklich eine Art Zauberer. Nicht irgendein Vater taucht auf, sondern ein ganz bestimmter, nicht eine Abstraktion, ein Archetyp, sondern ein höchst lebendiger, bedrohlicher – auch heute noch. Man hat ihn vor Augen, man spürt ihn in den Muskeln und in den Knochen. Und plötzlich wird klar, warum der Junge – sogar noch als Erwachsener – es so schwer hat, ihm offen entgegenzutreten, und wie diese Hemmung auch in anderen Beziehungen wieder erscheinen muß. Dabei geht es weniger um die einzige, große und traumatische Erfahrung, wie sie in der klassischen Psychoanalyse gesucht wird, sondern um eine Kette von Erlebnissen, in denen das gestörte Verhalten allmählich in »Fleisch und Blut« übergegangen und ein Teil der Charakterstruktur geworden ist.

Die »Philosophie der Bezogenheit« ist für Petzold noch aus einem weiteren Grund wertvoll: Die Bezogenheit auf andere –

und das ist ja die anthropologische Grundüberzeugung Petzolds – prägt auch das Wahrnehmen. Wie es einem anderen Menschen zumute ist, erkennt man, wie Schmitz und Merleau-Ponty herausgearbeitet haben, nicht nur an dessen Verhalten, an dessen Gesichtsausdruck, sondern man spürt es an sich selber. Und oft gibt das eigene Empfinden genauere Auskunft über den anderen als das, was er tut und sagt. Dies ist eine Grundtatsache menschlicher Begegnung, der therapeutischen zumal, ja eigentlich ihre Voraussetzung – eine Voraussetzung freilich, deren sich nur wenige, auch nur wenige Therapeuten, voll bewußt sind.

In Paris lernt Petzold außer Gabriel Marcel noch einen anderen großen alten Mann kennen: Vladimir N. Ilyine, einen russischen Universalisten, dessen Liebe aber vor allem zwei Dingen galt: der Schauspielkunst und der Psychotherapie. »Im Spiel«, so lautete Ilyines Überzeugung, »kann man frei sein«, zu »schöpferischer Selbstverwirklichung« finden. Er begann, noch in Rußland, mit seelisch Kranken Theater zu spielen. Er verfaßte Rahmenstücke für sie, abgestimmt auf die Lebensgeschichte der Patienten, die, improvisierend, ihre eigenen Probleme darstellten. Spielen aber, das hatte Ilyine von dem russischen Theater-Erneuerer Stanislavskij gelernt, setzt Ausdrucksfähigkeit voraus, das Üben von Bewegung, Atem, Stimme. Üben *und* Improvisieren – beides hat im therapeutischen Theater seinen Platz, auch im Psychodrama Petzolds.

Von Ilyine, der auf dem Weg in den Westen in Budapest Station gemacht hatte und dort bei dem Freud-Schüler Ferenczi ausgebildet wurde, lernt Petzold die ungarische Schule der Psychoanalyse kennen. Bei Ferenczi galt das Tabu der körperlichen Berührung nicht, er war (im Gegensatz zu Freuds Ideal der Abstinenz) ein sehr aktiver Therapeut und versuchte, den Frühgestörten in einer Art Nachsozialisation die Atmosphäre von Geborgenheit zu vermitteln. Soweit Petzold von Gedanken und Techniken der Psychoanalyse Gebrauch macht, sind sie stark durch diese Tradition geprägt.

In den Semesterferien fährt Petzold in die USA, knüpft die Verbindung mit Jakob Levy Moreno, dem Begründer des Psy-

chodramas, Schriftsteller, Psychiater und vor allem Theaterdirektor. War Ilyine schmal, drahtig, so Moreno ein mächtiger Zwei-Zentner-Mann, der den Raum füllte – die Verkörperung seines Diktums: »Gott ist nicht tot. Er lebt im Psychodrama!«
Vor allem von Morenos Frau Zerka lernt Petzold die Techniken des Psychodramas: Rollentausch (der Spieler übernimmt die Rolle einer wichtigen Figur in seinem Leben, des Chefs, der Frau, eines Kindes, erkennt deren Schwierigkeiten und lernt, sich mit deren Augen sehen); Doppelgänger (ein alter ego des Klienten, von einer anderen Person dargestellt, agiert stützend, verstärkend, auch Unstimmigkeiten aufdeckend); Konfrontation (der Klient wird von einem Teilnehmer »gespiegelt«); Selbstgespräch; leerer Stuhl – kurz, das ganze vielfältige Instrumentarium des Psychodramas.
Natürlich ist Petzold, der selber auf kleinen Bühnen Theater gespielt hat, von diesen Möglichkeiten beeindruckt. Dabei fasziniert ihn – und auch seine Lebensgeschichte scheint ein Beleg dafür zu sein – weniger die eine, große Rolle, als das Spiel verschiedener Rollen, der Rollenwechsel – auch als Erweiterung der eigenen Lebensmöglichkeiten: das ganze Spektrum von Gestalten, die jemand zur Verfügung hat, soll entwickelt und ausgelebt werden.
Fast von selbst versteht es sich, daß Petzold das Psychodrama, wie alles, was er aufgenommen hat, systematisiert, geordnet und ergänzt hat, um es sich zu eigen zu machen – nicht zuletzt auch durch Praxis, und nicht immer in der einfachsten, etwa mit Alkoholikern.
An diesem Beispiel läßt sich auch erkennen, wie ein Element in die Therapie eingebaut wird, das im ursprünglichen Psychodrama kaum, in der klassischen Gestalttherapie oder in der Psychoanalyse so gut wie nie verwendet wird: ein solides Stück Behaviourismus, angewandte Lerntheorie, Verhaltenstherapie.
Und sie wird dort eingesetzt, wo ihre Stärke, nämlich das Lernen – Training mit dem Ziel, gegenüber bestimmten Ängsten unempfindlich zu werden und das eigene Selbstgefühl zu kräftigen – ihren Platz hat: in der Schlußphase der Therapie, wenn nach

erlebter Erfahrung und nach ihrer Reflexion neues Verhalten eingeübt wird. Damit ist nicht das Menschenbild des klassischen Behaviourismus übernommen, das ein mechanistisches Vorgehen nahelegt, noch werden dessen blinde Flecken übersehen (etwa das Desinteresse an Person und Lebensgeschichte); genutzt werden wertvolle Erfahrungen und daraus entwickelte Techniken, und nur so weit, wie sie in den Kontext der Integrativen Therapie passen.

In den USA lernt Petzold das ganze bunte Spektrum der neuen Therapien kennen, den Zirkus der Gurus, Körperarbeit, Transaktionsanalyse, Bioenergetik, und vor allem natürlich die Gestalttherapie von Fritz Perls. »Sehr schroff und sehr weich zugleich«, schildert er ihn, »sehr unzugänglich außerhalb der Therapie, in den Sitzungen aber oft von hinreißendem Charme, von erstaunlicher Sensibilität, freilich manchmal auch rüde« – jedenfalls eine der genialsten, schillerndsten Figuren der Therapieszene.

Petzold hat viel und einfühlsam über Perls geschrieben. Wie stark er von ihm beeinflußt wurde, bleibt ein wenig zweifelhaft. Beeindruckt hat ihn sicher die von Perls gepredigte und praktizierte »awareness« – jene Achtsamkeit, die feinspüriges Wahrnehmen erlaubt, gewiß auch das imaginative, szenische Talent, die Skepsis gegenüber dem Mechanistischen, Nur-Rationalen, und nicht zuletzt der Reichtum von Techniken und Methoden in der Gestalttherapie. Insofern ist die Gestalttherapie durchaus eine Vorform der Integrativen Therapie.

Schließlich beginnt in den Lehr- und Wanderjahren noch ein weiteres Element der Petzoldschen Grundausstattung deutlich zu werden: Körper- und Bewegungstherapie. Auch da hatte der junge Hilarion schon gut vorgearbeitet: Eurythmie, Judo, Aikido, später Kung-fu. Er hat bei Atem- und Bewegungstherapeuten in Europa und in den USA gelernt. Er hat bei dem Norweger Ola Raknes, einem Schüler von Wilhelm Reich, Arbeit mit dem Körper erlebt, die fast körperlos war, fast ohne Berührung, bei einem Mann, der wohl nicht zu Unrecht in dem Ruf stand, er habe heilende Hände. Er hat den amerikanischen Bioenergetiker Alexander Lowen zum ersten Mal nach Deutschland gebracht, den berühmtesten und eloquentesten unter den Reich-Schülern – einen Mann, der sehr viel energischer mit dem Körper umging, bis zur Schmerzgrenze und darüber hinaus.

Die Vielfalt der Schulen ist gerade auf diesem Feld gewaltig. Die Erfahrung, von der sie ausgehen, lautet in ihrer allgemeinsten Form: Physische und psychische Struktur wirken ineinander (aus diesem Zusammenwirken entsteht erst das, was Petzold »Leib« nennt). Auch er findet, daß Störungen nie »nur psychische« Ursachen haben, denn Erfahrungen, traumatisierende zumal, werden körperlich erlebt und in den Leib eingespeichert. »Es muß deshalb immer um die Behandlung des ganzen Menschen gehen, in die die körperliche Dimension einbezogen werden muß.«

Die Entdeckung oder besser: die Wiederentdeckung der Arbeit mit dem Körper geht im wesentlichen auf Wilhelm Reich zurück. Auch wenn Petzold ihm in vielem nicht folgen kann, schon gar nicht seinen Spekulationen über die kosmische Energie, so räumt er doch ein, daß Reichs Ansatz nützliche Hinweise liefert: Wo im Körper werden Zorn, Schmerz, Angst festgehalten? Denn im »Körpergedächtnis« können Emotionen tatsächlich dort »wiedergefunden« werden, wo die Muskeln bei den entsprechenden Gebärden einer Emotion benutzt oder gehemmt worden sind. Auch für Petzold gilt: »Jede Emotion hat eine physische Entsprechung.«

Auch da kommt es freilich auf die genaue Wahrnehmung an. Zorn zum Beispiel kann ganz verschiedene Qualität annehmen, je nachdem, mit welchem Teil des Körpers er sich verbindet: der helle, kalte, böse Zorn im Kopf, der wärmende Zorn in der Brust, nicht selten sehr erleichternd (dem fiesen Kerl habe ich es gezeigt, und verdient hat er es schon lange), der heiße Berserker-Zorn aus dem Bauch, der rasende Zorn, der den ganzen Körper ergreift. Eine noch längst nicht erschlossene Landschaft von Wahrnehmungen und auch von oft nicht ungefährlichen Interventionen tut sich da für die Therapie auf.

Angesichts dieser Fülle von therapeutischen Ansätzen (einige von ihnen hat Petzold in Handbüchern verarbeitet) wird der

Gedanke nachgerade zwingend, sich eine Übersicht zu verschaffen, zu ordnen und zu vergleichen und das auszuwählen, was einem Therapeuten gemäß ist und für den Klienten nützlich (was sich nicht immer deckt). Im Grunde tut dies jeder Therapeut, mehr oder weniger bewußt, in kleinerem oder in größerem Rahmen. Bei Petzold ist der Rahmen sehr weit, nicht nur weil er, wie es ein Kollege salopp sagte, »ein fixer Junge«, ein »Trend-Setter« ist, sondern weil diese Landschaft so riesig und reich ist.

Die meisten dieser Verfahren und die ihnen zugrunde liegenden Konzepte sind ja nicht einfach wahr oder falsch, sie machen Sinn, sie bezeichnen in der Regel »eine legitime Methode, seelisches Leid zu behandeln und menschliche Persönlichkeit zu entwickeln«.

Das Imaginative und Kreative bei Perls, in der Psychoanalyse die ordnende und erhellende Kraft der Reflexion, Berührung und Bewegung in den Körpertherapien: jeder dieser Zugänge führt zum Menschen, bei jedem wird ein Teil von ihm erkennbar. Nur wer viele Zugänge kennt und sie nutzen kann, erhält ein einigermaßen zutreffendes Bild, kann sich klar werden, welchen Zugang zu benutzen in einer bestimmten Situation, bei einem bestimmten Menschen sinnvoll ist.

Die meisten Schulen in ihrer ursprünglichen Gestalt haben *einen* Aspekt scharf im Blick, aber manches bleibt dabei am Rande; es gibt die Überschätzung des eigenen Konzepts, es gibt blinde Flecken. Nicht zufällig entwickeln sich die Schulen und verbreiten ihren Ansatz, oft gegen den Widerstand der Dogmatiker. »Aus einer gewissen historischen Distanz«, so schildert Petzold die Situation, »sehen wir heute, wie viel die Psychoanalyse geleistet hat, aber auch, daß Leiblichkeit, kreative Aktion von ihr nur am Rande wahrgenommen werden. Diese Elemente finden wir im Psychodrama oder in den Körpertherapien. Dafür bietet das Psychodrama wenig Konzepte für die Erklärung unbewußter seelischer Prozesse, in den Körpertherapien wiederum tritt oft die Reflexion zurück, was wiederum die Stärke der Psychoanalyse ausmacht. Wir finden bei Jung eine reiche Lehre des Symbolischen, die wir in Adlers Individualpsychologie nicht haben, dafür treten bei Jung die soziale Umwelt, die gesellschaftlichen Beziehungen zurück, die bei Adler deutlicher werden. Die Psychoanalyse konzentriert sich auf die Vergangenheit, die Gestalttherapie arbeitet im Hier und Jetzt, bei anderen, etwa bei Adler, ist der Zukunftsentwurf wichtig.«

Es kann aber nicht angehen, daß der Mensch nur Emotion und Bauch ist, nur Kopf, nur Sprache, nur Sprachlosigkeit, nur ein Produkt der Vergangenheit, nur Gegenwart, nur ein Zukunftsentwurf. »Integratives Arbeiten heißt zunächst einmal mehr perspektivisch schauen« (Petzold). Anders ausgedrückt: »Die Zeit der ›eindimensionalen‹ Behandlungen beginnt abzulaufen, und die Forderungen nach ganzheitlichen und integrativen Ansätzen der Therapie, die sich nicht nur auf die psychische Realität beschränken, sondern auch die körperliche, geistige und soziale Dimension des Menschen zu erreichen suchen, stellt sich immer dringlicher.« Und das um so mehr, als im Leib diese Dimensionen nicht getrennt sind; mit welcher Methode auch immer der Mensch erreicht wird, er wird als ganzer getroffen. Wer auf einem Gebiet arbeitet, bewirkt auf anderen »Streueffekte«, beabsichtigte manchmal, oft aber auch unbeabsichtigte und nicht erkannte.

Integration bedeutet ein Doppeltes: einmal Sammeln, zum anderen Sichten. Was das Sammeln angeht, so ist Petzold manchem seiner Kollegen wohl etwas unheimlich, denn es gibt fast kein Gebiet der Psychotherapie, das er sich nicht erarbeitet hätte, und schon zum eigenen Schutz liegt der abwertende Kommentar sehr nahe und manchen auch auf der Zunge: oberflächlich, Hans-Dampf in allen Gassen.

Sichten, das heißt Ordnung schaffen und damit auch ausgrenzen, was nicht integrierbar ist. Es ist typisch für Petzold und für den Leser manchmal ermüdend, daß er alle auch nur einigermaßen wichtigen Aufsätze mit einer grundsätzlichen Einleitung versieht, in der er sich immer wieder, fast zwanghaft, der philosophisch-anthropologischen Grundlage, des theoretischen Konzepts vergewissert. Hier wird der Rahmen seiner Arbeit bestimmt, hier werden die Grenzen der Integration abgesteckt.

Ordnung: In vielen Artikeln finden sich Diagramme, die eine Art idealtypischen Verlauf des therapeutischen Prozesses darstellen. Solche Darstellungen sind bei Therapeuten nicht ungewöhnlich, aber auch nicht gerade häufig. Ungewöhnlich aber ist bei Petzold, wie viel hier eingeordnet ist. In der Grobstruktur handelt es sich um ein Vierstufen-Modell: Initial-, Aktions-, Integrationsphase und Neuorientierung. Natürlich verläuft nicht jede Sitzung oder jede längere Behandlung exakt nach diesem Muster, aber es bietet dem Therapeuten eine Hilfe, die Dynamik zu erkennen und die in der jeweiligen Phase angemessenen Interventionen zu geben. Es ersetzt nicht die Einfühlung, aber gibt ihr Orientierungshilfe. Professionalität und Intuition ergänzen sich.

Ähnliches gilt auch für die Stufen der »Tiefung«: Reflexion, Vorstellung und Affekte, Involvierung, autonome Körperreaktion. »Jede gute Therapiesitzung beginnt und endet auf der Ebene der Reflexion.« Die weitere Vertiefung ins Bilderleben, in die Emotion wird in der Regel durch die Fragen »Was fühlst Du jetzt?«, »Wie erlebst/fühlst Du das?« erreicht. Die verbalen Therapien operieren meist auf dieser Ebene. Die nächste Ebene der sogenannten Involvierung wird durch die Frage angesteuert: »Woher kennst Du dieses Gefühl?« Die Bilder der Vergangenheit werden dichter und intensiver.

Eine weitere Vertiefung verbindet sich mit Interventionen wie »Bleibe bei Deinem Gefühl!« »Folge Deinem Körper«, »Nichts festhalten!« Auf dieser Ebene wird in den meisten aktiven, erlebniszentrierten Verfahren wie Psychodrama und Gestalttherapie gearbeitet. Die letzte Stufe schließlich wird erreicht, wenn die autonome Körperreaktion einsetzt, die Antwort des Organismus auf eine Situation. Heruntergeschluckte Wut, verdrängte Lust, verschütteter Schmerz brechen sich Bahn. Solche »Primärszenen« werden vor allem im konfliktorientierten Verfahren der Körpertherapie ausgelöst.

Die verschiedenen Stufen der Tiefung lassen sich auch als fortschreitenden Abbau der Ich-Kontrolle, als Regression deuten. In der Tat tauchen auf der tiefsten Ebene, bei der autonomen Körperreaktion, auch sehr frühe Atmosphären und Szenen auf, die vor der Zeit von Sprache und Begriff liegen. Ein solcher Abstieg ist eine Art »therapeutisch induzierter Krise«, was für den Therapeuten eine besondere Verantwortung bedeutet. Sein Ziel ist ja nicht die Krise, sondern deren Bewältigung. Mit anderen Worten: »Der Klient muß nicht nur in die Regression hinein-, sondern auch ohne Bruch aus ihr herausgeführt werden« – eine Notwendigkeit, die von jenen Therapeuten (und solche gibt es in der modernen Szene leider sehr viele), die nur das dramatische Ereignis suchen, die irgendeinen Durchbruch provozieren, oft sträflich vernachlässigt wird. Hier wird eine ethische Grenze sichtbar, die eine gute Therapie nicht überschreiten darf. Wird sie überschritten, bleiben oft schwere Schäden zurück.

Dieses Prinzip, das für den Verlauf der Therapie in groben Zügen deutlich gemacht wurde – eine wertende, durch praktische Erfahrungen und durch ein bestimmtes Menschenbild geprägte Systematik –, taucht auch bei der Behandlung einzelner wichtiger Themen auf: etwa bei der Diskussion von Übertragung, Gegenübertragung und Widerstand. Die grundsätzliche Definition Freuds übernimmt Petzold. Übertragung ist ein Wiederaufgreifen alter Wahrnehmungs- und Handlungsmuster, alter Szenen, die einen realitätsgerechten Umgang mit der aktuellen Situation verhindern. Das Gegenüber wird nicht so gesehen, wie es ist, weil sich alte Bilder darüberschieben. Daraus folgt als Therapieziel: »Wo Übertragung ist, muß Beziehung werden.« Widerstand hat die doppelte Funktion, diese Veränderung zu verhindern und sich davor zu schützen. Ein solcher Widerstand hat durchaus seinen Sinn, er ist Teil einer gewachsenen Struktur, die dazu dient, einen Menschen zu sichern.

Den Widerstand einfach aufzubrechen, wie es in einigen »harten« Therapien vorkommt, bedeutet deshalb ein Risiko, eine schwere Gefährdung des Klienten; ihn zu überspielen oder nur am Rande zur Kenntnis zu nehmen, wie es oft im Psychodrama und in der klassischen Gestalttherapie geschieht, bedeutet den Verzicht auf eine manchmal entscheidende Handlungsmöglichkeit des Therapeuten. Das Problem ist der richtige Umgang. »Es geht nicht in erster Linie darum, den Widerstand zu überwinden, sondern ihn erlebbar zu machen, was kaum nur durch verbale Interpretation des Therapeuten, sondern durch eigenes Erfahren geschieht. Ist diese Bewußtheit gewonnen, so beginnt auch die Veränderung: ›Don't push the river it flows by itself‹« (Perls). Eine gute Technik, mit Übertragungen umzugehen, ist die Arbeit mit dem leeren Stuhl. Das folgende Beispiel zeigt dies und macht, nebenbei, in Kurzform auch das Vierstufenmodell und verschiedene Ebenen der Tiefung deutlich.

Karl (an die Gruppe) »Ich fühle mich immer so unwohl, wenn hier in der Gruppe so alles hinterfragt wird.«

Hilarion »Ja, vielleicht können sie mal in die Runde schauen, bei wem Sie dieses Gefühl besonders stark haben?«

Karl (schaut sich um) »Bei Josef, bei Annemarie und« (zum Therapeuten gewandt) »besonders bei Ihnen.«

Hilarion »Nun, dann setzen Sie mal den Hilarion hier auf diesen leeren Stuhl und sagen Sie ihm das direkt, was Sie ihm sagen möchten.«

Karl »Ich fühle mich immer so beobachtet, wenn Sie mich anschauen.«

Hilarion »Vielleicht können Sie ihm sagen, was das in Ihnen auslöst.«

Karl »Das macht mir Angst . . . und das macht mich auch wütend.«

Hilarion »Können Sie ihm das direkt sagen!«

Karl (stockend) »Sie machen mich wütend!«

Hilarion »Ich sehe, Sie zögern ein bißchen, stimmt Ihre Aussage?«

Karl »Nicht so ganz. Ich spüre zwar die Angst und die Wut – das ist alles so verwirrt.«

Hilarion »Vielleicht kannst *Du* mal schauen, woher Du diese Gefühle kennst – Wut, Angst und Verwirrtheit?« (Therapeut geht mit zunehmender Dichte der Sitzung auf das Du, zumal man sich in der Gruppe sonst duzt).

Karl »Ich weiß nicht, ich kenn das . . . Ich kenn das sogar ganz gut, immer, wenn Sie mich anschauen . . . dann ist das so . . . (stockt), wie wenn meine Großmutter mich anschaut.«

Hilarion »Was für eine Erinnerung kommt Dir jetzt auf?«

Karl »Die Schularbeiten.«

Hilarion »Ja, geh' mal an diese Erinnerung heran.«

Karl »Ich sehe mich, wie ich bei uns in der Küche sitze, am Küchentisch, die Schulhefte liegen vor mir.«

Hilarion »Ja, beschreib' mal, was für eine Atmosphäre im Raum ist.«

Karl »Ich sitz' da vor den Heften. Es ist alles unheimlich eng. Ich komm' auch nicht weiter. Ich kapier' das alles gar nicht. Die Oma spült gerade. Das Tellerklappern macht mich ganz verrückt. Die guckt auch immer rüber, ob ich auch arbeite, und dann kommt sie auch noch. ›Na, biste immer noch nicht weiter, Karl? Weißt Du, meine Geduld hat auch ihre Grenzen.‹ Und dabei guckt sie rüber zum Kochlöffel, dieses Miststück« (Karl beginnt zu zittern).

Hilarion »Ja, was fühlst Du jetzt?«

Karl »Das macht mich alles so verwirrt, wie die mich anguckt, da komm' ich überhaupt nicht mehr weiter, und das weiß die, und das macht der Spaß, der Alten« (Karl beginnt stärker zu zittern, er ist zwischen Wut und Angst hin- und hergerissen).

Hilarion »Ja, laß das Zittern ruhig zu!«
(Die autonomen Körperreaktionen von Karl werden immer heftiger).

Karl »Glotz mich nicht so an, Du Schlägerin, Du Quälerin, Du gottverdammte Hexe.« (Stößt den leeren Stuhl heftig mit dem Fuß von sich und bricht in Weinen aus). »Du hast mir meine Kindheit so kaputt gemacht, Du gottverdammte Hexe, Du!« (Das Weinen wird heftiger, dauert noch eine Zeitlang an und ebbt dann langsam ab). Nach einiger Zeit:

Hilarion »Ja, vielleicht kannst Du einmal schauen, was in dieser Sitzung abgelaufen ist. Was waren für Dich die wichtigsten emotionalen Erfahrungen und was wird Dir dabei klar?«
Längere Pause.

Karl »Das Wichtigste für mich war, mal die Wut gegen die Alte herauslassen zu können, mal überhaupt Wut rauslassen zu können. Mit Aggressionen hab' ich sowieso immer Schwierigkeiten. Das hätt' ich damals mal wagen sollen, die hätt' mich grün und blau geschlagen mit dem Kochlöffel.«

Hilarion »Was ist Dir noch deutlich geworden?«

Karl »Irgendwie wirkt die Angst von damals immer noch fort. Ich fühle mich so oft bewertet, beobachtet und hab' immer die Angst, es nie jemandem recht machen zu können.«

Hilarion »Vielleicht kannst Du jetzt mich einmal anschauen und spüren, wie es Dir dabei ergeht.«

Karl »Sie schauen mich prüfend an, nicht unfreundlich, nicht drängend. Auf jeden Fall ganz anders als meine Großmutter. Das Gefühl vorhin, das hat mit Ihnen recht wenig zu tun.«

Hilarion »Vielleicht kannst Du Dir auch noch einmal die anderen Gruppenmitglieder ansehen, die Du vorhin genannt hattest und schauen, wie es mit ihnen steht ...«

Sammeln und Sichten: dies läßt sich an vielen Themen verfolgen, die Petzold bearbeitet hat, in seiner Darstellung der Rolle des Therapeuten oder in seinen Untersuchungen über die Gruppe, die erst relativ spät in der Geschichte der Psychotherapie, die ja als Individualpsychologie begonnen hatte, ins Blickfeld geraten ist. In der Integrativen Therapie ist die Gruppe als Sozialisationsagentur und als Ort der Therapie sehr wichtig, ja, unentbehrlich, und das erscheint nach Petzolds Menschenbild ja auch zwingend: »Im Kontakt mit anderen, der Berührung und Grenzziehung zugleich ist, entsteht Identität.«
Manche Dogmen im Konzept anderer Schulen werden im Licht neuerer Erfahrung und moderner Wissenschaft relativiert – etwa der sogenannte »Ödipus-Komplex«, jener geniale, dem griechischen Mythos entnommene Begriff Freuds, mit der er die Konfliktsituation des Kindes beim Übergang von der Welt der Mutter in eine größere Welt erklärt, deren erster und wichtigster Repräsentant der Vater ist. Für Petzold ist dies eine Metapher, die das Verständnis erhellen kann, die aber als Naturgesetz gefaßt und mit spekulativen Ableitungen versehen (Kastrationsangst und Penisneid) irreführend wird. Für ihn handelt es sich bei diesem Übergang um einen wichtigen und schwierigen Schritt in der Sozialisation, von der Zweier- zur Dreierbeziehung, der aber keineswegs nur bedrohlich und ängstigend sein muß, jedenfalls nicht das eine große bedrohliche Thema der Therapie.
Oder die Auseinandersetzung mit dem Freudschen Es. »Die Doktrin vom schlechten Es« nennt Petzold dieses Konzept, das den permanenten Konflikt zur Folge hat, der »für die Freudsche Anthropologie kennzeichnend ist«. »Warum muß Ich werden, wo Es war (Freud)? Warum muß das lumen rationis jeden Schatten ausleuchten?« Für ihn ist der Kampf des Geistes gegen die Natur nicht zu gewinnen, für ihn wird hier ein zweifelhaftes Programm abendländischer Kulturgeschichte sichtbar, dem auch Freud erlegen ist: jene Bemächtigungsstrategie, die ein angeblich dunkles Meer von Trieben und Affekten trockenlegen will. Der Integrativen Therapie stellt sich hier vielmehr die Aufgabe einer fruchtbaren Verbindung – nicht weil das Kognitive, Rationale

gering geschätzt würde, sondern weil es Grenzen hat, weil es Instrument ist, aber noch nicht den ganzen Menschen ausmacht. Nicht zufällig warnt Petzold zugleich vor einer erlebnis- und körperorientierten Therapie, die auf die Leistung der Reflexion verzichten zu können glaubt. Integration ist auch eine Art Wiederherstellung der Balance.

Das Leitthema läßt sich noch in vielen Variationen weiterspielen. Ein merkwürdiges Interesse Petzolds für sehr alte und sehr junge Menschen: Sterbebegleitung und Spiel mit Kindern. »Ein kreativer, lebendiger Mensch, ein Therapeut zumal, sollte die beiden Extreme des Lebensspektrums auch emotional zur Verfügung haben.« Oder der immer neue Versuch einer Vermittlung zwischen Wissenschaft und Kunst: der Hochschullehrer in Amsterdam, der sich mit Neuromotorik beschäftigt und der doch weiß, »diese Kenntnisse genügen nicht, um Menschen in ihren Lebenskrisen, in ihren Wertzweifeln, in ihrer Liebe, ihrem Haß und ihrem Leiden helfen zu können«. Und nicht zuletzt die Integration von Theorie und Praxis.

Ideen und Praxis der Integrativen Therapie sind in viele Bereiche eingeflossen. Petzold selber hat eine Vielzahl von Projekten in Gang gesetzt: Arbeit mit Drogenabhängigen, Kranken, Sterbenden, Schulkindern, Eltern und Lehrern. Und er hat viele interessante Leute angezogen – zunächst, 1971, ein buntes Völkchen von »alternativen« Ärzten, Psychologen, Sozialarbeitern, die nach neuen Wegen suchten, mit Menschen ganzheitlich zu arbeiten. Sie bildeten den Kern, aus dem eine lebendige Bewegung hervorging, die heute ihr Zentrum in der »Fritz Perls Akademie«, einer staatlich anerkannten Einrichtung der beruflichen Weiterbildung, in Hückeswagen hat. Hier werden in mehrjährigen berufsbegleitenden Weiterbildungen Psychotherapeuten für die Arbeit mit Erwachsenen ausgebildet. Es gibt aber auch ein Curriculum für die Ausbildung zum Kinder- und Jugendlichenpsychotherapeuten und – einzigartig in Deutschland – für Geronto- und Thanatotherapie, die Arbeit mit alten Menschen, Kranken und Sterbenden.

Das alles findet in dem ehemaligen Seehotel statt, das schieferbewehrt am Ufer der waldumsäumten Bevertalsperre liegt. Es wurde von Hilarion Petzold und seinen Mitarbeitern zu einem Zentrum kreativer Therapieverfahren ausgebaut, das 60 Personen Platz bietet. Das Programm an Kursen und Tagungen ist vielfältig und innovativ. Hier wurden das erste »Deutsche Symposion für Poesietherapie, Bibliotherapie und Literarische Werkstätten«, die erste »Tagung für therapeutisches Puppenspiel« veranstaltet, und das »Deutsche Symposion für Kunsttherapie und Therapie mit Kreativen Medien« findet zum vierten Mal statt. Tagungen zur Bewegungstherapie, Musiktherapie, Tanztherapie zeigen, daß Petzold nicht nur in der Therapie und Methodik Integrationsarbeit leistet. Es ist ihm gelungen, zahlreiche kunsttherapeutische Verbände und Richtungen in einem Dachverband zusammenzuführen, bedeutende Vertreter der großen Psychotherapieschulen nicht nur in Sammelwerken, sondern auf Kongressen ins Gespräch zu bringen. Hier kommt der Organisator zum Zuge, dem es gelingt, Menschen zusammenzubringen und zur Mitarbeit zu begeistern; ohne seine Freunde, Kollegen und Mitarbeiter, so betont Hilarion Petzold, wäre seine Arbeit nicht möglich.

Da ist vor allem Hildegund Heinl, Fachärztin für Orthopädie, mit der zusammen er das »Fritz Perls Institut für Integrative Therapie« seit 1972 leitet. Im Alter von 50 ist sie zur Integrativen Therapie gekommen und hat ihre dreißigjährige ärztliche Erfahrung genutzt, um neue Wege körperorientierter Psychotherapie zu erschließen. Da ist ferner Ilse Orth, die die kunsttherapeutischen Angebote des Instituts betreut und eine breite Palette von kreativen Methoden entwickelt hat. Da sind Dr. Lotte Hartmann-Kottek-Schroeder, die das Fritz-Perls Klinikum, Psychiatrische Klinik in Zwesten, leitet, und Dr. Walter Landsberg, Chef des Fritz Perls Klinikums für Kinder- und Jugendlichen-Psychiatrie, Dortmund – Einrichtungen, in denen mit den Ansätzen der Integrativen Therapie gearbeitet wird. Das ist ein Kreis von Lehrtherapeuten, inzwischen über 80, die die Konzepte der Integrativen Therapie in Theorie und Praxis weitervermitteln, und ein Netz von Regionalinstituten. Ausbildungsgruppen für

Integrative Therapie gibt es in vielen europäischen Ländern, in Norwegen oder Jugoslawien, in Spanien und in Griechenland. Es sind vor allem die kreativen Ausdrucksmöglichkeiten dieser Therapieform – die Arbeit mit Ton, Bewegung, Farben, dramatischem Spiel –, die eine solche transkulturelle Anwendung möglich machen, und wohl nicht zuletzt die Fähigkeit von Hilarion Petzold, sich in unterschiedlichste Sprachwelten, Mentalitäten und Milieus einzufühlen: »So viele Sprachen man spricht, so viele Herzen hat man.«

Am Ende noch einmal gefragt: Was ist das Besondere an Hilarion Petzold? Die Biographie zeigt schon früh einen reichen Fundus nicht nur von Kenntnissen, sondern von Rollen, und das Repertoire ist noch gewaltig gewachsen. Er entspricht wohl tatsächlich seinem anspruchsvollen Diktum: »Ein Therapeut muß Kultur haben.« Diese Rollen zu integrieren, sie verfügbar zu machen, ist seine Lebensthematik.

Diese persönliche Thematik trifft sich mit einer allgemeineren. »Die Psychotherapieforschung hat gezeigt«, so bemerkt Petzold, »daß die Unterschiede zwischen alten Therapeuten unterschiedlicher Schulen geringer sind als die Unterschiede zwischen erfahrenen und jungen Therapeuten der gleichen Schule.« Wie aber die einzelnen Therapeuten, je länger sie arbeiten, desto mehr die Breite menschlicher Existenz erleben, so ist es auch der Therapie insgesamt ergangen. Auch sie ist älter geworden, breiter, und sie muß sich darüber klar werden. Sie hat eine entscheidende Phase ihrer Entwicklungsgeschichte erreicht. Und schließlich, was ist menschliche Existenz anderes, als der, wenn auch nicht immer geglückte Versuch, Unbekanntes sich einzuverleiben, zu integrieren, schöpferisch zu sein? In den Worten von Fritz Perls: »There ist no end to integration«, und Petzold ergänzte: »There ist no end to creation.«

Ein Neuerer, ein Revolutionär ist Petzold nach dem üblichen Verständnis nicht; kein Durchbruch verbindet sich mit seinem Namen. Aber ist dies ein Mangel? Um es an einem Größeren zu zeigen: Der Verfasser der summa theologica, der große Integrator von aristotelischer Philosophie und christlichem Glauben, Thomas von Aquin – war er kein Neuerer? In der Zusammenschau erscheint das vorher Getrennte in einem anderen Licht, es wird besser verstehbar, es wird lebendig – neu.

Wer das bunte Rollenkaleidoskop Petzolds erlebt hat, fragt sich zuweilen, wo ist da eigentlich der feste Punkt? Wird Identität schon erreicht, wenn der »eigene Platz im Kontext des sozialen Gefüges und im historischen Kontinuum gefunden ist«, wie er es in seiner Identitätstheorie formuliert?

Die Frage wird heute nicht selten in die Form gefaßt: Wie hältst Du's mit der Spiritualität, mit Gott? Es ist eine Frage, die in der modernen Therapie erstaunlich virulent geworden ist.

Da aber gibt sich Petzold eher zugeknöpft. Nichts gegen Meditation, sie wird sogar empfohlen, aber der spirituelle Weg ist Privatsache. »Ich halte nichts vom Schamanen-Import, noch vom Seminar über Spirituelle Heilung noch vom Meditationscamp für 800 Mark die Woche. Das führt über den Bereich der Therapie hinaus.«

Die Geschichte der religiösen Bewegungen, die jetzt wieder den Weg in die Innerlichkeit entdeckt haben, und die auch in die Psychotherapie eindringen, stimmt ihn eher skeptisch. »Das hat uns letztlich immer abgehoben von dem, was zwischen Menschen zu tun ist.« Die Suche nach dem Höchsten? »Es gibt nicht das Wertvolle und das weniger Wertvolle. Die einfachen Dinge sind kostbar. Wenn ich esse, esse ich, wenn ich gehe, gehe ich.« Dies allerdings könnte ein alter Zen-Meister gesagt haben.

Meine nachhaltigste Erinnerung an Hilarion Petzold ist die: Unsere Gruppe – sie hatte sich zu einem Gestalt-Kibbuz auf einer jugoslawischen Insel getroffen – war verwirrt, fahrig, deprimiert. Es war eine jener Situationen, die in der Gruppenarbeit manchmal entstehen: nichts geht mehr. Hilarion forderte uns auf, uns zu bewegen, zu gehen, erst langsam, dann schneller. Nach einer Weile hielten wir an. Er las uns die Beschreibung einer englischen Parklandschaft vor: melancholisch, aber nicht trostlos. Und er gab die Anweisung, wir sollten in diese Landschaft hineinspüren – in einen Baum oder in einen Vogel oder in die

Stille. Nach einer Weile nahmen wir die Bewegung wieder auf. Das Wechselspiel zwischen Vergegenwärtigung einer Szene und Bewegung setzt sich fort: im sonnenwarmen Olivenhain, in einer nördlichen weiten Landschaft mit hohem Himmel. Dann gingen wir in der Zeit zurück – zu Venezianern, Römern, Griechen, die alle hier schon Anker geworfen hatten. Mit dieser Erinnerung kehrten wir am Ende heim zum Dorf auf der Insel, wo, wie immer schon und eh und je, die Bauern ihre Ernte aus den Olivenhainen heimbringen, die Frauen gebückt auf den Äckern arbeiten und die Männer nach dem Fischfang im Schatten sitzen. Nach jedem Erleben und Verlassen einer Szene, so spürten wir, flossen Atem, Gefühl und Gedanke freier. Die Rollen wechselten, aber der Rhythmus des Lebens wurde klarer – beruhigend, zeitlos, heilsam.

Ausgewählte Publikationen

(Hrsg.): Die neuen Körpertherapien. Paderborn: Junfermann 1977. – Petzold, H./Bubolz, E.: Psychotherapie mit alten Menschen. Paderborn: Junfermann 1979. – Petzold, H. G./Vormann, G.: Therapeutische Wohngemeinschaften. Erfahrungen, Modelle, Supervision, München: Pfeiffer 1977. – (Hrsg.): Die Rolle des Therapeuten und die therapeutische Beziehung in der modernen Psychotherapie. Paderborn: Junfermann 1980. – (Hrsg.): Widerstand – ein strittiges Konzept in der Psychotherapie. Paderborn: Junfermann. 1981. – Dramatische Therapie. Neue Wege der Behandlung durch Psychodrama, Rollenspiel, therapeutisches Theater. Stuttgart: Hippokrates 1982. – Petzold, H./Spiegel-Rösing, I.: Psychotherapie mit Sterbenden. Paderborn: Junfermann 1984. – (Hrsg.): Leiblichkeit. Philosophische, gesellschaftliche und therapeutische Perspektiven. Paderborn: Junfermann 1984. – Integrative Therapie. Vorüberlegungen und Konzepte zu einer integrativen Persönlichkeitstheorie. In: Zeitschr. f. Verfahren humanistischer Psychologie und Pädagogik 1984, 1–2.

Ken Wilber

Transpersonale Psychologie – Entwicklung des Bewußtseins

»Er ist ein Einsiedler, er läßt sich nicht sprechen«, hörte ich über ihn. Das machte mich noch neugieriger, als ich ohnehin schon war. Was ich von ihm gelesen hatte, fand ich frappierend. Da brachte einer die verwirrende Fülle westlicher und östlicher Theorien, die sich mit der Erklärung psychischer Störungen befassen, in eine Ordnung. Alles hatte plötzlich seinen Platz. Dann kam ›Halbzeit der Evolution‹ heraus, ein weiteres, nicht gerade bescheidenes Unternehmen. Wilber beschrieb hier die menschliche Entwicklung individuell und als Entwicklungsgeschichte der Menschheit: »Der Mensch auf dem Weg vom Tier zu den Göttern.« Da trafen sich enzyklopädisches Wissen, Offenheit für unterschiedlichste Denkmodelle, lebendiger, präziser und bildkräftiger Stil mit ungewöhnlicher Kraft zur Zusammenschau und seltener Klarheit des Denkens. Es war ein Fund!

Ich schrieb an Wilber. Als auf meinen Brief keine Antwort kam, flog ich nach Japan zum Kongreß der Internationalen Transpersonalen Gesellschaft. Wilber stand als Vortragender auf dem Programm. Kyoto im Frühling war wunderschön, die Begegnung mit den japanischen kulturellen und religiösen Traditionen unvergeßlich, aber Ken Wilber war nicht da. Präsent war er trotzdem. Ein prominenter Physiker jubelte ihn in seinem Vortrag hoch, viele Hoffnungen richteten sich auf ihn. Unsichtbar sein ist keine schlechte Public-Relations-Technik – wenn man Ken Wilber heißt.

Ich fragte herum, wer ihn kennt. Der Präsident der Gesellschaft, Cecil Burney: »Wir sind befreundet. Er ist umgänglich und völlig unprätentiös.« Wie kann er, Geburtsjahrgang 1949, schon neun

Bücher veröffentlicht haben? »Er arbeitet sehr viel und hart, und er ist ein Genie«, stellte Roger Walsh lakonisch fest. Walsh ist Professor für Psychiatrie an der University of California. Seine Frau, Frances Vaughan, ehemalige Präsidentin der amerikanischen Gesellschaft für Transpersonale Psychologie, Professorin, Autorin und Therapeutin, ergänzte: »Er bringt auf den Begriff, was wir denken und nicht ausdrücken können«, und mütterlich setzt sie hinzu: »Man hat dauernd das Gefühl, für ihn sorgen zu müssen, sein einziger weltlicher Besitz war lange Zeit seine große Bibliothek.« Ken Wilber hat eine Zeitlang im Hause der beiden gewohnt, als seine erste, früh geschlossene Ehe in die Brüche gegangen war. Frances Vaughan schwärmt von der Leichtigkeit seines Schreibens, seiner unglaublichen Bildung: »Ob er mit einem tibetanischen Lama diskutiert oder mit einem bekannten Psychologen, er ist über deren Fachgebiet immer informiert und keineswegs unterlegener Gesprächspartner.«
Mit Hilfe von Freunden und einem seiner deutschen Verlage versuchte ich später noch einmal, ein Interview mit Wilber zu bekommen. Als ich schon in San Francisco war, hatte ich noch immer keine feste Zusage. Und dann, plötzlich, ist er am Telefon: »Ich komme morgen nach San Francisco.« Wir treffen uns in seiner kleinen Zweitwohnung in einem Vorort. Das Wohnzimmer ist mit Gartentisch und -stühlen ausstaffiert, durch die halbgeöffnete Tür sieht man eine Matratze auf dem Fußboden. Ken Wilber, barfuß, mit offenem Hemd – es ist ein warmer Sommertag – stellt ein Glas Saft für mich auf den Tisch und lacht: »Ich existiere wirklich«. Sein Kopf ist wie bei einem Zen-Mönch glattrasiert, sein Gesicht regelmäßig mit dunklen, lebendigen Augen. Sehr groß, schmal, die Hände fast zerbrechlich sensibel, würde er wunderbar zu den Figuren gotischer Dome passen.

Sein Vater war Offizier der amerikanischen Luftwaffe und wurde viel versetzt. Ken Wilber ist »ohne Heimat, ohne Wurzeln« aufgewachsen. »Wenn es mir schlecht geht, denke ich, es liegt daran.« Er hat bei den vielen Umzügen aber auch gelernt, sich auf immer neue Menschen und Situationen einzustellen, für

sie offen zu sein, zu vertrauen. »Wenn es mir gut geht, denke ich auch, es liegt daran.«
Die Schilderung der Eltern bleibt blaß. Beide waren sehr intelligent, konventionell, Baptistin die Mutter, der Vater ohne kirchliche Bindung. »Er hatte Boden unter den Füßen und war, was man einen anständigen Mann nennt.« Der Erziehungsstil war liberal: »Sie haben mir alle Freiheit gelassen, haben mir nie Vorschriften gemacht, was ich zu denken hätte.«
Von sich selbst berichtet er: »Ich war ein Lausbub und auch später habe ich genug Bier getrunken und war in ausreichend viele Frauen vernarrt, um ganz normal und gesund zu sein.« Mit zehn Jahren entdeckte er ein Chemiebuch. Danach verbrachte er seine glücklichsten Augenblicke in den Laboratorien, die er in den verschiedenen Wohnungen seiner Eltern einrichtete. Ansonsten tobte er sich in der Turnhalle und auf dem Sportplatz aus, war Kapitän der Football-Mannschaft seiner Schule und bekam ständig irgendwelche Preise – das Urbild eines jungen Amerikaners, dem die Welt offensteht. Es war eine naturwissenschaftliche Welt, sein Studienziel Biochemie und sein damaliges Innenleben »ein Idyll der Präzision und Akkuratesse, eine Festung des Klaren und Selbstverständlichen« – bis ihm auf dem College zufällig Laotse's Tao Tê King in die Hände fiel:

Tao, kann es ausgesprochen werden,
  ist nicht das ewige Tao.
Der Name, kann er genannt werden,
  ist nicht der ewige Name.
Das Namenlose ist des Himmels und der Erde Urgrund,
Das Namen Habende ist aller Wesen Mutter.

Das war eine völlig neue, ganz und gar andere Welt. Sie ließ ihn nicht mehr los. In den folgenden Monaten las er Einführungen in Buddhismus und Taoismus, und was er bisher als Sinn und Inhalt seines Lebens begriffen hatte, wurde blaß. Er schildert das so, als ob etwas längst Bekanntes wieder in sein Bewußtsein getreten wäre. »Der alte Weise (Laotse) hatte eine Saite ganz tief in mir berührt. Ich wachte plötzlich auf, und es wurde mir klar, daß mein altes Leben, meine alten Überzeugungen mir nichts mehr bedeuteten.«

Natürlich war das gegenüber Freunden, Kollegen und vor allem gegenüber der Familie schwierig. »Sie hielten Krishnamurti für einen Kommunisten und Bodhidharma für einen gottlosen Atheisten.« Die Eltern hätten ihn gern als Arzt gesehen – insgeheim vielleicht heute noch. Er aber las wie besessen Philosophisches aus Ost und West, Psychologisches, Theologisches, schwänzte Vorlesungen, um sich in die Baghavad Gita und die Kabalah zu vertiefen, und brachte es trotzdem fertig, das College mit so guten Noten abzuschließen, daß man ihm ein Stipendium für die Graduate School der University of Nebraska gab. Aber dort begann wieder das gleiche Spiel.

»Es war wie eine Gralsuche«, scheibt er über diese Jahre. Im persönlichen Gespräch benutzt er keine großen Worte. Wenn er die Intensität seiner Suche nicht gerade »meine Neurose« nennt, erklärt er: »Ich bin eigentlich sehr faul; es ist nur – I fell in love with ideas«. ›Ich habe mich in Ideen verliebt‹ ist eine schwache Übersetzung dafür. Kopf und Herz, Verstand und Gefühl sind für ihn keine Widersprüche. »Da ist Saft drin«, sagt er über die Gedanken der großen Philosophen und Psychologen, die ihn faszinieren. Ihr Denken und sein eigenes ist für Wilber alles andere als ›graue Theorie‹.

Ken Wilber hat seiner Liebe gelebt, zuzeiten 20 Stunden am Tag. Drei bis vier Bücher liest er in dieser Zeit und, das eigentlich Erstaunliche, er kann sich merken, was darin steht. Die Liebe war aber keineswegs problemlos. Zunächst machte sie ihn schlicht unglücklich, in Buddhas Worten ›dukkha‹, sauer. Überall gab es Anweisungen zum richtigen, glücklichen Leben. »Aber die unterschiedlichen Autoren hatten recht verschiedene Vorstellungen davon, was zu meinem Seelenheil nötig wäre.« So war er unglücklich und verwirrt zugleich. »Wenn die Freudianer recht haben, und Ichstärke die Grundlage psychischer Gesundheit ist, wie können dann die Buddhisten recht haben mit ihrer Forderung, das Ich aufzugeben? Wenn die Behaviouristen recht haben, daß die frühere Konditionierung der Schlüssel zu allen

Problemen ist, wie kann dann Perls behaupten, nur das Hier und Jetzt sei wichtig?«

Die Widersprüche gab es nicht nur in Ideen. Wilber meditierte täglich im Za-Zen-Stil und machte gleichzeitig Gestalttherapie. Trotz Perls' Interesse für Zen-Buddhismus hält er den Vater der Gestalttherapie für einen brillianten ›Pop-Freudianer‹. Er hat viel von ihm gelernt. Aber: »Freud und Buddha haben wahrhaftig wenig gemein.« Es wurde zur Existenzfrage für ihn, Sinn und Zusammenhang zu finden.

Um aus der Misere herauszukommen, mußte er sie erst einmal ordnen. Zunächst unterteilte er seine Landkarte des Bewußtseins in die beiden Ebenen des Personalen und des Transpersonalen und entwickelte die erste Regel: Man kann als möglicherweise wahr annehmen, was eine Persönlichkeitstheorie über die persönliche Sphäre und was eine transpersonale Theorie über die transpersonale aussagt. Aber bei Grenzüberschreitungen ist Vorsicht geboten. Freuds »Hysterie angesichts des Religiösen« etwa, findet er ebenso unsinnig wie die pauschale Ablehnung Freuds durch die transpersonalen Autoren, die »damit die unangenehmen, aber ganz wesentlichen Dinge ignorieren, die das Genie Freud über seinen Bereich zu sagen hat und statt dessen die Menschen als eine Mischung aus Süße und Licht begreifen – umgekehrt genauso einseitig wie Freud«.

Aber auch innerhalb dieser beiden Betrachtungsweisen gab es Schwierigkeiten. Was die Inder über Kundalini-Energie zu sagen wußten, stand in überhaupt keiner Beziehung etwa zu Meister Eckharts oder Jakob Böhmes Gottesvorstellung. Und angesichts der Unzahl westlicher psychologischer und therapeutischer Systeme fragte Wilber sich, »ob all diese Schulen wirklich das gleiche menschliche Wesen studieren. Es sah vielmehr so aus, als ob die westliche Welt von vier oder fünf verschiedenen Menschenrassen bevölkert wäre. Es gab den aggressiven, den libidinösen, den konditionierten, den sich selbst verwirklichenden und den transzendierenden Menschen, nur vom homo sapiens schien niemand zu reden«.

Zunächst fand er eine Verbindung zwischen Personalem und

Transpersonalem beim Nachdenken über die Angst. Für die Existentialisten, Prototypen der personalen Ebene, gehört Angst notwendigerweise zum Menschen, sobald er sich seiner Individualität und damit seines Abgesondertseins von anderen bewußt wird. »Die Hölle, das sind die anderen«, sagt Sartre.

Ganz ähnlich schildern auch die Mystiker das menschliche Grundübel: »Wo es ein anderes gibt, da ist Furcht«, heißt es in den Upanishaden. Aber sie gehen darüber hinaus. Für sie gibt es eine höhere Realität jenseits des Gegensatzes von Selbst und Anderem, eine Realität, die entweder als Vereinigung der Gegensätze oder jenseits aller Gegensätze erlebt wird. Wer diese letzte Realität, diese Alleinheit, in der es kein Anderes gibt, für sich entdecken kann, befreit sich damit von dem Schicksal, sich als ›separates‹ Selbst zu empfinden, wird frei von Angst.

Für Wilber war dies nicht nur eine Lösung für das Problem der Angst, sondern auch für sein Denkproblem, wie Personales und Transpersonales zusammenzubringen sei. Er entdeckte damit einen Eckstein seiner Theorie: So wie die Einsteinsche Physik die von Newton nicht ungültig macht, sondern über sie hinausgeht und sie umfaßt, umfaßt ein höheres philosophisches System die darunterliegenden, aber nicht umgekehrt. In unserem Beispiel umfaßt das System der Mystiker das der Existentialisten und bringt eine Lösung auf höherer Ebene. Wilber vergleicht das mit jenen Spielzeugschachteln bei denen die kleinere immer wieder in eine größere gesteckt werden kann, und die größte umfaßt alle anderen.

Nach diesem Prinzip ordnet Wilber dann auch die Psychologie in eine Stufenfolge: Die Therapie beschäftigt sich mit verschiedenen Abspaltungen, die Angst machen. Die bekannteste aus der Psychoanalyse ist die Teilung der Psyche in Akzeptables und weniger Akzeptables. Womit wir uns identifizieren, was wir als ›Selbst‹ anerkennen, ist häufig nur das, was wir der Welt von uns zeigen mögen, das Bündel von Eigenschaften, zu denen wir uns bekennen. Das sind bei weitem nicht alle. Die unangenehmen, peinlichen, werden verdrängt, werden zum Anderen, zu Schatten. Das ist eine schmale Lebensbasis, und es ist nicht verwunderlich, daß ein so verkümmertes Selbst oft Angst hat. Integriert man die Schatten – die Arbeit der Freudianischen und in gewissem Maß auch der Jungianischen Therapie – wird die Person stärker, entwickelt ein vollständigeres Ich. Das ist schon besser. Aber es ist immer noch ein Ich, das seinen Körper besitzt wie ein Auto, es ›ist‹ nicht Körper. Gelingt es, die Grenze weiter hinaus bis zur eigenen Haut zu schieben, – mit Hilfe der humanistischen Psychologie und der Körpertherapien – gewinnt das Selbst schon stattlichere Dimensionen, wird zur stabileren ›organismischen‹ Einheit. Schließlich kann auch noch die Umgebung, Familie oder Arbeitsgruppe, gewissermaßen wie ein Biotop zum Selbst gehören. Das wäre die Ebene der Kommunikations- und Systemtherapien. Die Mystiker setzen die Reihe fort, bis das Selbst den ganzen Kosmos umfaßt. Dann gibt es kein anderes mehr, das man fürchten müßte.

Als er soweit war, schrieb Wilber, ein seltsamer Heiliger, zwischen den Zuckerrübenfeldern und den Rinderfarmen Nebraskas, völlig auf sich selbst gestellt, in drei Monaten sein erstes Buch: ›Spectrum of Consciousness‹, das Spektrum des Bewußtseins. Es dauerte allerdings noch drei Jahre, bis es vorlag. Den einen Verlegern war es zu wissenschaftlich, den anderen zu mystisch; und Wilber war ja zunächst völlig unbekannt. Er selbst meint heute, »es sind ein paar Denkfehler darin, aber es ist der Keim von allem, was ich später gemacht habe.«

Danach verzichtete er auf eine Universitätskarriere, die ihm offenstand. Statt dessen hielt er sich als guter Zen-Schüler an die Regel, im Gleichgewicht zwischen Körper, Geist und Spirituellem, genauer: zwischen körperlicher Arbeit, Studien und Meditation zu leben. Er meditierte täglich mehrere Stunden und nahm oft an Sesshins, Wochen besonders strenger Übung, teil. Was er über mystische Bewußtseinsstufen schreibt, ist keineswegs nur Theorie für ihn.

Seinen Unterhalt verdiente er mit Halbtagsjobs. Wie der sprichwörtliche amerikanische Millionärsanwärter, hat er jahrelang Teller gewaschen, Rasen gemäht, sich in einer Tankstelle und in einem Obst- und Gemüsegeschäft betätigt. Seine Frau pflegte ihn damals vorzustellen: »Mein Mann, Tellerwäscher und weltbekannter Autor.« Ein Schlaraffenleben war das nicht, aber er hat die Entscheidung für diese Lebensform nie bereut: »Ich habe gelernt, was mir keine Universität hätte beibringen können: Demut – vergiß Titel, Bücher und Artikel, spüle Geschirr – und den Realitätssinn dessen, der sich unmittelbar und konkret mit der Welt beschäftigt.« Am meisten betroffen hat ihn jedoch die Begegnung mit den Menschen, die nur diese Jobs kennen, »so hart arbeitenden und anständigen Leuten, wie man sie nur finden kann, deren Körper die physische Anstrengung vorzeitig altern läßt, die keine anderen Zukunftschancen haben.«

Dieses Lebensarrangement ist wohl eines der Geheimnisse seiner Produktivität. Allerdings blieb er dabei nicht ganz unbehelligt. Einem Freund gelang es, ihn zur Mitgründung von ›ReVision‹ zu bewegen, einer Zeitschrift, die er als »Kreuzung zwischen Publikationen zu Denkströmungen der Gegenwart, vergleichender Religionswissenschaft und transpersonaler Psychologie« beschreibt. ReVision war lange das offizielle Organ der Internationalen Transpersonalen Gesellschaft. Wilber hat die Chefredaktion erst vor kurzem abgegeben.

Trotz dieses ›Seitensprungs‹ kam Wilbers eigenes Forschen und Schreiben nicht zu kurz. Er las Entwicklungspsychologie, alles von Piaget über Neumann bis Margret Mahler und vertiefte sich in Anthropologie und Mythologie. Das Grundkonzept seiner Entwicklungstheorie: das menschliche Bewußtsein entwickelt sich von einfachen, niedrigen zu komplexeren, höheren Strukturen fort. Dabei sind die Grundmuster überall gleichartig, während sich die Oberflächenstrukturen von Individuum zu Individuum und von Kultur zu Kultur unterscheiden. Die jeweils höhere Ebene des Bewußtseins entsteht dabei nicht aus der davorliegenden niedrigeren, Leben zum Beispiel aus der Materie, oder Geist aus dem Körper, sie steigt vielmehr aus einem unbewußten Urgrund durch die tiefere Ebene hindurch auf.

Konkret sieht das so aus: Die modernen Entwicklungspsychologen beschreiben den Bewußtseinszustand des Neugeborenen als undifferenzierte Matrix. Individuum und Welt sind noch nicht getrennt; es gibt weder Zeit noch Raum noch Grenzen. So ähnlich hat vermutlich der Urmensch bis etwa 200000 Jahren v. Chr. gelebt: »ohne Unterscheidung zwischen innerer Erfahrung und äußerer Natur, ohne Gedanken, ohne Sprache, in einer Zeit vor der Zeit, ohne wirkliches Begreifen des Todes und darum wohl auch ohne wirkliche Existenzangst; allmächtig in seinem Nichtwissen.« Dies ist der Hintergrund der Mythen vom Garten Eden, vom Paradies.

Ist dieses Paradies dasselbe wie die Einheit im höchsten Bewußtsein, im Atman der Hindus, im Tao Laotses oder im Gottesbewußtsein der christlichen Mystiker? Ist die Bewußtseinsentwicklung der Menschheit nur Kreisbewegung, die wieder da endet, wo sie begann? Ist die Sehnsucht nach Einheit also nichts anderes als die Neigung zur Regression, zum Rückzug in den frühkindlichen Zustand, wie die Psychoanalytiker glauben? Wilber hat sich lange mit diesem Problem herumgeschlagen, bis er zur Erkenntnis kam: das Neugeborene lebt in der Einheit, aber unbewußt, noch nicht als Person. Die Einheit im Atman oder Tao aber ist das Äußerste an Bewußtheit, sie umschließt alle vorhergehenden Bewußtseinsstufen. Die Entwicklung geht also vom Unbewußten über das Bewußte zum Überbewußten, vom Präpersonalen über das Personale zum Transpersonalen. Das transpersonale absolute Bewußtsein ist zugleich Einheit mit dem Grund alles Seins, der unsterblich ist. Diese Einheit bewußt zu erreichen, ist Ziel der Entwicklung und Sehnen des Menschen. Der Weg dahin ist lang und mühsam.

Adam ißt vom Baum der Erkenntnis und wird ob dieses Sündenfalls aus dem Paradies (des Unbewußten) verstoßen. Ein ›Fall‹? ›O notwendige Sünde Adams‹ heißt es in der katholischen Liturgie des Ostersamstags, und alle Heldengeschichten beginnen mit der Trennung des Helden von seiner Heimat. Auf englisch heißt Wilbers Buch über die Menschheitsgeschichte ›Up from Eden‹, aufwärts von Eden. Der Mensch löst sich Schritt um Schritt aus der ursprünglichen Einheit und gewinnt Bewußtsein und Individualität. Aber das hat seinen Preis. »Die Tiere sind sterblich, aber sie begreifen diese Tatsache nicht ganz. Die

Götter sind unsterblich und sie wissen das. Der armselige Mensch jedoch wurde zu einer unglückseligen Mischung. Er ist sterblich und er weiß es.« Je verständiger er wird, desto mehr wird er sich auch seines vom Tode gezeichneten Schicksals bewußt, desto mehr Angst erlebt er.

Vom zweiten Lebensmonat ab lernt das Neugeborene, vage zwischen sich und der Umwelt zu unterscheiden. Aber noch bleibt es symbiotisch mit der Mutter verbunden; sie ist weitgehend seine Welt. Nur langsam trennt es sich zunächst körperlich, dann auch in seiner Vorstellungswelt von ihr. Aber der kleine Mensch bleibt noch immer auf die unmittelbare Gegenwart bezogen, seine Gefühle sind vom Lust-Unlustprinzip bestimmt und kurzschlüssig. Seine Welt ist noch lange »bewußt und voller Absichten«, formuliert Piaget, »das Selbst ist nur leicht verinnerlicht«. Vermutlich erleben Kinder in diesem Stadium die Welt so wie Erwachsene ihre Träume: als eine Reihe von Bildern. In einem ähnlich ›magischen‹ Gemütszustand lebten wahrscheinlich auch unsere Vorfahren, als sie die urzeitlichen Höhlen mit ihrem Jagdzauber bemalten. Konnte man das Bild des Mammuts treffen, traf man auch das reale Tier. Wilber nennt diese Phase die phantastisch-emotionale oder magische.

In der nächsten Stufe, der verbalen oder mythischen, kommt Wesentliches hinzu: die Sprache. Sprechen und sprachlich denken zu können (nicht wie zuvor in Bildern) ist ein großer Schritt zur Unabhängigkeit von der unmittelbar gegenwärtigen Welt. Der kleine Mensch kann nun Vergangenheit erinnern, Zukunft antizipieren und sein eigenes Tun entsprechend gestalten. Er ist nicht mehr völlig von seinen Triebwünschen beherrscht, kann sie auf später verschieben. Und er pflegt und verteidigt diese neue Unabhängigkeit: ›Will nicht‹ und ›selber machen‹ werden wichtige Vokabeln, nicht zuletzt bei der Sauberkeitserziehung, womit die Erwachsenen ihm ihre ersten Spielregeln beibringen. Er lernt, was Piaget ›Realitätswahrnehmung‹ und Freud den ›Sekundärprozeß‹ nennt. Aber noch denkt er nicht kausal und logisch.

Die Parallele in der Menschheitsgeschichte: Um das zehnte vorchristliche Jahrtausend entdeckte die Menschheit den Ackerbau. Das setzt Sprache voraus. Zeitgefühl, die Fähigkeit zu längerer Planung und gemeinschaftlichem Handeln. Mit der Sprache konnte auch kulturelle Tradition entstehen – ein großer Entwicklungssprung in eine neue, höhere Realität. Der Ackerbau brachte Überschuß; die Menschen erfanden das Geld, entwickelten neue, spezialisierte Berufe und Klassen – Priester, Verwalter, Lehrer –, Kalender, Mathematik und Schreibkunst entstanden und auch große Machtstrukturen in den Stadtstaaten des nahen Ostens, in den Dynastien an Euphrat und Nil.

Mit der schon erstaunlich verfeinerten und eleganten Kultur des Niltals entstand auch ein Totenkult von ungeheuren Ausmaßen. Wilber nennt ihn den ›ägyptischen Wahnsinn‹. Zunächst genügte dem Menschen noch Magie, um seine Todesangst zu bewältigen, jetzt verdrängt er das Bewußtsein der eigenen Sterblichkeit mit dem Bau von Pyramiden. Für Wilber richtet sich die eigentliche Sehnsucht der Menschheit auf ›Atman‹, auf die Einheit mit dem höchsten Bewußtsein. Dies wird auf keiner der Vorstufen wirklich erreicht. Und so verdrängen die Menschen das Bewußtsein der eigenen Sterblichkeit mit Ersatzlösungen für Unsterblichkeit, mit Besitz, Macht und Pyramiden – mit ›Atmanprojekten‹.

Die Mythologie dieser Zeit zeigt noch einen anderen Zusammenhang. Zu Beginn der Menschheitsentwicklung gibt es fast ausschließlich Muttergottheiten. Die chthonische Mutter, die Erde, gebiert, ernährt und – empfängt die Toten wieder in ihrem Schoß. Das Herzstück ihrer Mythologie ist das rituelle Blutopfer, zunächst ein Menschenopfer, oft ritueller Königsmord. Das ›Stirb und Werde‹ der Jahreszeiten ist darin und auch die Verbindung von Blut und Fruchtbarkeit. Man schuldet der großen Mutter gewissermaßen einen Tod, um selbst Leben und Fruchtbarkeit zu erlangen. Die Könige fanden für den rituellen Mord bald Stellvertreter, Jungfrauen, Tiere. Und von dieser Zeit an erfahren wir auch von Kriegen: »Wenn ich Dich töte, gewinne ich Leben, Macht und eine fruchtbare Zukunft.« Die Getöteten sind Ersatzopfer. Menschlicher Haß – viel kälter und grausamer als der tierische – ist für Wilber weitgehend kognitives, begriffliches Produkt.

Etwa ab 2500 v. Chr. beginnt eine neue Stufe, die mental-ichhafte. Ihr Bild in der Mythologie: männliche Götter tauchen auf, die nicht nur untergeordnete Gefährten der Großen Mutter sind. Der Kampf gegen die Natur ist nicht mehr aussichtslos, die Große Mutter nicht mehr unweigerlich Siegerin. Helden befreien sich von dem dunklen Ungeheuer und gewinnen einen großen Schatz: das Ich, die Fähigkeit zu kausalem, logischen Denken. »Das Licht der apollinischen Vernunft geht auf« und macht unsere abendländische Kultur möglich. Der endgültige Ausbruch aus der unbewußten Bindung an Natur, Kosmos und Körper war jedoch bitter schwer und erzeugte bis dahin ungekannte Rachegefühle gegen die frühere Stufe. »Die Große Mutter wurde nicht nur transzendiert, was wünschenswert war, sondern verdrängt, was sich verheerend auswirkte.« Der Geist begann, die Natur zu unterwerfen und zu zerstören, lernte auch das eigene Stück Natur, den Körper, ›Bruder Esel‹ verachten. Der Krieg zwischen Verstand und Instinkt beginnt.

In der Individualentwicklung ist dies die Phase, in der das Kind sein eigenes Geschlecht, seine eigene Identität entdeckt. Und dies führt geradeswegs zur ersten unglücklichen Liebe: das kleine Mädchen fühlt sich vom Vater, der kleine Junge von der Mutter angezogen, aber beide haben im gleichgeschlechtlichen Elternteil einen großen Rivalen. Das Kind steht nicht mehr nur einer anderen Person, der Mutter gegenüber, sondern muß sich mit beiden Eltern auseinandersetzen – die Phase des Freudschen Ödipuskomplexes. Ihre Hauptkränkung ist für Wilber Ausgeschlossensein aus wesentlichen Gemeinsamkeiten der Eltern, ihre Hauptentwicklungsaufgabe die Überwindung der mißlichen Situation, ihre Transzendenz ins Mentale. Ödipus, das ist für Wilber der tragische Held, der vom Naturhaft-Mütterlichen nicht los kam.

Das Kind entwickelt nun auch vollends sein Überich, das heißt, es nimmt die Verbote und Ideale seiner Umwelt, vor allem die seiner Eltern, in sich auf, entwickelt moralische Maßstäbe und plagt sich mit Schuld- und Schamgefühlen, wenn es diesen Maßstäben nicht genügt. Das eingeschränkte Selbst des norma-

len Mitteleuropäers, dem wir bei der Darstellung des ersten Spektrumsentwurfes begegneten, ist entstanden.
Die neue Entwicklungsstufe ist deutlich patriarchalisch bestimmt. Zum Teil ist das für Wilber natürlich: Die traditionelle Definition des Weiblichen ›naturhaft, bewahrend, intuitiv, passiv‹ und die korrespondierende männliche ›rational, logisch, aktiv, aggressiv‹ ist für ihn desto zutreffender, je näher der Mensch noch seiner Körperlichkeit steht, und wird um so irrelevanter und irreführender, je mentaler, je geistiger er wird. Schlimm findet er, daß die Frau – ›mulier taceat in ecclesia‹ – von der mentalen Kommunikation und damit von der Entwicklung eigener Geistigkeit ausgeschlossen wurde. Von der neuen Entwicklung einer ›mentalen Femininität‹ erhofft Wilber sich nun den Ausgleich maskuliner Einseitigkeit und Stagnation im Verstandesmäßigen. Weibliche Weisheit, die große Göttin Sophia oder Sapientia, wird zur Führerin.
Eine Entwicklung der Menschheit über die persönliche Autonomie und Vernunft hinaus – woher weiß Wilber, daß es sie gibt und wohin sie führt? Persönliche Erfahrung und die Erfahrung der ›Helden‹ Menschheitsgeschichte – der wenigen einzelnen, Propheten, Heilige, Weise, die sich in jeder Epoche über ihre Stufe hinaus entwickelt haben – sind ihm Wegweiser. Diesen »Wachstumsspitzen des Bewußtseins«, spürt Wilber in jeder Epoche nach. Bei den Schamanen wird das Transpersonale zum ersten Mal sichtbar: Es mag viel Hokus Pokus dabei sein, heute und auch damals schon, aber einige dieser Schamanen hatten wohl schon in der magischen Stufe in ekstatischen Trancezuständen Zugang zu paranormalen Kräften – Hellsehen, Heilen – und nutzten sie. In der nächsten Epoche, der verbalen, mythischen, gab es einzelne, die hinter der blutdürstigen Großen Mutter die Große Göttin verehrten: »Geliebte und Herrin der Elemente, Ursprung aller Welten, Herrin über alle göttlichen Kräfte ... unter allen Göttern und Göttinnen diejenige, die allein und nur in einer Form manifestiert ist« – das ist die Isis der Ägypter. Sie fordert keine Blutopfer, sondern die Transzendenz des persönlichen Ich, ein Opfer, das sich im Herzen abspielt. Ihre Adoranten

konnten sich derselben äußeren Rituale bedienen wie bei der Großen Mutter, aber neben deren exoterischer Verehrung durch die Masse der Menschen tritt nun eine esoterische Religion im Herzen der wenigen.

Die am höchsten entwickelten Seelen in der mental-ichhaften Periode – Christus, Buddha, Krishna, Laotse – dringen dann in den Bereich jenseits des persönlichen Gottes, den Bereich der unmanifestierten Leere ein. Ihre Einsicht reicht weit über alles hinaus, was es vor der mental-ichhaften Periode gegeben hat. Christus sagt: »Ich und der Vater sind eins.« Wahrscheinlich war der wesentliche Gehalt der Lehre Christi – die Evangelien der Nag Hammadi Bibliothek legen das nahe – reine Gnosis: »Gib die Suche auf nach Gott, der Schöpfung und anderen Dingen. Suche ihn, indem Du Dich selbst als Ausgangspunkt nimmst. Erfahre, wer Du im innersten bist... Dich selbst kennen, heißt Gott kennen.« Das höchste Ich und das Göttliche sind identisch. Das gnostische Verständnis faßte jedoch im Abendland nie wirklich Fuß. »Ein Gott jenseits von Gott hätte das Ende der Macht der ersten Bischöfe und Bankier-Priester bedeutet«, und der Menge der Gläubigen im Abendland schien die gnostische Religion schlicht falsch. Im Osten war das Streben nach Atman, Tao oder dem Buddhawesen immer weit mehr als im Westen kulturell anerkannt. Zen-Meister D. T. Suzuki urteilte über die Verhältnisse im Abendland denn auch spöttisch: »Der Mensch ist gegen Gott, die Natur ist gegen Gott und Mensch und Natur sind gegeneinander.«

Aus eigener Meditationserfahrung berichtet Wilber, wie bitter schwer es ihm gefallen ist, die Ebene des Denkens hinter sich zu lassen: »Es war die mühsamste Aufgabe, die mir je gestellt war, die schwierigste Schlacht, die ich je geschlagen habe.« Aber dann kam er in einen Bereich, »in dem Gedanken ins Bewußtsein treten wie Wolken über den Himmel ziehen: fließend, anmutig, klar, nichts klebt, nichts kratzt oder schabt«. Er hatte, was er den ›Apollokomplex‹ nennt, bewältigt.

Danach wurden seine Meditationserlebnisse tief, archetypisch. Aber je mehr er in dieser Meditation fortschritt, desto mehr wurde ihm bewußt, daß er nicht jene Einheit erreichte, in der es keinen Erlebenden, keinen Zeugen mehr gibt. Ein Zen-Meister, dem Wilbers Erlebnisse wenig imponierten, machte ihm klar: »Zeuge zu sein, ist die letzte Bastion des Ego.« Als diese Bastion fiel, »gab es nirgendwo mehr ein Subjekt, nirgendwo ein Objekt im Universum, da war nur noch Universum. Von Augenblick zu Augenblick tauchte alles auf, in mir und als Ich, aber es gab kein Ich . . . Keine persönliche Fähigkeit, Sprache, Logik, Begriffe, Motorik, war verloren oder beeinträchtigt. Im Gegenteil, sie funktionierten zum ersten Mal richtig, frei von allen Abwehrmechanismen des separaten Selbst. Dieser völlig offene, vollkommen nonduale Zustand war zugleich unglaublich und völlig gewöhnlich, so sehr, daß er mir noch nicht einmal auffiel. Es gab niemand, um ihn zu begreifen, bis ich – nach drei Stunden – aus ihm herausfiel.«

Wilbers neuestes Werk (Transformations of Consciousness) befaßt sich noch einmal und diesmal sehr viel differenzierter mit Psychopathologie und Therapie. Das Bewußtsein steigt gewissermaßen von Ebene zu Ebene: Präpersonal, personal, transpersonal. Übermäßiges Bewahrenwollen kann Entwicklung zum Stillstand bringen (Fixierung) oder sogar zurücklaufen lassen (Regression). Steigt umgekehrt das Bewußtsein zu schnell auf höhere Stufen weiter, kann es »den Boden unter den Füßen verlieren«, wenn die vorhergehenden Stufen nicht angemessen entwickelt, konsolidiert und integriert sind. Daraus ergeben sich die Gefahren und Störungen der Entwicklung.

Bei den Störungen der präpersonalen Phase, während der Entstehung des Ich, hält Wilber sich an die neofreudianische Krankheitslehre. Das nehmen ihm manche transpersonalen Kollegen übel. »Natürlich habe ich mit Jung angefangen«, sagt er, »aber gegen die eigenen geistigen Väter wird man ja meist am kritischsten.« Zumindest die Psychopathologie findet er bei den Freudianern genauer. Und ich kenne keine klarere Darstellung von deren komplizierter Theorie als die Wilbers: Psychosen, auf Störungen der allerersten, sehr körperbezogenen Phase zurückzuführen, müssen danach körperlich oder physiologisch behandelt werden,

eventuell mit ergänzender Psychotherapie. Die Strukturpathologien (Narzißmus und Borderlinestörungen) entstehen in der Phase, wo Ich und Umwelt (Mutter) noch unvollkommen voneinander geschieden sind. Hier ist Behandlungsziel, die ungenügende Egostruktur aufzubauen, Ichgrenzen abzuklären und zu etablieren, den Trennungs- und Individuationsprozeß noch einmal durchleben zu lassen, um ihn besser bewältigen zu können. Bei Neurosen schließlich, auf die Phase des Ödipuskomplexes und die Ausbildung des Überichs zurückzuführen, geht es um die Reintegration des Verdrängten.
Danach enden die meisten Theorien über ernsthafte psychische Störungen. Wilber schließt hier die Störungen der personalen Phase an. Die Konflikte und Empfindlichkeiten sind hier mehr kognitiver Natur. Da geht es einmal um Probleme der sozialen Zuordnung, um Rollen und Normen – der Domäne der Transaktionsanalyse, der Familien- und der Kommunikationstherapeuten. Zum andern wird die Identität zum Problem, deren Störungen mit der Entwicklung des Nachdenkens über die eigene Person verbunden ist. Introspektion und Philosophieren heißt hier die Kur, und Wilber wünscht sich dafür einen Therapeuten, der mit seinem Klienten einen sokratischen Dialog führen kann. Drittens schließlich gibt es die existentielle Depression, Angst, Flucht vor Endlichkeit und Tod. Die Kur: je transparenter das Selbst wird, je mehr es sich von unechtem Verhalten und egozentrischen Gefühlen befreien kann, desto autonomer, echter und sicherer wird es, desto eher findet es inneren Sinn.
Auf der transpersonalen Ebene sieht Wilber wieder drei Arten von Störungen. Sie entstehen erstens im Bereich von Körperekstase und paranormalen Fähigkeiten, auf dem ›Weg der Yogis‹, zweitens auf dem ›Weg der Heiligen‹ und drittens auf dem ›Weg der Weisen‹. Die spektakulärsten Störungen treten auf dem ›Weg der Yogis‹ auf, wenn paranormale Fähigkeiten aufbrechen und die Struktur des Selbst erschüttern. Konventionelle Psychiater begreifen das meist als psychotischen Zusammenbruch und behandeln ihn mit Medikamenten. Das friert den Prozeß oft ein und erschwert eine spätere Heilung sehr. Wenn es sich bei Störungen

auf dieser Ebene um das Erwachen der sogenannten ›Kundalini-Energie‹ handelt, sind Yogaübungen angezeigt. Handelt es sich um psychoseähnliche Episoden, ist Yoga schädlich. Wilber empfiehlt dann eher eine Jungianische Therapie. Für die beste Kur und gleichzeitig die beste Vorbeugung dieser und anderer Störungen auf der transpersonalen Ebene hält Wilber gute Meditationsanleitung und Stärkung und Reinigung des physisch-emotionalen Körpers mit Bewegung und vegetarischer Diät.
Das grundsätzliche diagnostische und therapeutische Problem liegt darin, die verschiedenen Ebenen, auf denen Störungen auftreten, nicht zu verwechseln. Konventionell Geschulte sehen in Störungen auf der personalen oder transpersonalen Ebene oft nur Neurosen oder Psychosen, mißdeuten sie also als Konflikte der präpersonalen Ebene. Umgekehrt sehen und behandeln transpersonal Orientierte oft nicht die Basisstörung auf der präpersonalen Ebene – mit ebenso fatalen Ergebnissen. Das ist besonders deshalb problematisch, weil offenbar gerade Menschen mit Störungen in der frühen Ichentwicklung sich besonders zu Yoga und meditativen Techniken hingezogen fühlen. Sie wollen ein ›Ich‹ aufgeben lernen, das sie noch gar nicht entwickelt haben.
Es gibt mehrere Ausbildungsinstitute für Transpersonales in den USA. Man kann dort auch promovieren. Ich besuche das California Institute of Transpersonal Psychology in Menlo Park. Jeder Student praktiziert dort eine Körperdisziplin, Aikido zum Beispiel oder Tai Chi; jeder arbeitet an seinen Emotionen, entweder in der klinischen Ausbildung oder im Gruppenprozeß, alle studieren allgemeine und transpersonale Psychologie, und von allen erwartet man, daß sie sich einer spirituellen Disziplin unterwerfen. Ich treffe dort keinen Studenten mit ›Null-Bock‹ oder ›No-Future‹ Attitüde, aber viele Begeisterte. Ihren späteren Beruf werden sie in verschiedenen Bereichen sozialer Arbeit finden. Im deutschen Sprachraum haben sich bis jetzt vor allem das Freiburger Forum und die neu gegründete Deutsche Transpersonale Gesellschaft mit der Organisation von Kongressen hervorgetan.
Wilber ist selbst kein Therapeut. Wäre er es, könnte er vermut-

lich nicht so souverän über Therapiesysteme schreiben. Marie-Louise von Franz, eine der bedeutendsten Vertreterinnen der Jungschen Psychologie, nennt ihn einen modernen Thomas von Aquin, der die ›Summa Theologia‹ der Zeit zieht. Da klingt Bewunderung mit, doch auch ein wenig Skepsis. Bewunderung, weil Wilber eine faszinierende Zusammenschau nicht nur der verschiedensten Therapieschulen, sondern auch von Psychotherapie und religiöser Weisheit liefert. Skepsis, weil menschliche Entwicklung zwar in diesem System verständlicher wird, aber sich solcher Definition nie ganz fügt. Prosaisch ausgedrückt: Die Menschen sind weit unordentlicher als Wilbers System. Nicht zufällig liebt Wilber die großen Systematiker der Philosophie, Hegel vor allem.

Wilber möchte Psychologie philosophisch begründen. Von Kant über Schopenhauer, Nietzsche, Kierkegaard, Heidegger, Husserl bis hin zu Habermas hat er gelesen, was in der europäischen Philosophie lesenswert ist. »Da ist überall Wahrheit drin.« Woher weiß er, was Wahrheit ist? »It hits«, sagt er spontan; es scheint ihn wirklich wie ein körperlicher Schlag zu treffen. Und dann wird er rational: Es gibt drei Ebenen der Erkenntnis: erstens die sinnliche Erfahrung und deren Verfeinerung, die empirische Wissenschaft; zweitens die logische Deduktion und Einsicht, sie schließt die Empirie der vorigen Stufe ein und übersteigt sie; und drittens den Bereich der Kontemplation, der wiederum die beiden ersten einschließt und übersteigt. Wissenschaftlich beweiskräftig wird, was auf der jeweiligen Ebene im Vergleich mit anderen, die auf derselben Ebene arbeiten, Bestand hat. Schwierigkeiten tauchen auf, wenn diese drei Ebenen nicht klar getrennt bleiben. Zur Zeit, findet Wilber, neigen wir dazu, alles Wissen auf die Empirie zu reduzieren, besonders im angloamerikanischen Sprachraum; die deutschen ›Geisteswissenschaftler‹ sind ihm da lieber.

Aber Wilber lebt nicht nur in Ideen. »Wer sich weigert, kontemplative Techniken zu erlernen, kann nicht über ›Atman‹ oder ›Buddhanatur‹ mitreden.« Und da ist die Geschichte mit seiner Frau: Eine Woche nach der Hochzeit erfuhren die beiden, daß sie

Krebs im letzten Stadium habe. Er zog zu ihr ins Krankenhaus und beide haben eineinhalb Jahre lang gemeinsam gegen diese Krankheit gekämpft. Nach zwei Operationen ist sie jetzt krebsfrei. Es fiel Wilber bitter schwer, seiner Berufung, dem Philosophieren und Schreiben, so lange untreu zu sein; aber: »Es war eine Prüfung, wieviel unsere Weltanschauung wert ist. Vielleicht haben wir beide die Erfahrung der dunklen Seite des Lebens gebraucht.«

Trotzdem ist ihm nicht alles Lausbubenhafte abhanden gekommen. Als er mich in die Innenstadt San Franciscos zurückbringt, benutzt er die steilen Straßen dort zu einer abenteuerlichen Berg- und Talfahrt, nicht ohne mir schmunzelnd mitzuteilen, daß sein Auto samt Bremsen zehn Jahre alt sei.

Er hat auch anderswo ein Faible für Husarenritte. Nach einer ›epochalen‹ Diskussion über das naturwissenschaftliche und das mystische Weltbild in seiner Zeitschrift ›ReVision‹, an der teilnahm, wer auf diesem Gebiet Rang und Namen hatte (Wilber, Hrsg.: ›Das holographische Weltbild‹), schlachtete er ungerührt eine heilige Kuh der transpersonalen Bewegung, die vielbeschworene Verbindung zwischen ›der härtesten aller Naturwissenschaften, der Physik‹ und der neuen Mystik. Er hält sie schlicht für unsinnig. »Man kann nicht das Höhere (Geistiges) aus dem Niedrigeren (Materie) erklären.« Außerdem fände er es schlimm für die Mystik, wenn sie alle Änderungen des naturwissenschaftlichen Weltbilds mitmachen müßte.

Daß von Einstein bis Heisenberg viele großen Physiker der Neuzeit auch Mystiker sind, erklärt er mit Platos Höhlengleichnis: Wir sitzen alle in einer Höhle, mit dem Rücken zum Eingang, vor dem ein helles Feuer brennt. Was wir erkennen können, sind nur die Schatten der realen Dinge, die sich zwischen Feuer und Höhlenwand bewegen. Auch in der Physik stehen mathematische Gleichungen für die nur schattenhaft bekannte Wirklichkeit. Lange war den Physikern das nicht bewußt. Die modernen wissen es und beschäftigen sich mit dem Eigentlichen, dem Feuer, dem Licht vor der Höhle, mit Mystik.

Auch sonst ist der Vordenker der transpersonalen Bewegung

durchaus nicht von allem begeistert, was es da gibt: »Die New-Age-Bewegung ist eine seltsame Mischung einer Handvoll wahrhaft transpersonaler Seelen mit Massen von präpersonalen Süchtigen.« ›Transpersonale Landstreicher‹ nennt Wilber diesen Menschentyp unfreundlich.

Es gibt eine wachsende Minderheit, findet er jedoch, die sich ehrlich ein neues höheres Bewußtsein zu erarbeiten versucht. Aber er ist keineswegs der Meinung, daß innerhalb des nächsten Jahrzehnts der wahre Geist über uns kommen wird. »Am gegenwärtigen Punkt der Geschichte würde eine radikale, durchdringende und die Welt erschütternde Transformation schon darin bestehen, daß jedermann sich zu einem wahrhaft reifen, rationalen und bewußten Ego entwickeln würde, einem Ego, das imstande wäre, frei am offenen Austausch gegenseitiger Achtung teilzunehmen . . . Damit würden wir ein wirkliches neues Zeitalter erleben . . . Sollte der Holocaust uns alle verschlingen, dann wird das nicht beweisen, daß die Vernunft versagt hat, sondern hauptsächlich, daß sie noch nicht voll und ganz ausprobiert wurde.

Ausgewählte Publikationen

Wege zum Selbst. Östliche und westliche Ansätze zu persönlichem Wachstum (Engl. 1979). München: Kösel [2]1986. – Halbzeit der Evolution (Engl. 1981). Bern–München–Wien: Scherz 1984. – (Hrsg.): Das holographische Weltbild. Bern–München–Wien: Scherz 1986. – Eye to Eye: The Quest for the New Paradigma. New York: Anchor Press 1983 (Deutsch: München: Kösel 1988). – The Spectrum of Consciousness. (Engl. 1977) Bern–München–Wien: Scherz 1987. – The Atman Project. Wheaton: Quest 1980. – The Sociable God. Toward an Understanding of Religion. Boulder: Shambhala 1984. – Wilber, K./Engler, J./ Brown, D. P.: Transformations of Consciousness. Conventional and Contemplative Perspectives on Development. Boston–London: Shambhala 1986.

dialog
und praxis

Psychologie
Analyse
Therapie

Kathrin Asper:
Verlassenheit und Selbstentfremdung
Neue Zugänge zum therapeutischen Verständnis
dtv 15079

Michael Balint:
Die Urformen der Liebe und die Technik der Psychoanalyse
dtv/Klett-Cotta 15040

Bruno Bettelheim:
Der Weg aus dem Labyrinth
dtv 15051

Charles V.W. Brooks:
Erleben durch die Sinne »Sensory Awareness«
dtv 15085 (Januar 1991)

Erich Fromm:
Psychoanalyse und Ethik
dtv 15003

Psychoanalyse und Religion
dtv 15006

Über den Ungehorsam
dtv 15011

Sigmund Freuds Psychoanalyse – Größe und Grenzen
dtv 15017

Über die Liebe zum Leben
Hrsg. von H. J. Schultz
dtv 15018

Die Revolution der Hoffnung
Für eine Humanisierung der Technik
dtv/Klett-Cotta 15035

Die Seele des Menschen
Ihre Fähigkeit zum Guten und zum Bösen
dtv 15039

Das Christusdogma und andere Essays
dtv 15076

Die Furcht vor der Freiheit
dtv 15084

Arno Gruen:
Der Verrat am Selbst
Die Angst vor Autonomie bei Mann und Frau
dtv 15016

Der Wahnsinn der Normalität
Realismus als Krankheit: eine grundlegende Theorie zur menschlichen Destruktivität
dtv 15057

Verena Kast:
Märchen als Therapie
dtv 15055

Der schöpferische Sprung
Vom therapeutischen Umgang mit Krisen
dtv 15058

Ronald D. Laing:
Das geteilte Selbst
Eine existentielle Studie über geistige Gesundheit und Wahnsinn
dtv 15029

Das Selbst und die Anderen
dtv 15054

C.G. Jung – Taschenbuchausgabe

Herausgegeben von Lorenz Jung

C.G. Jung
Taschenbuchausgabe
in elf Bänden
Herausgegeben von
Lorenz Jung auf der
Grundlage der Ausgabe
»Gesammelte Werke«
dtv 59016

Auch einzeln
erhältlich:

Die Beziehungen
zwischen dem Ich
und dem Unbewußten
dtv 15061

Antwort auf Hiob
dtv 15062

Typologie
dtv 15063

Traum und
Traumdeutung
dtv 15064

Synchronizität,
Akausalität
und Okkultismus
dtv 15065

Archetypen
dtv 15066

Wirklichkeit
der Seele
dtv 15067

Psychologie
und Religion
dtv 15068

Psychologie
der Übertragung
dtv 15069

Seelenprobleme
der Gegenwart
dtv 15070

Wandlungen und
Symbole der Libido
dtv 15071

Außerdem im dtv:

Wörterbuch
Jungscher Psychologie
Von Andrew Samuels,
Bani Shorter
und Fred Plaut
dtv 15088

Helmut Barz/Verena
Kast/Franz Nager:
Heilung und Wandlung
C.G. Jung
und die Medizin
dtv 15089